西南民族大学法学学术文库

法学教学学术文集

主　编　侯　斌
副主编　周洪波　卢　周

法律出版社
LAW PRESS · CHINA

前　言

“教学学术”这一概念最早由美国著名高等教育学者、时任卡内基教学促进会主席的博耶在1990年工作报告《学术反思：教授工作的重点领域》中提出，他针对高校中教学地位逐渐式微的状况，提出学术多元的观点。主张学术分为四种类型：发现的学术、综合的学术、应用的学术和教学的学术。将大学教学视为学术，这一崭新的视角，不但肯定了大学教学的创造性、研究性和复杂性本质，也为提升大学教学的地位提供了一条新的路径。

我国高等教育发展到现在，同样出现了“重科研、轻教学”的突出问题，其主要缘由就是对学术内涵的理解过于狭隘：将学术等同于研究，将科研成果的发表与出版作为学术的唯一表现形式，学术成果被简单化；科研及成果成为大学教师聘用、评价及职称晋升的主要依据，教学水平几乎被排除在了教师评价标准之外。这种对学术内涵理解和教师评价机制的窄化与高校使命的不断多样化极不适应，其后果就是大学教师作为研究者的职责不断被强化，教学却被越来越忽视，教学质量不断下滑，受损害的不光是学生、老师，更重要的是国家的人才培养大计。要解决这一问题，应摆脱教学与科研关系二元对立的论争模式，全面认识大学教师的智力工作，倡导教学学术观念，肯定教学研究及其实践的学术性，建立适应大学教师全面履行学术职能的多样性评价与奖励机制，以繁荣大学教学学术研究与实践，提升高等教育教学质量与水平。

法学教学学术是法学教育的基础性学术活动，是提升法治人才培养质量的保证。当前，我国正全面推进依法治国，建设社会主义法治国家。习近平总书记在2017年“五四”前夕考察中国政法大学时指出：“法治人才培养上不去，法治领域不能人才辈出，全面依法治国就不可能做好。”因此，法学教育和法治人才培养在全面推进依法治国中具有重要地位，是我国法治事业兴旺发达的重要保障。高校是法治人才培养的第一阵地，在服务全面依法治国方略方面肩负着重要历史使命。培养合格的法治人才，要解决好“为谁教”“教什么”“教给谁”“怎么教”等重大问题，这就需要对教学学术给予足够的重视，推动法学教学学术的繁荣与发展，不断提高法学教学质量和水平。

本文集由西南民族大学法学院筹划并资助出版，汇集了西南民族大学、西南政法大学、西南交通大学等高校法学教学学术研究与实践的最新成果，是在新时代全面推进依法治国对法治人才培养提出新要求背景下法学教学学术的最新探索。西南民族大学法学院是改革开放后较早恢复法学专业招生的学院，1983 年开始招收法学专科，1986 年开始招收法学本科。在 30 多年的办学历程中，探索并形成了富有特色的法治人才培养体系。2012 年获批教育部首批卓越法律人才（西部基层法律人才）教育培养基地和大学生校外教育实践基地。学院围绕建设“实践型、研究型、文化型”法学院的发展定位，确立了面向西部、面向民族地区培养应用型、复合型法治人才的目标，深入开展教学学术研究和实践，不断提高教学质量，努力培养德法兼修的高素质法治人才。迈向新时代，学院将继续办好法学教育，服务于中国特色社会主义法治国家建设，为实现“两个一百年”伟大目标贡献力量。

侯　斌

2018 年 4 月 9 日

目 录

教学理念篇

法治人才培养:高校与实务部门的协同与创新

王允武*

【摘　要】法治人才培养,需要良好的运行机制。而队伍建设、平台搭建、与实务部门的协同互动,是人才培养机制不可缺少的重要环节。我国法治人才培养机制总体运行状况良好并不断推进改革,但实践中一些问题也需思考解决。

【关键词】法治人才培养;队伍;平台;互动;协同与创新

一、队伍:"双千计划"实施与强化

针对法治人才培养中的不足,旨在改善法学教育界和法律实务部门之间的脱节关系、推动中国法治建设的"双千计划""应运而生"及有序实施,这无疑对培养"接地气"法治专门人才发挥了积极作用。当然,旨在推进卓越法律人才教育培养计划(下称"卓越计划")实施的"双千计划"运行中的问题也应认真对待,及时跟进相关措施。

(一)"双千计划"及其实施

"双千计划"是一项高等学校与法律实务部门人员互聘的制度,旨在贯彻落实《教育部、中央政法委员会关于实施卓越法律人才教育培养计划的若干意见》(教高〔2011〕10号),加强高校与法律实务部门的合作,探索建立高校与法律实

---

* 王允武,西南民族大学法学院教授、博士生导师。基金项目:四川省创新团队项目《西部民族法治发展与创新研究》(编号:15TD0049)、西南民族大学学科点建设项目(编号:2016XWD－S0301)研究成果。

务部门人员互聘制度，提高法律人才培养质量。该制度从2013年开始实施。为此，教育部、中央政法委员会、最高人民法院、最高人民检察院、公安部、司法部联合印发了《关于实施高等学校与法律实务部门人员互聘“双千计划”的通知》（教高〔2013〕8号，下称“教高〔2013〕8号文”），要求2013年秋季开学前，首批“双千计划”互聘人员到位到岗。“双千计划”的主要任务是，2013年至2017年，选聘1000名左右有较高理论水平和丰富实践经验的法律实务部门专家到高校法学院系兼职或挂职任教，承担法学专业课程教学任务；选聘1000名左右高校法学专业骨干教师到法律实务部门兼职或挂职，参与法律实务工作。[1] 并就各省名额进行了分配（见表1-1）。

表1-1 高等学校与法律实务部门人员互聘“双千计划”各省（区、市）总名额分配方案

单位：人

省（区、市）	法律实务部门专家到高校兼职或挂职任教的名额	高校法学专业骨干教师到法律实务部门兼职或挂职的名额
北京市	95	95
天津市	25	25
河北省	45	45
山西省	25	25
内蒙古自治区	15	15
辽宁省	40	40
吉林省	25	25
黑龙江省	25	25
上海市	45	45
江苏省	50	50
浙江省	45	45
安徽省	30	30

〔1〕《关于实施高等学校与法律实务部门人员互聘“双千计划”的通知》，载教育部官网：http://www.moe.edu.cn/publicfiles/business/htmlfiles/moe/s7056/201308/xxgk_155560.html，最后访问日期：2016年4月17日。

续表

省(区、市)	法律实务部门专家到高校兼职或挂职任教的名额	高校法学专业骨干教师到法律实务部门兼职或挂职的名额
福建省	25	25
江西省	35	35
山东省	45	45
河南省	45	45
湖北省	55	55
湖南省	60	60
广东省	55	55
广西壮族自治区	15	15
海南省	10	10
重庆市	20	20
四川省	40	40
贵州省	20	20
云南省	25	25
西藏自治区	5	5
陕西省	35	35
甘肃省	20	20
青海省	10	10
宁夏回族自治区	5	5
新疆维吾尔自治区	15	15
新疆生产建设兵团	5	5
共计	1010	1010

根据“教高〔2013〕8 号文”精神,各地也积极行动,组织推荐。2014 年 4 月 4 日,教育部办公厅、中央政法委办公室下发了《关于公布高等学校与法律实务部门人员互聘“双千计划”2013 年度入选人员名单的通知》(教高厅函〔2014〕15 号,下称“教高厅函〔2014〕15 号文”),共确定 180 位法律实务部门专家、189 位

高校教师入选 2013 年度高等学校与法律实务部门人员互聘“双千计划”。〔2〕2014 年 12 月 5 日，教育部办公厅、中央政法委办公室下发《关于公布高等学校与法律实务部门人员互聘“双千计划”2014 年度入选人员名单的通知》（教高厅函〔2014〕50 号，下称“教高厅函〔2014〕50 号文”），共确定 240 位法律实务部门专家、202 位高校教师入选 2014 年度高等学校与法律实务部门人员互聘“双千计划”。2015 年又确定 256 位法律实务部门专家、232 位高校教师入选高等学校与法律实务部门人员互聘“双千计划”。

同时，各地也制定计划，落实任务。如吉林省教育厅等六部门于 2013 年 10 月 17 日下发了《关于落实高等学校与法律实务部门人员互聘“双千计划”的通知》〔3〕（见表 1－2）；四川省教育厅 、中共四川省委政法委员会、四川省高级人民法院、四川省人民检察院、四川省公安厅、四川省司法厅于 2013 年 11 月 30 日联合下发了《关于落实四川 2013－2017 年高等学校与法律实务部门人员互聘计划的通知》（川教函〔2013〕857 号）。通知指出：根据教育部、中央政法委等六部门联合下发的《关于实施高等学校与法律实务部门人员互聘“双千计划”的通知》（教高〔2013〕8 号）要求，联合下发《关于实施四川省高等学校与法律实务部门人员互聘计划的通知》（川教函〔2013〕628 号），制定了人员互聘计划，并就各高校和法律实务部门上报的 2013～2017 年人员“互聘计划”汇总下达（见表1－3、表 1－4）。相比较，四川省的“双千计划”方案更为详细、具体、可操作性强。当然，完成的难度似乎也要大一些。

表 1－2　吉林省高等学校与法律实务部门人员互聘“双千计划”名额分配情况

学校名称	法律实务部门专家到高校兼职或挂职任教的名额（人）	高校法学专业骨干教师到法律实务部门兼职或挂职的名额（人）
吉林大学	5	5
吉林财经大学	5	5
东北师范大学	2	2

〔2〕 云南省大理白族自治州中级人民法院鲍康院长、西南民族大学法学院王允武教授，作为西南民族大学法学院推荐人选入选全国首批“双千计划”。

〔3〕《关于落实高等学校与法律实务部门人员互聘“双千计划”的通知》，载吉林省教育厅网：http://www.jledu.gov.cn/show/21356.html，最后访问日期：2016 年 4 月 17 日。

续表

学校名称	法律实务部门专家到高校兼职或挂职任教的名额(人)	高校法学专业骨干教师到法律实务部门兼职或挂职的名额(人)
延边大学	2	2
北华大学	2	2
吉林师范大学	2	2
长春理工大学	1	1
长春工业大学	1	1
长春师范大学	1	1
吉林警察学院	2	2
白城师范学院	1	1
通化师范学院	1	1
共计	25	25

（二）运行中加强"双千计划"落实

截至2015年12月30日，教育部办公厅、中央政法委办公室下发《关于公布高等学校与法律实务部门人员互聘"双千计划"2015年度入选人员名单的通知》（教高厅函〔2015〕100号），确定我院李剑老师入选"双千计划"后（挂职四川省凉山彝族自治州人民检察院），我校共有4名教师入选全国"双千计划"，[4]校外法律专家入选"双千计划"者增至5名。[5] 全国入选"双千计划"人数也在不断增加，截至2016年4月，共有676位法律实务部门专家、623位高校教师入选全国高等学校与法律实务部门人员互聘"双千计划"。[6]

"双千计划"运行几年来成效显著，有力地推动了"卓越法律人才教育培养

〔4〕 还有贺玲副教授（四川省成都市温江区人民法院）、李凯博士（四川省成都市温江区人民法院），加上之前王允武教授和刚入选的李剑副教授。

〔5〕 除鲍康外，还有蒋剑鸣（四川省成都市温江区人民法院）、刘守民（四川致高守民律师事务所）、王强（四川省都江堰市人民法院）、王疆立（四川省阿坝藏族羌族自治州人民检察院，现调往内江市人民检察院任职）。

〔6〕 载教育部网：http://www.moe.edu.cn/srcsite/A08/moe_739/s6550/201601/t20160120_228492.html，http://moe.edu.cn/srcsite/A08/s7056/201412/t20141211_182431.html，最后访问日期：2016年4月17。

表 1-3　四川省 2013～2017 年高等学校与法律实务部门人员互聘计划表（高校部分）

学校名称	拟派出挂职教师人数/年					拟派出兼职教师人数/年					拟接受挂职任教人数/年					拟接受兼职任教人数/年				
	2013	2014	2015	2016	2017	2013	2014	2015	2016	2017	2013	2014	2015	2016	2017	2013	2014	2015	2016	2017
四川大学		2	1	1	1		2	1	1	1	1	1	1	1	1	1	1	1	1	1
西南交通大学		1		1			1	1	1	1		1	1	1	1		1	1	1	1
电子科技大学		1	1			1	1	1	1	1						1	1	1	1	1
西南财经大学	2	1	1	1	1											3	2	2	2	2
西南民族大学	2	1	1	1	1	5	1	1	1	1		1	1	1	1	10	2～4	2～4	2～4	2～4
西南石油大学			1				1	1	1	1										
成都理工大学			1				1		1			1	1	1	1		6	9	9	6
西南科技大学	1	1	1	1	1											1	2	2	2	2
四川理工学院	1	1	1	1	1	1	1	1	1	1	1	1	1	1	1	1	1	1	1	1
西华大学							1	1	1	1							1	1	1	1
四川农业大学						1		1		1						1		1		1
泸州医学院		1	1		1	1			1			1	1		1	1			1	
四川师范大学			1		1	3	1		1							3	1	1	1	
西华师范大学	1	1	1	1	1	2	2	2	2	2	1	1	1	1	1	2	2	2	2	2
内江师范大学		1	1	1	1							1	1	1	1					
宜宾学院		1			1		1	1		1	1	1			1	1	1	1		1
乐山师范学院			1					1		1	1					3	5	5	5	5
四川民族学院		1	1	1	1		1		1	1		1	1	1	1	1	1	1	1	1
四川警察学院	1	1		1			1				1	2	1	1	1		1	1		
成都学院		2	2	2	2											2	4	5	6	7
攀枝花学院		1						1	1	1							1	1	1	1
合计	8	17	16	12	13	14	15	13	14	14	6	12	10	9	11	31	33～35	38～40	37～69	36～67

表 1－4　四川省 2013～2017 年高等学校与法律实务部门人员互聘计划表（政法机关部分）

	拟派出挂职教师人数/年					拟派出兼职教师人数/年					拟接受挂职教师人数/年					拟接受兼职教师任职人数/年				
	2013	2014	2015	2016	2017	2013	2014	2015	2016	2017	2013	2014	2015	2016	2017	2013	2014	2015	2016	2017
法院（包括省法院和全省 22 个中级法院）						13	10	10	10	10	5	4	4	4	4	1	6	6	6	6
检察院						2	2	2	2	2	2	2	2	2	2					
公安厅	2	2	1	1	1	1	1	1			2	2	3	2	2					
司法厅						2	2	2	2	2	1	1	1	1	1	5	1	1	1	1
合计	2	2	1	1	1	18	15	15	14	14	10	9	10	9	9	6	7	7	7	7

＊全省拟接受挂职老师的法院有：省法院、成都中院、自贡中院、攀枝花中院、绵阳中院、乐山中院、南充中院、眉山中院、眉山东坡区法院、仁寿县法院、洪雅县法院、彭山县法院、广安中院、达州中院、雅安中院、巴中中院、阿坝中院、甘孜中院。

拟接受兼职教师的法院有：泸州中院、德阳中院、眉山中院、眉山东坡区法院、宜宾中院、广安中院、达州中院、雅安中院、阿坝中院、甘孜中院、成都铁路运输中级法院。

计划”的实施。当然,“双千计划”目的是为实施“卓越法律人才教育培养计划”提供优质师资,但又不止于此。它既是对有关院校已经开展的“校地互聘”的充分肯定,同时又推动了“校地共建”的良性运行。以西南民族大学法学院为例,近年来我们先后聘请了51位实务部门法律专家担任客座(兼职)教授,尽管最初的出发点是推进法律硕士“双导师制”的实施,但实施过程中我们结合“卓越法律人才教育培养计划”的落实,将队伍建设、学科(专业)建设与“卓越法律人才教育培养计划”“双千计划”有机地集合在一起,取得良好的效果。实务部门法律专家来校举办法律实务讲座、[7]参加模拟法庭指导、参与研究生培养。与此同时,我们学院也先后有20余位教授、副教授、博士到实务部门兼职(挂职)、担任专家顾问,定期或不定期地深入教学实践基地参与案件讨论、举办学术讲座、开展课题研究、进行学术交流。

诚然,“双千计划”实施的效果是理想的。但我们也必须看到,“双千计划”从2013年实施以来,也有一些不尽如人意之处,需要完善。早在2015年法学教育研究会年会时,我在提交的文章《法治人才培养机制创新与法学教育协同推进——以改进民汉双语法治人才培养机制为视角》中提出提升“双千计划”实施的实效性,促进其无论是在机制还是操作层面在基层“落地”。让更多有条件的基层单位的优秀实务工作者登大学讲堂讲学,也多为法学专家提供实践机会、参与司法活动。关键是,要形成所在单位的“松绑”机制:对实务部门的法律专家,要让其不为职务晋升、业绩考核所顾虑,使大学老师不为职称评聘、科研考核等纠结。[8]

第一,工作机制有待完善。一是“双千计划”有“兼职”与“挂职”之分,就高校教师挂职(尤其挂一定实职并有明确分管业务)而言,当地领导重视、任务分工明确(某挂职者任某自治州检察院副检察长,负责4个处室、单位将其当本职工作人员使用),挂职者也能接触到具体事务,增强了大学教师对案件流程的熟悉、强化了其对法律规定的理解,也提升了“教书先生”与相关业务部门的沟通、

---

〔7〕 根据法学专业的修读要求及学生的就业需要,我们专门邀请实务部门的法律专家开设“法律实务系列讲座”:《检查业务与检察官素质》《法院业务与法官素质》《政府法制工作与法学教育 》《从入职应试看法科学生的知识积累》等。

〔8〕 参见王允武:《法治人才培养机制创新与法学教育协同推进——以改进民汉双语法治人才培养机制为视角》,载《西南民族大学学报》2016年第1期。

协调能力,过得非常“充实”。而兼职者无论是大学教师还是实务部门专家,真正进入角色就没那么容易。尤其实务部门法律专家承担教学任务受限较多,除时间保证困难外,有的专家系统承担教学任务还是有“局限”的。而实务部门法律专家挂职者真正“落地”的很少。二是按照要求,“各卓越法律人才教育培养基地建设高校5年内须累计选聘不少于5名法律实务部门专家来校兼职或挂职任教,派出不少于5名法学专业骨干教师到法律实务部门兼职或挂职”。[9]尽管要求不高、量也不大,但实践中仍然是双向“兼职”多而“挂职”少。三是实践中,从真正“落地”的“挂职”运行情况看,时间(期限)偏短,往往是刚进入工作状态“任期”就要结束了。而且,外来者往往“放不开手脚”。当然,假若期限延长又会带来其他问题(如兼挂职者原单位工作协调难度加大)。

第二,条件保障有待加强。一是作为大学教师的入选者,原单位工作任务的完成如何有效协调教学量的“置换”(冲抵)与科研需求的满足[10]的关系?尽管“教高〔2013〕8号文”有“互聘人员在聘用单位工作期间,派出单位保留其原职务级别、岗位,工资、福利待遇不变,将其专业技术职务年限连续计算,工作量互相冲抵。鼓励派出单位将派出人员纳入本单位的人才培养计划,并在职级晋升、职称评定等方面予以政策倾斜。支持有条件的聘用单位为受聘人员提供适当的工作量津贴和住宿、交通补贴,并对工作成绩突出者进行表彰奖励”的保障措施,但实际落实有待强化,且有关关系协调仅靠此“保障措施”难以实现。二是作为实务部门的法律专家,来校教学、指导研究生、参与实践指导等,因受财务制度的限制,“劳酬不符”问题突出。尤其是有的学校规定按照“外聘教师”对待的课时费标准很是羞涩。即使举办讲座也多数按照国家规定的“副教授标准”(1000元)执行。这使“一次性投入”而很少重复利用的实务型讲座,面

---

〔9〕参见教育部、中央政法委员会、最高人民法院、最高人民检察院、公安部、司法部《关于实施高等学校与法律实务部门人员互聘“双千计划”的通知》。

〔10〕高校教师入选“双千计划”者,若需晋升职称是有科研要求的。对那些“挂职”担任“实职”者来说,评聘职称所要求的科研任务在挂职期间几乎无法完成(尽管对日后的科研工作肯定是有帮助的),因为多数接受单位安排的任务基本是满负荷的。加之基层单位的各种出差、“接待应酬”及与相关单位的工作协调很多,耽误的时间也多,完成高质量的科研成果是不太现实的。

临“准备时间成本高、回报率低”的尴尬。[11]

第三,司法改革中“员额制”与“双千计划”关系有待进一步协调。在深化司法体制改革的当下,如何处理好司法机关“员额制”与“双千计划”外派人员的关系协调问题,是需要认真研究的。与此相适应,法学专家外派后对职务晋升的政策落实也需跟进。

二、平台:“大学生校外实践教育基地”建立和拓展

教育部“大学生校外实践教育基地”建设项目的启动,既对实践教育功能予以进一步强化,也为法治人才协同培养搭建了新的、稳定的平台。这将进一步强化理论与实践的结合,促进应用型法治人才培养,提升实践教学在法学教育的积极作用,进一步促进“卓越计划”的有效实施。

(一)“大学生校外实践教育基地”建设项目启动与运行

2012 年 3 月 2 日,根据《教育部、财政部关于“十二五”期间实施“高等学校本科教学质量与教学改革工程”的意见》(教高〔2011〕6 号)的安排,教育部下发《关于开展“本科教学工程”大学生校外实践教育基地建设工作的通知》(教高函〔2012〕7 号,下称“教高函〔2012〕7 号文”),决定开展国家大学生校外实践教育基地建设工作。同时公布了“2011 年国家大学生校外实践教育基地建设项目名单”(“法学”见表 1-5)和“2012 年国家大学生校外实践教育基地建设项目名单”(“法学”见表 1-6)。大学生校外实践教育基地建设工作正式启动。

表 1-5　2011 年国家大学生校外实践教育基地建设项目名单(共计 125 个,法学 10 个)

序号	基地名称	学科门类
1	北京大学法学教育实践基地	法学
3	中国人民大学法学教育实践基地	法学
4	清华大学法学教育实践基地	法学
23	北京师范大学法学教育实践基地	法学
24	中国政法大学法学教育实践基地	法学

〔11〕 其中涉及类似个人所得税 801 元起征点等问题,就更不用说了。很影响工作情绪(尽管多数同志不在意报酬问题)。

续表

序号	基地名称	学科门类
38	吉林大学法学教育实践基地	法学
53	上海交通大学法学教育实践基地	法学
80	山东大学法学教育实践基地	法学
87	武汉大学法学教育实践基地	法学
88	中南财经政法大学法学教育实践基地	法学

表1－6　2012年国家大学生校外实践教育基地建设项目名单（共计90个，法学10个）

序号	基地名称	学科门类
7	中央财经大学法学教育实践基地	法学
8	北京理工大学法学教育实践基地	法学
9	北京航空航天大学法学教育实践基地	法学
11	中国青年政治学院法学教育实践基地	法学
14	南开大学法学教育实践基地	法学
33	南京大学法学教育实践基地	法学
60	厦门大学法学教育实践基地	法学
74	中山大学法学教育实践基地	法学
81	四川大学法学教育实践基地	法学
85	西南财经大学法学教育实践基地	法学

据悉，教育部从2011年启动国家大学生校外实践教育基地建设工作，共计划立项建设1000个。其中，由中央部门所属高等学校建设500个，由地方所属高等学校建设500个。2011年在中央部门所属高等学校立项建设125个实践基地，2012年立项建设90个实践教育基地，基地建设周期为2年。

国家大学生校外实践教育基地建设，目标是通过建设实践教育基地，承担高校学生的校外实践教育任务，促进高校和行业、企事业单位、科研院所、政法机关联合培养人才新机制的建立。推动高校转变教育思想观念，改革人才培养模式，加强实践教学环节，提升学生创新精神、实践能力、社会责任感，增强学生就业力。

继“教高函〔2012〕7 号文”后，2012 年 11 月 15 日教育部高等教育司下发《关于做好部属高校 2013 年“本科教学工程”大学生校外实践教育基地建设工作的通知》（教高司函〔2012〕181 号），“决定 2013 年在中央部门所属高等学校立项建设 80 个‘本科教学工程’大学生校外实践教育基地”，包括 10 个法学教育实践基地（见表 1 –7）。至此，全国部属高校“本科教学工程”大学生校外实践教育基地——法学教育实践基地达 30 个。[12]

表 1 –7　2013 年国家大学生校外实践教育基地建设项目名单（共计 80 个，法学 10 个）

序号	基地名称	学科门类
46	对外经济贸易大学法学教育实践基地	法学
47	中国人民公安大学法学教育实践基地	法学
48	外交学院法学教育实践基地	法学
49	大连海事大学法学教育实践基地	法学
50	同济大学法学教育实践基地	法学
51	上海财经大学法学教育实践基地	法学
52	中南大学法学教育实践基地	法学
53	暨南大学法学教育实践基地	法学
54	西南民族大学法学教育实践基地	法学
55	重庆大学法学教育实践基地	法学

与此同时，地方所属高校“本科教学工程”大学生校外实践教育基地建设工作也有序推进。根据《关于做好地方所属高校“本科教学工程”大学生校外实践教育基地建设工作的通知》（教高司函〔2012〕170 号）精神，2013 年 5 月 7 日，教育部下发了《关于公布地方所属高校“本科教学工程”大学生校外实践教育基地建设项目的通知 》（教高司函〔2013〕48 号），共有 538 个地方所属高校国家级大学生校外实践教育基地立项建设，其中法学 28 个（见表 1 –8）。

---

〔12〕 西南民族大学的法学教育实践基地，也成功获批为 2013 年部属高校国家大学生校外实践教育基地，这是继获批为西部基层法律人才教育培养基地之后的又一国家级基地。我校法学教育实践基地是国家民委所属高校中第一个国家大学生校外实践教育基地。

表 1-8 地方所属高校"本科教学工程"大学生校外实践教育基地建设项目名单(法学)

序号	基地名称	学科门类
23	天津师范大学法学教育实践基地	法学
37	河北大学法学教育实践基地	法学
38	河北经贸大学法学教育实践基地	法学
73	内蒙古大学法学教育实践基地	法学
84	辽宁师范大学法学教育实践基地	法学
85	沈阳师范大学法学教育实践基地	法学
112	吉林警察学院法学教育实践基地	法学
113	吉林财经大学法学教育实践基地	法学
130	哈尔滨师范大学法学教育实践基地	法学
153	华东政法大学法学教育实践基地	法学
154	上海政法学院法学教育实践基地	法学
168	江苏警官学院法学教育实践基地	法学
197	浙江警察学院法学教育实践基地	法学
216	安徽大学法学教育实践基地	法学
258	江西财经大学法学教育实践基地	法学
273	临沂大学法学教育实践基地	法学
274	烟台大学法学教育实践基地	法学
302	河南大学法学教育实践基地	法学
352	湘潭大学法学教育实践基地	法学
353	湖南师范大学法学教育实践基地	法学
354	邵阳学院法学教育实践基地	法学
375	广东警官学院法学教育实践基地	法学
420	海南大学法学教育实践基地	法学
423	西南政法大学法学教育实践基地	法学
454	贵州大学法学教育实践基地	法学
486	西北政法大学法学教育实践基地	法学
507	甘肃政法学院法学教育实践基地	法学
517	青海民族大学法学教育实践基地	法学

此后,各省教育行政部门也陆续公布了本省级“大学生实践教育基地”。2013年1月6日,根据《四川省教育厅关于开展2012年“高等教育质量工程”大学生校外实践教育基地建设申报工作的通知》(川教函〔2012〕297号)精神,以《四川省教育厅关于公布2012年四川省“大学生校外实践教育基地”名单的通知》(川教函〔2013〕17号)确定了82个基地为四川省“大学生校外实践教育基地”。其中,法学教育实践基地有6个。2014年11月20日,四川省教育厅又配合卓越法律人才教育培养计划的实施,根据《四川省教育厅中共四川省委政法委员会关于申报第二批省级卓越法律人才教育培养计划项目的通知》(川教函〔2014〕587号)要求,公示了2014年度四川省卓越法律人才教育培养计划校外示范性实践教学基地15个。

根据《教育部、中央政法委员会关于实施卓越法律人才教育培养计划的若干意见》(教高〔2011〕10号)精神,四川省教育厅联合省委政法委员会于2013年正式启动实施省级卓越法律人才教育培养计划,拟在2013～2014年分两批在全省现有举办法学专业的本科院校中遴选12个专业点实施省级卓越法律人才教育培养,其中,涉外法律人才教育培养基地2个,应用型、复合型法律职业人才教育培养基地4个,西部基层法律人才教育培养基地6个;高校与实务部门共建30个左右的省级卓越法律人才示范性实践教学基地。四川省省属法学教育实践基地也建立了21个,将“卓越计划”实施与“校外教育实践基地”建设紧密结合。

(二)“大学生校外实践教育基地”建设的拓展与创新

校外实践教育基地(又称教学实践基地),是法学专业教育教学的重要和必备的实习实训场地,也是法科学生提升创新创业能力的教学主要环节。在国家实施“卓越法律人才教育培养计划”之前,校外实践教育基地建设已经得到强化,尽管各地、各院校做法不尽相同,校外教学实践基地建设数量也不一样,建设方式有差异。但作为实践性较强的法学专业的必要教学环节的毕业实习,各个院校都是必须利用的。因此,各院校采取多种措施加强教学实践基地建设。以政法院校为例,建设情况差异较大,呈现不同特点:

第一,教学实践基地的地区分布,与院校招生范围及办学特色相关。一些全国性院校的教学实践基地覆盖全国,如中国政法大学教学实践基地遍布全国各地。早在2012年该校“重点发展了一批专业性强、有一定影响力、能体现不同地域、不同行业特点的基层单位作为基地建设合作对象，建立了稳定的校外实践教学基地 280 个”；〔13〕多数地区性院校（虽然有的院校也是全国招生）教学实践基地主要分布于所在地区。而一些专业性强或者特色明显的院校的教学实践基地的覆盖面，往往是全国的行业系统或者学生就业面向的地区。

第二，教学实践基地的行业属性分布，多数院校以法院、检察院为主。也有例外，如为适应办学层次的提升及学科（专业）建设需要，西南民族大学法学院很早就将教学实践基地拓展到立法、仲裁委员会、工会法律工作部、司法局、农民工法律援助工作站等（见表 1－9），而且不但建立了教学实践基地，同时在一些特殊区域建立了“学生社会实践基地”。〔14〕

第三，教学实践基地的单位“层级”分布，一般以基层法院、基层检察院以上的单位为主。当然，也有特殊情况。如四川民族学院政法系将康定县姑咱鱼通法庭作为教学实践基地，并获批四川省 2012 年“大学生校外实践教育基地”的法学教育实践基地。〔15〕 云南法院网 2014 年 12 月 3 日也曾报道：云南省洱源县与西南民族大学法学院签订共建教学实践基地的合作协议。将洱源县法院邓川法庭确定为西南民族大学法学院的教学实践基地。〔16〕

其之所以选择洱源县邓川法庭作为教学实践基地，原因有二：一是西南民族大学法学院几年前已经与洱源县政法委签订了“学生社会实践基地协议”，每年暑假法学院学生都要到洱源县开展社会实践，合作良好。二是近年来，邓川法庭紧密结合辖区实际，坚持以人民利益为工作导向，大胆将中华优秀传统文化与现代法治精神有机融合起来，探索出一条法院文化建设和审判工作相互结合、相互促进的法院文化建设新路子。邓川法庭建成了以“南北两围墙，东西一走廊”为主要格局的法院文化广场，并认真推行“一个提示、二种学习、三次疏导、一次回访”的工作机制，有力促进了辖区和谐，赢得当事人的广泛好评。这

〔13〕 载教育部网：http://www.moe.edu.cn/s78/A08/gjs_left/moe_739/s6549/s7721/201206/t20120619_159441.html，最后访问日期：2016 年 4 月 30 日。

〔14〕 如大理白族自治州洱源县政法委、四川省金堂监狱。

〔15〕 参见《四川公布 82 个“大学生校外实践教育基地”》，载四川日报网：http://politics.scdaily.cn/szyw/content/2013－01/09/content_4571485.htm，最后访问日期：2016 年 4 月 30 日。

〔16〕 参见《洱源法院与西南民族大学法学院签约共建教学实践基地》，载 http://www.gy.yn.gov.cn/Article/xwgj/jrkd/201412/40914.html，最后访问日期：2016 年 4 月 18 日。

对“立足西南、面向全国”，长期坚持“为少数民族和民族地区、为国家发展战略”服务的西南民族大学而言，对法学院的学生而言，其既符合审判规律又与当地实际结合，做到了接地气、有实效，无疑是作为教学实践基地理想的选择。

总之，在教学实践基地建设方面各院校进行了多种尝试，取得了一定的成效。以西南民族大学为例，立足于我们的“区位特点”“院校特色”，改变法治人才培养理念与乡土中国治理转型需求脱节现状。[17] 增强学生应有的乡土法律服务实践能力训练，强化学生地方性知识与技能积累，调整法治人才培养目标，使学生知识结构适应基层法律人才素质需求。并将“专业特色与核心能力培养相结合”，开发和设置特色课程，努力形成自身的专业特色，增强人才的核心竞争力。尤其是“十八届四中全会”后，我们充分把握“建设高素质法治专门队伍”“加强边疆地区、民族地区法治专门队伍建设”的良好机遇，有效利用“加强法律服务队伍建设”的外部环境 ，认真领会“创新法治人才培养机制”深刻内涵，着力于学生综合素质提升，引导学生信仰法律、有基层情怀、要勇于担当。在办学过程中，我们“找准定位”——培养“应用型法治人才”[18]。

当然，教学实践基地的拓展还需加强，尤其是应适应国家统一法律职业资格制度的建立，应在立法机关，尤其是政府法制部门建立相关基地，培养学生学习政府法制工作及人大立法工作经验。

三、互动：“校地共建”双向交流机制的运行与影响

法治人才良好素质的养成，应包括就职前的法学（院校）教育和司法（实务部门）研修，故人才“培养单位”与人才“使用单位”应共同承担起法治人才的培养责任。长期以来，人才“使用单位”重“使用选拔”轻“培养投入”，这不利于

---

[17] 乡土中国一直伴随着中国的现代化进程。乡土中国的法律生活呈现出明显的特色——规范的习俗性、权威的道德性和司法的政务性。

[18] 与此同时，为了帮助学生学好法学专业，我们专门为学生开设了“新生研讨课”——举办“法学入门系列讲座”：《法学入门之：法学专业课程设置与修读要求》《法学入门之：认识法学专业》《法学入门之：司法公信力与法律人素质培养》《法学入门之：法科学生怎样读书》《法学入门之：法律职业的特点与法律思维的培养》等，分别由不同的老师讲授。如前所述，我们还根据法学专业的修读要求及学生的就业需要，专门邀请实务部门的法律专家开设“法律实务系列讲座”：《检查业务与检察官素质》《法院业务与法官素质》《政府法制工作与法学教育》《从入职应试看法科学生的知识积累》等，在建立教学实践基地的同时，还专门建立“学生社会实践基地”，不断强化实践教学。

"卓越人才"培养机制的形成。"校地共建"双向交流机制运行,无疑将促进法治人才"协同培养"。

(一)"校地共建"双向交流机制的运行及其效果

前述在云南省大理白族自治自洱源县邓川法庭建立教学实践基地,不但为学生提供了深入最基层、了解乡土中国司法实际的机会,培养学生"接地气"能力和"基层情怀"。而且,根据双方签订的共建协议,西南民族大学在选派在校学生到法庭开展审判实务实习、调研的同时,双方还将互聘对方(及基层法院的上级法院)的专家,深入开展学术讲座、课题研究、法律实务指导等教学合作。

其实,西南民族大学法学院与法律实务部门间的合作已经远远不止"法学教育实践基地"层面。从最初的成都市武侯区人民检察院教学实践基地建立,当时的法学系学生在利用基地实习实践的同时,就参与武侯区检察院"暑期法治夏令营"、指导中小学生开展"模拟审判"、提供少语翻译服务等活动,再到现在的双向互聘、学术研讨、举办讲座、案件研讨、课题合作等的广泛互动交流。比较有代表性的是,我们与内蒙古自治区凉城县人民检察院开展的课题研究合作,与成都仲裁委员会开展的理论研究基地合作,与云南省大理白族自治州中级人民法院共同举办的学术会议(图 1-1)[19],与四川省阿坝州人民检察院开展双向挂职、课题研究,建立疑难案件咨询机制、自侦案件办案指导机制、信息资源共享机制等"全方位合作",并建立理论研究基地、干警培训基地。尤其与大理白族自治州中级人民法院、阿坝州人民检察院的合作被称为"实践教学基地建设创新"之举(图 1-2、图 1-3),实务部门也非常重视此项工作,将其作为队伍建设的重要举措[20]。

---

〔19〕 由中国政法大学法律援助中心、北京尚权律师事务所主办、云南大理白族自治州中级人民法院承办,西南民族大学法学院协办的"以审判为中心的诉讼制度改革与死刑程序完善"学术研讨会,2015 年 7 月 15 日在云南大理白族自治州中级人民法院成功举办。此次会议得以在云南省大理州白族自治州中级人民法院召开,得益于西南民族大学法学院的牵线搭桥,是双方对合作新形式的拓展。研讨会的召开,是西南民族大学法学院向其教学实践基地大理州中级人民法院的引智活动,也为后者搭建了良好的交流渠道和合作平台,这对于提高后者的司法理论水平、实务水平和扩大对外交流必将发挥重要的积极作用。

〔20〕 参见《抓队伍建设　阿坝建检校合作教育基地》,载《四川法制报》:http://www.fzscw.gov.cn/2015-1/14/59-5834-1820.htm,最后访问日期:2016 年 4 月 30 日。

图 1－1

图 1－2

图 1－3

显然，这是我们多年来教学实践基地建设探索的结果。为提升教育教学质量、促进学生综合素质提高，多年来，我们一直致力于法学理论教学与法律实务结合，除加大校内模拟法庭、诊所教育[21]等平台建设力度、为学生提供实训场地外，先后在四川、云南、贵州、内蒙古、青海等地建立 31 家教学实践基地（见表 1－9）。

表 1－9　西南民族大学法学院校外教学实践基地一览表（截至 2016 年 4 月 18 日）

序号	基地名称	时间	承担任务	备注
1	武侯区人民检察院	2005 年	本科生实习	检校共建单位
2	武侯区人民法院	2005 年	本科生实习	

〔21〕 西南民族大学法学院是诊所教育专业委员会的成员单位。

续表

序号	基地名称	时间	承担任务	备注
3	成都仲裁委员会	2006 年	研究生、本科实习	我院为其理论研究基地
4	成都市总工会法律工作部	2006 年	学生课程实习	我院为其理论研究基地
5	四川省农民工法律援助工作站	2008 年	课程实习与假期实践	
6	北京德恒（昆明）律师事务所（原云南千和律师事务所）	2008 年	研究生、本科生实习	
7	凉山州人大常委会	2009 年	研究生实习	
8	武侯区司法局	2009 年	课程实习与假期实践	
9	泰和泰（四川）律师事务所	2009 年	研究生、本科生实习	
10	四川发现律师事务所	2009 年	本科生实习	
11	中豪律师集团四川分所	2009 年	本科生实习	
12	四川名川律师事务所	2009 年	研究生、本科生实习	
13	四川致高守民律师事务所	2011 年	研究生、本科生实习	
14	成都善嘉律师事务所	2011 年	研究生、本科生实习	
15	昆明市人民检察院	2012 年	本科生实习	
16	丽江市中级人民法院	2012 年	本科生实习	
17	大理白族自治州中级人民法院	2012 年	本科生实习	
18	昆明市中级人民法院	2012 年	本科生实习	
19	云南省南涧彝族自治县人民检察院	2012 年	本科生实习	
20	云南省安宁市人民检察院	2012 年	本科生实习	
21	贵州省修文县人民检察院	2012 年	本科生实习	
22	黔西南州人民检察院	2012 年	本科生实习	
23	内蒙古凉城县人民检察院	2013 年	研究生、本科生实习	我院为其理论研究基地
24	阿坝州人民检察院	2013 年	本科生实习	我院为其教育培训基地

续表

序号	基地名称	时间	承担任务	备注
25	都江堰市人民法院	2013 年	本科生实习	
26	温江区人民法院	2014 年	研究生、本科生实习	
27	北京德恒(成都)律师事务所	2014 年	研究生、本科生实习	
28	云南省洱源县人民法院	2014 年	研究生、本科生实习	我院为其理论研究基地
29	青海省海南州中级人民法院	2015 年	研究生、本科生实习	我院为其教育培训基地
30	青海省海南州人民检察院	2015 年	研究生、本科生实习	我院为其教育培训基地
31	四川明炬律师事务所	2015 年	研究生、本科生实习	

其中,云南省昆明市人民检察院、大理州中级人民法院、四川省泰和泰律师事务所、云南省千和律师事务所[现北京德恒(昆明)律师事务所]、四川致高守民律师事务所等单位被确定为"国家级"大学生校外(法学)教学实践基地(图 1-4、图 1-5),阿坝州人民检察院确定为四川省卓越法律人才教育培训计划校外示范性实践教学基地。

图 1-4

图 1-5

(二)"校地共建"双向交流机制对法治人才培养的影响

"校地共建"双向交流机制的形成及良性运行,对共建双方是个"双赢"。双方均受益。当然,这种机制的运行,对法治人才培养的影响更为深远。

第一,督促教师深入基层,了解司法机关人才需求及法治人才素质构成,推进教学工作更切合实际。多年来,我们坚持暑假深入云南、贵州、内蒙、青海、西藏、新疆、四川"三州"等西部(民族)地区,考察当地法治建设现状、了解当地经济社会发展,引导老师熟悉基层“乡土司法”对法治人才的需求,掌握乡土司法人才素质养成及知识结构,使得教学工作更具针对性和实效性。

第二,促进管理理念的转变,强化了“服务少数民族和民族地区、服务国家发展战略”意识。推动了课程改革、增加了实践性教学环节,使“应用型法治人才”培养更切合实际。

第三,增强学生基层意识,强化了法科学生的“乡土情怀”。我们以时代先锋、全国模范法官、长期扎根基层的杰出校友、大理白族自治州南涧县人民法院公郎法庭庭长龙进品及全国优秀法官、杰出校友、长期“驻守”边疆的西藏阿里地区基层法院副院长李尕青为榜样,引导学生深入基层,关注“乡土司法”,献身民族地区法治建设。

综上,尽管在师资队伍建设、实践教学平台搭建、校地共建共享等方面协同培养法治人才取得良好效果的同时还存在一定的不足,但若不断创新协同培养法治人才理念与机制,必将推进卓越法律人才教育培养计划的有效实施。

这是我们的期望,也是共同努力的方向。

卓尔不群，超越自我

——刍议卓越法律人才培养标准之层次与关系

廖　瑜*

【摘　要】卓越法律人才培养标准可以区分为不同层次。其中，信念执着、品德优良是道，而知识丰富、本领过硬是术，前者决定着后者的具体路径和方法，而后者使前者得以实现。前者决定了法律职业共同体的共性，后者决定了法律人的个性。认识到这一点使得教师可以尊重到每一个个体，也使学生可以认识自我、扬长避短，最终不断超越自我，做到卓尔不群。

【关键词】卓越法律人才；培养标准；层次；区分意义

研究生毕业以后，我来到西南民族大学法学院工作整整17年了。我所工作的法学院是教育部"卓越法律人才（西部基层法律人才）教育培养基地"。何为"卓越法律人才"呢？在我看来，"卓越法律人才"里面的关键词是"卓越"，而卓越这个词是个大词、极品词，当我们把这个词用于修饰一个名词时，意指是某种优点要发挥到极致。在线汉语词典对"卓越"一词的解释是"杰出、超出一般"，[1]百度上的解释也是一样。莫洪宪教授认为卓越是出类拔萃、非常杰出的意思，与英文中的excellent、extinguished、outstanding同义。[2]

---

* 廖瑜，西南民族大学法学院副教授、硕士生导师，研究方向为刑法学。

〔1〕 载http://xh.5156edu.com/html5/5311.html，最后访问日期：2016年11月2日。

〔2〕 莫洪宪：《论卓越法律人才的应有素质及其培养路径》，载《河南财经政法大学学报》2014年第6期。

根据教育部、中央政法委员会在2011年12月23日颁布的《关于实施卓越法律人才教育培养计划的若干意见》，卓越法律人才应当具备信念执着、品德优良、知识丰富、本领过硬等素质，这也是培养标准。好些学者已经对这些素质或培养标准的内涵进行了详尽充分的阐述，本文将不再阐述其内涵，而是从这四个标准的层次与关系着手来进行分析。

一、卓越法律人才培养标准的不同层次

在笔者看来，卓越法律人才需要具备的信念执着、品德优良这前两点素质是道，决定着一个人作为法律人、投身于法律职业生涯的品行操守和行为方向，是解决如何做人的问题，这两点也决定了后面知识和技能的内涵、方向和运用时的具体操作模式。“法学归根结底是人学，是以人性为根基、自由为基础、权利为核心、正义为统领、发展为目的，集中体现人文关怀和人文精神的学问体系。”[3]优秀的法律人在信念和品德上应该是趋同的，体现出一致性。如何寻求中国法律人在品德和人文方面素养的培养路径，有学者提出我国传统的儒家思想在人文视角方面与现代法学教育目标存在契合，并提出具体方法和路径。[4]“现在我们提倡的社会主义核心价值观，从某种意义上说，是对中华优秀传统文化的继承和发展。”[5]笔者认为，这的确值得充分重视和认真考量，可用儒家思想和现代理念之结合来塑造具备人文精神和高尚品格的法律人才。

另外，知识丰富、本领过硬是术，是实现执着信念、优良品德的路径和方法。作为法律专业人士，如果只是具备执着信念、优良品德也是不够的，这只能说明这个人是个好人，而不是一个专业法律人士。法律人必须具备精良的专业知识和方法本领，才能实现正义、惩恶扬善、维护秩序。与信念执着、品德优良具有趋同性不一样，每个个体的知识和本领则出现多样化、差异性的个性特征。每个法律人的知识和技能虽然并不相同，但都是为了实现正义之信念、优秀之品格。法律人在具体的工作中就知识和技能的运用出现困惑时，应该回归到信念

---

〔3〕 周叶中：《法学归根结底是人学》，载《北京日报》2015年11月23日，第19版。

〔4〕 这方面的文章有尹茂国：《儒家思想与现代法学教育的人文契合》，载《延边大学学报（社会科学版）》2016年第5期；刘观来：《儒家思想与法学教育》，载《安徽科技学院学报》2016年第4期。

〔5〕 刘观来：《儒家思想与法学教育》，载《安徽科技学院学报》2016年第4期。

和品德方面来加以判断以做到重新认识和规划，最终能正确地选择实现正义的方法和技能。顺便提一下，在传授法科学生知识和本领的方面，现在需要处理好几个方面的关系：一是专业化和融通化的关系；二是本土化和国际化的关系；三是法学研究方法与法学教学方法的关系。有关前面两种关系，有学者已经进行了详尽的分析和论述，〔6〕我这里主要针对最后一种关系谈一下自己的看法。〔7〕我们知道，现在法学理论界有两种研究方法的存在，分别为教义法学研究方法和社科法学研究方法。教义法学以阐释法条概念、进行法律解释为己任，注重逻辑分析和思维演绎。而近年从英美引进、方兴未艾的社科法学却重视实证分析、注重法在现实社会中的真实运作。应该说，两种方法的侧重点和旨趣确实不同，其深源于两大法系在价值理念、制度设计和研究方法上的差异。笔者近来一直在思考这两种方法是否应用于不同的部分法领域或者基于研究内容的不同而应作出分别选择。比如刑法学是有关规范性的科学，是否还是以传统的教义法学方法为主研究更好。而犯罪学是一门事实性科学，自然要采用数据分析、个案分析等社科分析方法。而研究方法自然会影响到教学方法。当然，我的思考还远未成熟，也未有明确的结论。

信念执着、品德优良、知识丰富、本领过硬这四点素养合在一起就是德艺双馨的意思。信念和品德恰如法律学习和法律职业生涯之海上的灯塔，知识和技能就像航线，灯塔指引着我们选择适当的航线，达到目标，实现理想。

二、认识培养标准具有层次性的意义

正如前文指出，卓越法律人才培养预期实现的四点标准是存在不同层次的，这是我们必须注意的区别，认识到该区别的意义在于：

首先，作为教育者，如果我们能够尊重到每一个学生的特点，做到因材施教。在教学的过程中，我们也就不会去盲目追求和要求每一个学生都具备同样

---

〔6〕 参见吴汉东：《法学教育发展的历史轨迹与中国道路》，载《中国大学教学》2016 年第 1 期。

〔7〕 有些学者就不同的研究方法与法学教育之间的联系进行过一些探讨，比如姜瀛、王博：《法学教育引入法教义学方法浅谈》，载《教育探索》2016 年第 1 期；陶焘、王志辉：《基于社科法学立场分析法学教育的实践转向》，载《北华大学学报（社会科学版）》2015 年第 6 期。笔者认为，这些文章对于教义法学和社科法学方法的认识都不够深入和全面，比如陶焘、王志辉在文章里认为教义法学就不考虑实践，我觉得这是不恰当的。

容量和内容的知识,都精通同样的技能。比如,全体都是司法文书写作高手,每个都是巧舌如簧的辩手,或者都能说如同母语一般流利的英语。我们要去观察学生,他的天赋和热爱是什么,我们应该创造条件让他发现并发展自己的兴趣和特长。比如,我在给法律硕士授课时,总是鼓励他们"你需寻你所爱",如果我发现有些学生英语口语很好,我就鼓励他们多说多练,并尽力提供给他们上台翻译的机会,让他们获得信心和经验。相反地,我有个研究生,非常内敛和害羞,我估计他与人初次见面时并不占优势,但这个同学心思细腻、勤于思考,我于是鼓励他多思考多读书,在进行毕业论文写作时我对他进行精心的指导,使得他经过论文写作后在阅读、思考和写作能力方面都得到了提升,也获得了自信。

其次,作为学习者的学生可以客观地评价自己,不至于陷入与别人比较的无解境地。人人兼有所长,兼有所不长。以前由美国管理学家彼得提出的短板理论是说一个木桶能装多少水,是由短板决定的。用在人身上,就是一个人成功与否会受其缺点所限。而在互联网时代,有人提出与此不同的长板理论,指出最好的策略是"一专多能零缺陷","一专"指让自己在某一方面非常优秀;"多能"指有可能多储备几项能力可以搭配着使用;"零缺陷"指通过自己的努力和与他人的合作,让自己不擅长的方面变得及格即可。[8] 短长板理论的演进变化告诉我们,我们的学生在选择自己的学习旨趣,以及毕业后的法律职业生涯时,应该把主要的精力和时间放在自己最擅长的知识和技能方面,并使之发扬光大。对于自己不擅长并且努力投入后也不能实现质的飞跃的部分,能够应付就可以了。在教学中,我会对非法学的法律硕士同学讲他们虽然转了专业,但以前本科专业所积累和学习到的知识也可以运用在论文写作中,在就业时也可以考虑结合两个专业来择业。比如有同学本科是学税务的,那论文可以写税收方面的犯罪,毕业后也可以考虑去国家机关从事税收法律法规制定等方面的工作。虽然该同学在税务领域或法律领域都不是突出或最卓越的,但是他却既懂税务又懂法律,就具备了成为跨领域的复合型人才的能力和背景,具备了成为复合型卓越法律人才的潜质。

---

〔8〕 古典:《短板原理已死,优势永生》,载 http://news.mydrivers.com/1/308/308524.htm,最后访问日期:2018 年 3 月 1 日。

最后，认识到这一点，我们在课程设置的时候，应该增加选修课的力度，减少必修课的比例。对于法律人必须掌握的基本技能应该设置为必修课，而对于拓展提升型的知识和技能，则应该规划为选修课，由学生自主决定是否选择、如何选择。

三、余论

培养卓越法律人才之“卓越”二字可以理解为“卓尔不群、超越自我”，这样的理解也是对本文最好的诠释。“卓尔不群”是说法律人才在知识和技能方面有自己的优秀独到之处，能够做到人无我有，人有我新。“超越自我”是说不要和别人比，要和自己比，在个人修为、德行和知识技能方面要做到不断超越自己，才能在职业生涯的历程中独善其身并能兼济天下。

“法律应用全过程”实践教学体系探索与建构

——以新时代法治人才培养新要求为背景

侯　斌*

【摘　要】当下我国关于法学实践教学研究成果中，单一的教学形式研究多，体系化的教学模式研究少；教学手段方法研究多，教学效果关注少；实践教学重要性强调得多，对知识传授、能力训练和职业素养一体化培养探讨得少。虽然实践教学已经在一些高校得到重视和应用实施，但教学手段、资源、教师和学生的参与度等均存在一定不足，影响着实践教学效果和学生实践能力的培养。“法律应用全过程”实践教学体系的提出，是在新时代中国特色社会主义建设对法治人才培养提出新要求背景下，对法学实践教学进行的体系化研究与探索，围绕综合法律实践能力培养，结合目标、课程、资源、管理和评价等要素，搭建科学性的实践教学系统，推进法学实践教学升级提质。

【关键词】法律应用；全过程；实践教学体系

经过十余年的理论争论和实践探索，法学实践教学已经得到我国法学教育界的认可。通过加强实践教学，改革和完善法学教育，已经成为高校以及法律实务部门的共识。然而，由于对实践教学基础性理论问题研究不够，实践教学方法的系统性探索不足，顶层设计和规范要求不到位，除极少数政法专门院校

---

* 侯斌，西南民族大学法学院副教授、副院长。本文系西南民族大学教育教学研究与改革重点项目“以‘学生为中心、问题为中心、互动为中心’教学模式改革研究与实践”的阶段性成果。

和法学院系有积极有效的探索外,我国高校法学实践教学总体上仍处在一个初级化、低水平阶段,实践教学体系性不强、手段单一、教师热情不够、学生积极性不高、教学运行效果不佳等问题还很突出,大大制约了实践教学的有效开展,影响应用型、复合型法治人才的培养。新时代对法学教育有新要求,如何系统有效地开展法学实践教学,切实提升法学教学质量和水平,是当下法学教育界需高度重视和深刻思考的课题。

一、新时代中国特色社会主义建设对法治人才培养的新要求

党的"十九大"胜利召开,标志着我国进入了中国特色社会主义新时代。习近平总书记在"十九大"报告中指出"全面依法治国是中国特色社会主义的本质要求和重要保障"。全面依法治国,就是要建设法治国家、法治政府、法治社会,实现科学立法、严格执法、公正司法、全民守法,这些都离不开一支高素质的法治工作队伍。习近平总书记在2017年"五四"前夕考察中国政法大学时指出:"法治人才培养上不去,法治领域不能人才辈出,全面依法治国就不可能做好。"新时代全面依法治国,对法学教育与法治人才培养提出了新要求。

(一)要将培养法律职业人才作为法学教育的目标

全面依法治国需要一支理想信念坚定、职业素养和专业水平优良的"正规化、专业化、职业化"的高素质政法工作队伍,包括从事立法、司法、行政执法工作的法治专门队伍和律师、公证员、调解员等法律服务队伍。高等教育是前述法律职业人才的重要培养和输送者,高等教育培养的人才是否能满足全面依法治国的需求,直接关系到全面依法治国总体目标能否顺利实现。这就要求高等教育要积极响应新时代的新要求,实现法学教育与法律职业之间的深度衔接,将培养高素质法律职业人才作为法学教育的根本目标,将法律职业伦理教育、法律职业技能教育与法学理论知识教育相结合,面向全面推进依法治国的现实需求设计人才培养方案,培养和造就熟悉和坚持中国特色社会主义法治体系的法治人才及后备力量。[1]

(二)要创新法治人才培养机制,强化法学实践教学

习近平总书记在考察中国政法大学时强调:"法学学科是实践性很强的学

---

〔1〕 黄进:《创新法治人才培养机制 全面推进依法治国》,载《中国高校社会科学》2014年第6期。

科,法学教育要处理好知识教学和实践教学的关系。要打破高校和社会之间的体制壁垒,将实际工作部门的优质实践教学资源引进高校,加强法学教育、法学研究工作者和法治实际工作者之间的交流。"以往单纯理论灌输式的教学方法已经不能适应培养应用型法治人才的需要,无法满足全面依法治国对具有较高素养、较强能力的法律职业人才的需求。法学教育必须实现深切变革,推动人才培养理念和方式方法的创新,探索知识学习、能力训练、职业身份养成的有效结合,实现实践教学的提质升级,确保高素质法律职业人才培养目标的实现。

二、中国高校法学实践教学的改革探索及问题

我国传统法学教育采用的是"大陆法系模式",主要进行学科知识教育,教学方式以课堂讲授为主,实践教学环节主要是毕业实习,法律职业技能通常是在毕业后的工作阶段完成。进入21世纪,随着司法机关选人用人制度的改革、律师业务的迅速发展,法学教育所面向的法律职业需求出现了重大变化,对法学专业人才实践能力的要求不断提高。然而,这段时间正值高校扩招,新兴法学院如雨后春笋般出现,法学专业招生规模急剧增长,由此带来的教学资源匮乏、学生实践能力培养乏力等问题日渐凸显。面对数量压力的高校没有足够的精力和资源应对法律职业变化对法学教育的挑战,社会上对法学专业毕业生实践能力的质疑不断增多,毕业生就业率不断下降,高校法学教育面临巨大的挑战。面对这样的局面,法学教育界开展了"法学教育是素质教育还是职业教育"的讨论,逐步确立了面向法律职业,培养应用型法律人才的教育目标。法学实践教学逐渐得到重视,成为法学教育的重要方法和组成部分。

(一)法学实践教学改革探索

法学实践教学的教育理论基础是体验性学习,即对日常生活经历中的现象进行智力认识。实践教学就是采用体验式教学方法的教学活动。[2] 十多年来,我国法学教育界围绕培养法律职业人才的教育目标,实施了一系列强化学生实践能力培养的改革,开展了诊所法律教育、模拟法庭活动、证据科学技术试验和校外实习等实践教学,提出"同步实践教学""个案全过程教学"等实践教学模式,在提高学生法律实践能力和法律职业素养方面发挥了积极作用。

---

〔2〕 汪世荣:《有效的法学实践教育》,法律出版社2012年版,第20页。

1. 诊所法律教育。

诊所法律教育也称法律诊所教学，是学生在教师的指导下，通过法律援助中心等法律诊所接收并办理民事、刑事等案件，从中学习办理案件的方法，积累法律实践经验的教学方法。2000 年从美国引入我国后，在中国法学会法学教育研究会诊所法律教育专业委员会的推动下，迅速在国内高校推广，并逐步本土化。截至 2013 年 11 月 17 日，已有 167 所法学院校（系）加入该委员会，[3] 其中多数院校已经开设诊所法律教育课程。诊所法律教育由于其颠覆性的法学教学理念和有效的实践教学效果而得到法学教育界的认可，成为加强法学实践教学的重要手段。然而，由于我国诉讼制度的特殊性和高校管理的理念和制度的限制，诊所法律教育在我国的发展并不顺利，甚至遭遇发展“瓶颈”。

2. 模拟教学与模拟法庭活动。

模拟教学是根据事先设定的案件事实情节，由学生模拟相关角色，运用法律知识、法律规则和技能，解决模拟情境中的问题，从而达到预定教学目标的一种体验式教学活动。模拟教学包括模拟法庭和法律实务仿真模拟等。模拟法庭是较普遍的模拟教学活动，部分高校除开设模拟法庭课程外，还举办模拟法庭竞赛活动，训练学生实践能力。2003 年，清华大学法学院首次举办“理律杯”模拟法庭竞赛，目前已经成为国内最具影响力的全国性模拟法庭比赛。部分省区市举办区域内的模拟法庭竞赛活动。

3. 校外实习。

到法院、检察院、律师事务所等法律实务部门实习，是法学实践教学的传统做法。校外实习分专业认知实习、课程实习和毕业实习。专业认知实习通常是组织低年级学生前往法律实务部门参观、旁听审判等，对专业涉及的实务问题进行初步的了解和认识；课程实习则是在法学课程教学中，围绕课程内容开展观摩庭审、简单的实务操作等短期实习；毕业实习通常安排在大四进行，学生通过在实务部门协助完成一些法律实务，近距离观察司法活动过程，熟悉相关法律程序，体验法律实务人员的工作状态等。由于扩招导致的学生人数压力，部分高校采取集中安排与学生自主安排相结合的方式开展实习，学生由于同时面

---

[3] 袁钢：《中国法学实践教学发展状况研究（2013）》，载许身健主编：《实践性法学教育论丛》（第 4 卷），知识产权出版社 2015 年版，第 59 页。

临司法考试、研究生考试、毕业论文、找工作等多重压力,一些自主安排实习演变成虚假实习。近年来,随着司法员额制、立案登记制等司法改革措施的出台,法院"案多人少"的矛盾凸显,急需大量司法辅助人员加入,对高校实习生的需求日渐强烈。例如,成都市法院实施"实习法官助理"制度,与四川大学、西南民族大学等高校合作,选派高校研究生和少量本科生到法院担任为期6个月的"实习法官助理",作为审判团队成员辅助员额制法官开展审判工作,法院给予学生一定额度的经费补助,成为高校与法律实务部门联合培养人才的良好范例。

4. 同步实践教学模式。

在开设上述实践教学课程基础上,部分学校积极探索更加有效的实践教学运行模式。如中国政法大学提出"同步实践教学模式",通过多种举措,实现国内优质司法资源,包括动态的庭审过程、司法卷宗等,大批量汇集进校园、进教学、进课堂,逐渐创造"教室+法庭"的教学氛围,让学生在司法实践动态氛围之中学习提高。[4]

5. 个案全过程教学法。

该教学法是力图纠正部门法课程中案例教学只关注具体部门法问题的偏向,突破了部门法划分的壁垒,从法律职业者的角度综合各个部门法知识,贴近法律实践,对具体案件进行全方位法律分析的实践教学方法。[5] 这种以个案为基础的教学法,把纠纷和案件处理的全部程序都展现在学生面前,使学生能体验像律师或其他法律职业者那样参加案件处理的全过程。该教学法以学生为主,由学生独立分析和处理案件,独立制作委托书、起诉书、答辩状等全套的法律文书,独立研究案件并提出相应的法律对策,并在老师的指导下不断分析问题和总结经验,从而达到培养和训练学生法律实务能力的目的。

(二)法学实践教学存在的问题

上述法学实践教学改革,有国外先进理念和方法的引入,也有本土传统做法的不断创新和完善,对于培养应用型、复合型法律职业人才均有积极意义。但是,由于受各种因素的限制和影响,法学实践教学的运行存在一定的不足与

[4] 黄进等:《创新同步实践教学模式 培养卓越法律人才》,载《中国高等教育》2014年第17期。

[5] 王晨光:《"个案全过程教学法"是探索法律实践教学新路径》,载《法学》2013年第4期。

问题,实践教学效果受到一定的影响。

1. 高校对实践教学的重视程度尚未得到根本转变,法学实践教学在法学教育体系中的地位尚未确立。

近几年来,我国法学教育"培养应用型、复合型法律人才"的目标定位逐步得到确立,但是应用型法律人才培养目标在法学教育中如何实现尚无统一认识。法律职业能力训练、职业伦理教育等方面课程尚未进入"法学核心主干课",法学实践教学在法学教育体系中的地位尚未得到确立。实践教学仍然只是部分高校、部分教师教学改革的尝试,一些高校和教师"重理论轻实践"的观念并没有得到根本转变。

2. 实践教学体系性不强,教学形式单一,课程设置系统性、科学性不够。

我国大多数法学实践教学研究和改革还停留在零散的教学环节和单一的教学形式探讨上,对实践教学进行体系化研究较少。早在10年前就有学者提出法学实践教学体系化问题〔6〕,但少有体系化建构的成果,"递进式法学实践教学体系"是研究成果之一,主张通过有层次、有阶段、不断深化的模式来引导学生进行法学实践教育,从而传承法学实践知识、形成法学实践技能、发展法学实践能力、提高法学综合素质。〔7〕 高校除了按照教育部要求将"毕业实习"作为必修课程开设外,其他实践性课程通常由高校根据本校特点和师资情况开设,具有随意性。课堂设置的系统性不强,无标准可供遵循。教学内容、教学方法、教材等也是五花八门,课程的科学性不够。

3. 实践教学外部资源和内部条件均缺乏,教师参与度不高,学生受众面不足。

从法律诊所、模拟法庭和毕业实习等主要实践教学课程的实际运行情况看,存在如下突出问题:一是,法律诊所课程教学成本高,师资力量有限,开班数不足,学生受众面较少;二是,受我国司法制度限制和当事人信任度因素的影响,法律诊所案例来源极为有限,学生参与实际案件办理概率较小,一些法律诊所课实际演变成模拟教学课;三是,模拟教学活动主要以模拟法庭活动形式出现,缺少老师"教学",学生参与的比例不高,受众面小;四是,毕业实习安排存在

---

〔6〕 胡平仁、肖伟志:《法学专业实践教学体系创新刍议》,载《中国大学教学》2007年第2期。

〔7〕 段辉艳、罗丽琳:《递进式法学实践教学体系的探讨与实践》,知识产权出版社2013年版,第6页。

受学生数量的压力,以及与司法考试、研究生考试、就业等重要事项在时间上重叠,这使得学生实习效果受到影响,有的成为虚假实习。这些问题,严重影响着实践教学的效果。

4. 学生实践能力培养单一化、碎片化,实效性不强。

现有法学实践教学课程培养学生实践能力存在单一化特点。例如,诊所法律教育侧重培养律师的办案能力,模拟法庭活动重点训练学生在法庭审理阶段的案件处理能力和庭审应变能力,而毕业实习通常仅在某一个单位实习,学生也仅仅能了解该实习单位的法律实务,对其他类型的法律实务无从了解。并且,除毕业实习外,并不是所有学校都开设了全部实践课程,也不是所有学生都有机会修读这些实践课程,学生实践能力的培养和训练实际上是单一化和碎片化的,实践能力并不能够得到系统和全面的提升。

导致上述问题的主要原因是教育学术界对体系化的法学实践教学模式研究不足,法学教育界尚未就实践教学目标、课程体系、资源条件等达成共识,没有建立相应评估标准和制度。因此,系统构建法学实践教学体系成为当前高校法学教育的当务之急。

三、法律应用全过程实践教学体系的内涵与价值

(一)法律应用全过程实践教学体系的内涵

实践教学是以培养学生职业能力和职业道德为目标,以实践活动为主要内容的教学活动。法学实践教学是一种教育方法,更是一种教育理念,是充分认识和把握"法学学科是实践性很强的学科"这一命题的深刻内涵,与法学知识教学密切配合、相互统一的一种教学活动与方式。

教学体系是从系统论观点出发,围绕教学目标,由若干教学活动要素组成的相互影响、相互作用的一个教学系统。教学系统通常包含学生、目的、课程、方法、环境、反馈和教师等要素。[8] 本文提出的法律应用全过程实践教学体系,是以法律应用过程为线索,搭建实践教学各要素的教学系统。该实践教学体系更好地遵循了法学学科的根本规律,有效地实现了法学知识教学与实践教学的全面而紧密的结合,也回应了多样化法律职业的实际,反应了法学实践能力培

---

〔8〕 李孔文:《七要素说:李秉德教学论的核心思想》,载《当代教育与文化》2012 年第 9 期。

养的根本需求。

1. 法律应用全过程实践教学体系的目标。

教学目标是教学体系的统领，法学教育的目标是培养高素质法律职业人才，要求不但要具有较高知识素养，还需要有较强的实践能力和较高的职业道德素质。法律应用全过程实践教学体系的总体目标就是培养学生综合法律实践能力，并在实践中进行法律职业伦理和道德的培育。法律应用是一个程序化的完整过程，民事案件一般要经历会见、调查、谈判、调解、起诉、庭审、执行等阶段，刑事案件则要经过侦查、起诉到审判的过程。不同的阶段、不同的职业参与人有不同的法律实务。由此，法律职业具有多样性特点，法律职业人才的实践能力培养也就具有了多样性。单一的实践教学课程往往只能培养法律应用某一阶段或某一方面的实践能力，而法律应用全过程实践教学体系在培养学生法律实践能力的目标上具有综合性特点，让学生有机会在实践教学中全面接触法律实际，全方位培养实践能力。

法律应用全过程实践教学体系的目标与具体实践教学课程的培养目标是整体和个别的关系。具体实践教学课程和实践教学环节都有其特有的培养目标，可能是法律应用过程中的某一个阶段的实践能力，或者某一类别法律职业的实践能力。所有实践教学课程和实践教学环节的培养目标的汇集构成了法律应用全过程实践教学体系的总体目标，即培养学生综合法律实践能力。

2. 实践教学课程体系。

实践教学专门课程是法学实践教学的主要形式。当前，我国高校较为普及且效果较好的实践教学课程有诊所法律教育、模拟法庭和毕业实习。由于专门的实践教学课程并不能覆盖法律应用的全过程，紧靠专门课程很难达到全方位培养和训练学生综合实践能力的目的。大多数传统法学课程也具有很强的实践性，一方面，实践是理论的来源，理论需要用实践来检验；另一方面，实践也需要理论的指导，实践中如果没有理论就不是真正的实践，[9]将实践与理论密切结合的实践教学模式才是法学课程教学的最佳模式。因此，传统法学理论课程也需要建立起实践教学环节，成为法学实践教学课程的重要组成部分，形成实践教学课程与理论课程的实践教学环节结合的“集中式 + 嵌入式”实践教学课

〔9〕 郭广辉、武建敏：《理论与实践：中国法学教育的困境与希望》，载《河北法学》2014 年第 3 期。

程体系，更加有效地实现法学知识教学与实践教学全面而紧密的结合。

法律应用全过程实践教学体系培养学生综合法律实践能力的目标，要求建构起能覆盖法律应用全过程的“集中式+嵌入式”课程体系。体系中，集中进行实践教学的课程包括：诊所法律教育课、模拟法庭课、模拟实验课、毕业实习等。而嵌入在法学理论课程中的实践教学环节，包括仿真实验、课程实习、审判观摩、模拟法庭活动、司法案卷分析等实践活动。

3. 实践教学资源体系。

实践教学资源体系是法学实践教学开展的重要条件保障。法律应用全过程实践教学体系需要构建校内与校外相结合、覆盖法律应用全过程的实践资源体系。其中，校内资源应包括：司法仿真实验室、刑事侦查实验室、证据科学技术实验室、法律诊所、模拟法庭等。校外资源应包括：与法院、检察院、行政执法机关、监察委员会、律师事务所等法律实务部门共建校外实习基地。还应包括从法律实务部门引入校内的司法卷宗、庭审同步直播等实践资源。这就要求高校要切实改变“几间教室办法学”的状况，加大校内法学实践教学平台的建设力度，并不断拓展校外实践教学基地，为实践教学提供充足条件保障。

实践教学师资队伍也是资源体系的重要组成部分，高校应加大专（兼）职实践教学师资队伍建设，发展“双师型”教师，通过派往实务部门兼职（挂职）等方式，增强教师的法律实务能力。另外，积极聘请法律实务专家作为兼职实践教学教师，承担实践教学课程或者指导实践教学活动。教育主管部门需积极推进法学专业标准化建设，对实践教学资源等办学条件进行明确要求。

4. 实践教学管理评价体系。

实践教学管理和评价体系是实践教学取得实效的保障。目前我国高校对实践教学的质量监控普遍不到位，一方面是对高校法学实践教学质量水平的监控，如课程开设、资源建设、师资队伍、教学质量等评估缺失；另一方面是学校或学院对实践教学课程质量监控不够，尤其是缺少对实践教学课程的过程监控。主要原因是未建立起科学、规范、有效的实践教学评估标准和课程评价体系。实践教学评估标准应包括实践教学在教学目标、培养方案、教学计划中的体现，实践教学课程开设、学分要求、资源建设等。实践教学课程评价体系则要根据实践教学的特点，构建结果评价与过程评价相配合、定量考核（完成的实践工作量）与定性（完成质量及表现出的职业道德素质）考核相统一、教师（含校外指导老师)评价与学生自评相结合的科学、实用的评价体系。

(二)对提升法学实践教学效果的积极价值

法律应用全过程实践教学体系围绕培养学生综合法律实践能力目标,构建覆盖法律应用全过程的“集中式+嵌入式”实践教学课程体系,在实践教学资源条件保障下,开展有效的实践教学,并进行科学、规范的考核评价。这种成体系的实践教学模式,一定程度上解决了单一、零散的实践教学存在的问题,在增强实践教学实效、提升应用型法律人才培养质量上具有积极作用。

首先,法律应用全过程实践教学体系充分体现了法学学科的实践特性,有助于法学知识教学与实践教学更加全面而紧密的结合,实现法律职业人才的知识传授、能力训练和职业素养一体化培养;其次,面向培养学生综合性法律实践能力的目标,克服了传统实践教学培训学生实践能力单一化、碎片化问题;再次,能促进师生广泛参与并从中受益,实践教学不再仅仅是实践教学课程老师的任务,除少数基础课程外,大多数应用型法学课程均加入实践教学环节,提高老师的重视度和参与度,学生也能在相应理论课程教学中学习训练一定的法律实务能力;最后,对实践教学进行体系化管理,建立科学、规范的评价体系,促进实践教学的规范开展,增强实践教学的有效性。

四、结语

法律应用全过程实践教学体系是西南民族大学法学院多年来实践教学工作的经验总结,是对高校法学实践教学体系化建设的创新性实践。学院自1986年开办法学专业本科伊始,就高度重视实践教学,2012年获批教育部首批卓越法律人才(西部基层法律人才)教育培养基地和大学生校外教育实践基地。学院围绕建设“实践型、研究型、文化型”法学院的发展定位,确立了面向西部、面向民族地区培养应用型、复合型法律人才的目标,并围绕培养和训练法律实践能力的目标建立了法律应用全过程实践教学体系。首先,建构了专门实践教学课程与法学理论课程的实践教学环节相结合的课程体系。在专业培养方案的课程体系中,专设了“实践教学模块”,开设诊所法律教育、证据科学技术学、模拟法庭训练等实践教学课程;在一般法学课程中规定了总课时10%的实践教学环节课时,开展法律实务仿真实验、模拟演练、审判观摩、案件卷宗分析研讨等实践教学;校外实习则建立了从低年级到高年级、从认知实习、课程实习到毕业实习(实习法官助理)递进的实习课程体系。

学院建有“法学综合实验实践教学中心”,下设法律实务仿真实验室、证据科学技术实验室、模拟法庭、法律诊所(学生法律援助中心)等实践教学平台,有较完善的实验实践教学设施设备。已先后与39家法院、检察院、律师事务所等法律实务部门建立合作关系,不断创新合作模式,既走出去,也引进来,构建卓越法治人才培养共同体,协同培养具有创新精神和实践能力的卓越法律人才。与成都市法院合作开展“实习法官助理”教育培养工作,派遣高年级学生在法院以“实习法官助理”身份进行为期6个月的实践学习,并探索将法学课堂搬到法院,由教师和法官共同完成相关教学任务。学校所在辖区人民法院在学校设立“巡回法庭”,利用模拟法庭定期开庭审理案件,结合定期开展的法院庭审实况直播,将校外优质实践资源引入校内。学院多名教师在法院、检察院挂职,或担任案件评审专家、案件咨询专家或青年法官导师,增强老师对法律实务的深入了解。多名法官、检察官和资深律师受聘担任我院法硕学生校外导师或参与学生模拟法庭竞赛等实践活动的指导。在模拟法庭训练、诊所法律教育等课程中积极试行“双师同堂”。通过多年的不断改进,在强化法学实践教学、培养学生综合法律实践能力方面取得一定的实效。

高校法学实践教学质量的提升需要法学教育界共同不懈地努力。每一种成功的改革尝试都是一份贡献,同时,也需要在实践应用中不断反思、总结和完善,努力探索出适合中国法学教育实际的实践教学模式,以适应新时代法学教育的新要求,满足全面依法治国对应用型法治人才的需求。

论法律专业人才的“法律共同体”教育

——以家事法庭改革为主旨的婚姻家庭继承法教学为例

乐　岚*

【摘　要】在司法改革推进“家事法庭改革”试点，“法律职业共同体”概念已经基本形成共识的大背景下，法学院本科的法律人才教育如何成为“法律共同体”的思考者、先行者和统领者，是必须思考的问题。笔者从自身契合“家事法庭改革”试点的婚姻家庭继承法本科专业课的课改过程和体悟入手，提出了更广范围的“法律共同体”理念，“法律共同体”教育的出发点或立足点不仅限于这种常规的为“法律职业共同体”而准备的职业和学科教育，而将在更广阔的外延上延展除了“职业共同体”之外的“法律共同体”的事关“共同体”赖以存在的“各美其美，美美不同，美美与共，天下大同”的思维方法和市民生活教育。并围绕该“法律共同体”教育，论述了婚姻家庭继承法的三个层面，即对法条的理解和把握、对婚姻能力的认知和人性的理解、对当今中国的认知和未来路途的觉知。从实操层面分别介绍了法律专业人才的“法律共同体”教育如何在“家事法庭改革”为主旨的婚姻家庭继承法课堂中展开。

【关键词】法学院教育；法律共同体；家事法庭改革；司法改革；婚姻家庭继承法课堂改革

---

* 乐岚，西南民族大学法学院教师。

“如果你说法学院只是传授法律或者培养法律人的话，那么法学院的事务并未得到充分表述。”[1]美国已故大法官霍姆斯(Oliver Wendell Holmes Jr. 1841~1935年)在1886年11月5日哈佛大学250周年纪念哈佛法学院联谊会前的致辞《法学院的功用》中如是说。当前我国法学院在对法学人才的预期巨大需求面前遍地开花[2]，尽管就业率一直被认为稍低，但法学院持续的就读热潮也随着“国家统一法律职业资格考试”越来越高的含金量以及未来从业的尊荣而持续走高，成了许多有志青年实现人生理想的重要选择。

一般来说，针对法学教育的观点，具有代表性的有以下几类：(1)以提高法考[3]通过率为导向的实用主义目标，即教授法条及应对法考考试的考试技巧，把法学院的4年学习改造成前法考培训班；各法学院也在暗地里比较大四学生初试通过法考的比率以及在公、检、法机关的聘用考试中被录取的比率，以此印证本校法学院的教学落实到了以市场为导向的实质。(2)认为法学院教育应以学生本科毕业就能胜任法律事务为目标，大力开展法学实践教育；这一条和上一条是一脉相承，都是以用人单位需求为导向。法学院通过广开法院、检察院、律所等实践部门的座谈言路为契机，按照已在岗法律专业人士的指导或建议来在教学环节增加实践教育比重，除了实践基地的学生实习以外，在院内开展模拟法庭、法律诊所、法律戏剧等，以比较花哨的形式培养学生法律职业的实践感。(3)认为法学教育只是一种通识教育。因为对于中国流于僵化应试的中学教育而言，高中毕业生接受本科4年的法学教育无论是教授法条抑或是培养理念甚或是实践能力都无法做到，只能当作一种以法学为主线的通识教育，因

〔1〕［美］霍姆斯：《法律的生命在于经验：霍姆斯法学文集》，明辉译，清华大学出版社2007年版，第193页。霍姆斯认为：“……法学院是在以这种庄严的方式传授法律和培养伟大的法律人。”而结合前文，霍姆斯法官认为“庄严的方式”是指“教育主要存在于人们的兴趣与志向的形成过程之中。如果你可以使一个人确信，另外一种快乐形式比他已习惯了的更加精致——如果你使他真实地看到这一切——人的本性就是这样的，即他渴望更深刻的思想和更精致的快乐”。

〔2〕2009年中国法治蓝皮书——《中国法治发展报告No.7(2009)》透露：我国高校法学院系30年增长了100多倍，但据统计，法学学科毕业生就业率竟列文科毕业生最低。截至2008年11月，全国共设立法学院系634所，改革开放30年增长了105.67倍；法学本科在校生30万人左右，法律专科在校生达22万多人，30年增长了200多倍。(数据来源：2009年3月9日《北京晚报》文章)

〔3〕“国家司法考试”(简称司考)开始于2007年，于2018年改为“全国统一法律职业资格考试”，2018年6月20日，为首届国家统一法律职业资格考试报名日。下文统一简称“法考”。

此在文史哲经乃至自然科学方面均有课程内容，以与美国法学院教育类似的学制促使法学毕业生以一个较长较缓慢的历程来完成法学职业教育的学院部分。

以上三种教学宗旨都会推导出比较不同的教学模式，从而也可能培养出不同气质的法律从业者。当然，一些顶级法学院，如坊间定位为“五院四系”[4]的法学院，能对上述三种教学宗旨予以整合，在生源质量较高、培养定位也较高的前提下，从他们每年众多的法学毕业生中最终遴选出服务于这个亟待法治建设社会的精英法律人才。

撕裂或分别评论上述三种教学宗旨非笔者本文之义。显而易见，当今时代，无论是我们的国家、我们的政党、我们的社会、我们的学生乃至于我们自己，均置身于一个思潮涌动、利益交错、价值观争鸣的时代，作为渺小的个体，每一步思考乃至信念的确立直至点滴行动的踏实，都可能也必须面对近端功用的检验和远端价值的拷问。身处业内的人，尚且能感受到司法改革时不我待但又隔靴搔痒的焦灼感，以及中央深改组和最高人民法院、最高人民检察院频繁针对司改细节问题发出指令和政策而基层司法摸着石头过河疲于奔命、无所适从的现状，何况置身于批量产出未来法律专业人才的法学院呢。从课堂教学到适应司法改革后不断调适的法律职场，实际上无论教师和学生都需要一个比较长的时段来观察和思考甚至是试错。本文基于此，针对 2016 年 5 月最高人民法院发文开始的家事法庭改革试点这一在全局司法改革中较小较特别的一环，结合本人自 2013 年开始的婚姻家庭继承法的课程教学改革探讨法律本科教育中的

---

〔4〕“五院四系”，是新中国成立的五所政法院校以及四所大学的法律系的简称，这 9 所高校的法律科学在中国法学界具有举足轻重的地位，当今中国司法机关 80% 的骨干人员均有“五院四系”的培养背景。中国高等法学教育界曾有这一种说法：只有从“五院四系”走出来的人，才算是真正意义上的“法学科班生”。五院是指北京政法学院（中国政法大学前身）、西南政法学院（西南政法大学前身）、华东政法学院（华东政法大学前身）、中南政法学院（中南财经政法大学前身）、西北政法学院（西北政法大学前身）；四系分别是北京大学法律系、中国人民大学法律系、武汉大学法律系、吉林大学法律系。“五院四系”在很大程度上代表中国法学研究和高等法学教育的最高水平，堪称法学类院校中的泰山北斗。（360 百科“五院四系”辞条）

法律共同体教育[5]。

一、何为“法律共同体”教育以及本文的缘起

“法律共同体”教育的想法来源于国内开始于20世纪90年代的“法律职业共同体[6]”研究。在司法改革全面铺开之前，学界基本达成了共识：法律职业共同体的形成与发展是一个法治国家赖以存在的基础。由此，中央深改组在有关司法改革的众多文件中，多项主旨直指“法律职业共同体”建设的制度支持[7]。然而，笔者的“法律共同体”教育的出发点或立足点不仅限于这种常规的为“法律职业共同体”而准备的职业和学科教育，而将在更广阔的外延上延展除了“职业共同体”之外的“法律共同体”的事关“共同体”赖以存在的“各美其美，美美不同，美美与共，天下大同”的思维方法和市民生活教育。这样的出发点尽管看似宏大而因其理想主义色彩似乎很难落到实处，然而，为此而设计必要的教学改革来缓慢激发、促成哪怕是一点点的着眼于人心（既包括学生，也包括老师）的改善甚至只是改善的愿望，都对笔者本文提出的这种大“法律共同体”教育观是一个有意义的实践。

在此宏大教育主旨之下，“婚姻家庭继承法”这样一门法考中占有分值极少，学生普遍认为法条简单并可能忽视的学科，却因为其与普罗大众生活的贴近性而赢得了更易被年轻人接受和广泛引起讨论从而促发新生“法律共同体”思维的契机。

同时，“2016年5月11日，最高法院发布文件，决定在全国范围内选择北京

---

[5] 该课程教学改革并未申报任何课题，而纯粹出于自发的觉知以及个人的思考，并由此已形成了两篇论文，《有准备的教育：具有民族院校特色的法学人文教育初探》（2009年民族院校法学教育研讨会参会论文），《婚姻家庭法教学与婚姻能力培养》（2015年法学教育年会参会论文），此文位列第三篇。一学年开两个学期的婚姻法学选修课（法学院本科大三学生），春季学期开一个政法干警班的婚姻法。

[6] 法律职业共同体，是在对于法律事业团体性的研究中，由法官、检察官、律师以及法学家等组成的法律职业群体，群体成员间相互作用、相互联系、相互制约，从而形成一个没有疆域的法律事业共同体、解释共同体以及协作共同体。

[7] 比较典型的有：2016年3月22日中央深改组第二十二次会议审议通过的《关于建立法官检察官逐级遴选制度的意见》《关于从律师和法学专家中公开选拔立法工作者、法官、检察官的意见》《关于推行法律顾问制度和公职律师制度的意见》。

市东城区人民法院等100个左右的基层人民法院和中级人民法院，自2016年6月1日起开展为期两年的家事审判方式和工作机制改革试点工作[8]。然而，既是试点，文件只是原则性指导，粗略而欠缺细节衔接，这100个左右的人民法院如何去开展这样基本只有原则性目标的试点家事审判改革，需要有所借鉴、有所思考、有所创新、有所联合，并且不能只是局限于程序性改革的狭隘改变（如为了彰显慎重，无限拉长无意义调解），而是充分利用'法律共同体'思路，打破家事领域司法专权的窠臼，多机构联动，社会组织、专业人士、专门律师介入，充分凸显家事案件不同于普通民商事案件，顾及自然人身份关系的微妙，以及婚姻、家庭对每一个人的重要性"。[9] 司法改革的细节部分触及家事审判方式和工作机制，并进一步重申了2015年10月13日中央深改组第十七次全体会议发布的《关于完善矛盾纠纷多元化解机制的意见》的"法律共同体"思路的落实。而笔者仅就婚姻家庭继承法课堂教学开展以"法律共同体"为导向的改革，也恰好在此时拥有了切实的实践功用性。毕竟，我们的学生一毕业就将亲自参与或者遭逢家事法庭改革的试点演练，也会在今后的从业生涯或人生路途上接触、深入、影响或被影响家事法庭改革的每一个细节和每一次完善。

流于细微的课堂改革可能只是"法律共同体"教育的一粒原子，但于已经铺开的"家事法庭改革"而言，婚姻家庭继承法课堂针对"法律共同体"教育而展开的努力，就有为具体实践而准备的功用，也有为"法律共同体"理想而奋斗的价值。因此，记录和论述这种改变的原因和过程就成为本文的缘起。

二、婚姻家庭继承法教学的三个层面

作为一门民事法律的单行法，婚姻家庭继承法应教授的法条包括《婚姻法》及其3个司法解释、《收养法》《继承法》及其司法解释，以及与此相关的行政登记条例。作为法律专业的一门必选课程，基于配合家事法庭改革的学院教育准备环节，笔者认为，应在以下三个层面上展开课堂教学。

（一）第一个层面：对法条的理解和把握

对于所有专业课而言，法条的理解和把握一定是首要的。而对于法条的理

---

[8] 其中重庆万州二中院及云南省大理市中院均位列试点法院。后者为我院的学生实践基地。

[9] 此段转引自笔者另一篇文章《家事法庭改革初探》（成文于2016年9月）。

解则应侧重对法条及司法解释立法原意的解读。例如,婚姻法对"未登记以夫妻名义同居"的态度的变化,为何会以1994年2月1日为分界来宣示国家法律对未登记的以夫妻名义同居的"不提倡,不鼓励,不禁止,不保护"的基本态度,同时辅之以"补办登记"的程序救济,以及解除同居关系之后的实体正义稍逊于夫妻关系的处理。又如,收养法中解除收养关系的几种状况及其处理的不同。再如,继承法中对同一事故中死亡无法分清死亡时间顺序的死亡时间推定等。

学生学习法律,一般都会形成必须"背诵""记忆"的惯有套路,然而形成法学思维的关键并非倚重背诵和记忆,而应该把法律条文和法学理论视为一个整体或体系地去理解。因此在法条层面引导学生思考为什么这么规定,立法者意图达到的目的何在,以及通过法条总结归纳民法与婚姻法的不同,比如,普通民事法律关系和婚姻家庭法律关系的不同之处,强调婚姻家庭法律关系的特殊性、人身性、伦理性以及相当程度的非财产性,来印证司法改革中家事法庭改革的必要性和可能性,为在"法律共同体"层面开展法科学生的法律理论和司法实务操作的谙熟奠定基础。

(二)第二个层面:对婚姻能力〔10〕的认知和对人性的理解

我国的婚姻关系历来被赋予了特别重的繁殖色彩、家族色彩,革命根据地及新中国头30年,又被赋予了革命的、政治的、阶级的色彩。改革开放以后,婚姻关系的财产部分随着社会转型被拔得过高,以至于婚姻纠纷到了司法裁判环节,仅仅剩下财产归属、分割以及损害赔偿的部分。婚姻家庭继承法十分注重婚姻家庭关系的财产性方面,相对忽视了婚姻家庭的伦理性以及人身关系的实质。婚姻家庭关系的实质是人们赖以幸福生存的人与人之间的亲密关系,与财产有关,但是并不是普通民商事合同的合同关系或财产纠纷。而是事关人与人之间情感链接的更为重要的身份关系。当然,作为分清责任、填平损害为主要目的的民事审判活动,似乎在调控人身关系、审察人性的幽微款曲方面,可控度不高。作为成文法系的法治国家,希望用法律来规范"婚姻家庭幸福"显然也是不可能完成的任务。然而,也正因为此,让法科学生在婚姻家庭法课堂上剔除婚姻家庭的非人性因素,回归刨除意识形态、政治、财产关系之后人与人之间的

〔10〕"何谓婚姻能力,笔者认为是一个如何正确认识婚姻、认识伴侣并在婚姻中自处的能力。"转引自拙文《婚姻家庭教学与婚姻能力培养》。

情感结合这一婚姻家庭关系的实质,就显得尤为重要。

如何使一种业已僵化的、日益程式化的认识婚姻家庭关系的视角回归人性真善美的层面,而不是继续用一种单一的唯物论、经济基础决定上层建筑论等大家娴熟的方式来考量人群中的人身关系以及与此相连的财产关系,是婚姻家庭法"法律共同体"教育的关键点。认识亚当·斯密《国富论》中的"市场之地的法律"(经济人假说)和《道德情操论》中的"教堂之地的法律"(婚姻家庭中的情感、心灵因素)的不同和共同,是法科学生在法学院专门法课堂教育中应该确立的专业素养的重要部分。同时,也会引领学生认识到所谓"法律共同体",无非是各种职业、各个群体在对"人性真善美"的人类共同体认知下达到的"使人人各得其所"的法治和谐臻境。

(三)第三个层面:对当前中国社会的认知以及未来路途的觉知

身处庞大芜杂社会的个体,尤其在转型期中国,过于物化的价值观已经严重消解了传统婚姻家庭的伦理或其中柔软美好的部分。而在全球性少数人(LGBT〔11〕)群体概念被逐步提出和讨论的性关系多元化时代,变革中的中国新一代也受到传统婚姻家庭价值观及自身所处社群和身份认同、自由价值认同的各类力量撕扯,呈现出万头攒动,混乱迷茫的心理状态。当前中国社会的婚姻家庭现状是堪忧的,离婚率逐年迅速上涨,年轻人普遍对恋爱、婚姻持悲观态度,不婚族、丁克族乃至大龄未婚的比率也呈上涨态势。尽管现象本身说明经济繁荣、物质需求得到初步满足削减了传统旧式婚姻的经济依附功能,但是在物质文明达到一定层次,对于生活幸福度、婚姻家庭和谐度的需求理应开始关

---

〔11〕 LGBT 是 Lesbians、Gays、Bisexuals 与 Transgender 的英文首字母缩略词。20 世纪 90 年代,由于"同性恋社群"一词无法完整体现相关群体,"LGBT"一词便应运而生,并逐渐普及。在现代用语中,"LGBT"一词十分重视性倾向与性别认同文化多样性,除了狭义的指同性恋、双性恋或跨性别族群,也可广泛代表所有非异性恋者。另外,也有人在词语后方加上字母"Q",代表酷儿(Queer)和/或对其性别认同感到疑惑的人(Questioning),即是"LGBTQ"。LGBT 现今已获得了许多英语系国家中多数 LGBT 族群和 LGBT 媒体的认同及采用,成为一种非常主流的用法。然而,"LGBT"的用法并非完全没有争议。部分双性人认为自己也属于 LGBT 族群中,因此支持使用"LGBTI"。也有个别族群不认为自己和 LGBT 所涵盖的其他族群有所关联。有人基于"同性恋分离主义"思想,认为男、女同性恋者应脱离其他族群成为另一个团体,理由是跨性别和变性者与 LGB 不同。有人则认为这些用语太过政治正确,企图将多样的族群划入灰色地带,意味着主流族群的问题获得了优先平等的考量。

注，并从个人觉知出发认识到身处变革时代的社会人如何在芜杂的观念下有相对理性的认知和具有审美价值的人生选择的重要性，发掘自我、面对自我、负责自我，从而也对他人负责，对孩子负责，走出"自由无下限"的误区，从而主动地清醒地去施予和接受爱，呵护一段关系，经营一个家庭，带着全然而柔软的心接纳所有的人生际遇，尽力在人的一生中做出无愧于自己和他人的选择。这个层面，在前两个层面的基础上升华了很多，也是"法律共同体"教育在婚姻家庭法领域的终极目标之所在。

三、家事法庭改革的实操环节与婚姻家庭法课堂教育的结合

司法改革进程，舆论主要聚焦"员额制改革"，司法人员职业化的部分。尽管20世纪90年代就提出了"法律职业共同体"的概念，但业界对此的认知基本还停留在法官、检察官、公安干警、仲裁员、司法局干部、律师、法律服务者等专门从事法律工作的群体联合的层面。2016年5月最高人民法院提出的"家事法庭改革"试点，则在实操指导层面第一次触及了笔者在本文所界定的"法律共同体"。即对于婚姻家庭继承案件，由于其不同于普通民事纠纷（财产、契约）的事关当事人人身关系、亲属关系的特殊性，对于此类案件的受理和审理，应尝试多部门、非法律专业人士多元化介入的特别方式，以最大可能做到合情合理合法，解决问题而不是制造出更多的问题。〔12〕 具体而言，就是在实操环节，不仅仅把婚姻家庭纠纷当作分清谁是谁非、定责予以法律裁判的法律案件，而是承认在人与人之间亲密关系的领域蕴含着更多超越是非定责、否定性评价的需要综合考量的要素，培养专门的家事法庭法官、律师甚至按照最高法建议参与其间的其他专业人士（如心理咨询师、婚姻家庭咨询师），并引领学生对新的家事法庭审判、调解及结案模式形成新的全面的思维模式，接受它，适应它，并通过未来可能的多元化参与完善它。

---

〔12〕 2016年年初北京昌平区法官马某某遭到两位离婚败诉当事人的恶性报复而被砍杀致死，以及全国多起因婚姻家庭纠纷而最终导致的恶性刑事案件，足以见得婚姻家庭纠纷的良好解决对于渴望幸福人生的人们至关重要。

(一)通过以学期为单位的性别笔谈,以期学生触及不同性别的人看待世界、看待异性的不同视角,形成性别沟通的良好前奏

网络时代的大学生之间的交流大多依赖于即时性的社交平台,比如QQ、微信朋友圈、微博等,因此有同质化、碎片化、浅尝辄止的特征。网络社交的这些特性,使新一代年轻人深度沟通、互相理解的可能性进一步降低,而90后大学生大多为独生子女,遭遇到控制欲较强的父母,同时适逢高度物质化、功利化的社会大潮,在成长过程中由于性别教育的刻板或缺失,对自身性别特质以及异性性别特质都不甚了了、语焉不详。尽管性别教育是一个长期的、循序渐进的,需要每个个体一生不断自我体悟、自我完善的过程,但是开设于法学院本科三年级的婚姻家庭法课试图通过男女性别笔谈,促进每个学生对性别特质的形成、完善以及两性的差别和共同认知的注意。在每个学期开学时,布置学生自行寻觅不同性别的笔谈对象(不限于本班),展开至少每周一封笔谈信件的节奏,不限主题的与不同性别的他人沟通、交谈。从2013级开始(2015~2016学年度下学期)迄今已经试行了3个学期,参与学生超过400人,其中包括学生自行寻觅的笔谈外援。以笔谈文字的方式开展缓慢、成熟、深入的性别无主题沟通,也在这3个学期的选课学生中间收到了改良性别鸿沟、改善即时沟通障碍的比较好的反馈。

(二)推介和阅读性别差异、个体心理、心灵修行等谈论爱、责任与人性多面性的经典著作,与笔谈对象共读共同完成读书笔记

法科学生的职业化教育更多地训练法治思维、逻辑理性来判断是非,并相应依法作出肯定、否定判断的法律训练。固然这些目的化很强的技术性教育是法学院应该做的,但是作为"人"的熏陶也不可偏废。尤其在经典书籍[13]阅读

---

[13] 2016~2017学年度上学期婚姻家庭继承法选修课的推荐书目:《爱的五种语言》(盖瑞·查普曼);《中毒的父母》(苏珊·福沃德);《给青年诗人的信》(里尔克);《当我遇见一个人(母婴关系决定孩子的一切关系)》(李雪)。素黑系列:《好好爱自己》《自爱,无需等待》《一个人不要怕》《为何爱会伤人》《为何家会伤人》;《心灵的七种兵器》(武志红);《男人来自火星,女人来自金星》(约翰·格雷);《男人这东西》;《女人这东西》(渡边淳一);《平如美棠:我们的故事》(饶平如);《安妮日记》《小王子》;《给莉莉的信》(艾伦·麦克法兰);《亲密关系:通往灵魂的桥梁(新版)》(克里斯多福·孟);《爱你就像爱生命》(王小波);《亲密之旅》(黄维仁)(学期开始时以打印文件形式发给每一个选修学生)。

方面，90后大学生表现出更多的引导上的欠缺，和即使阅读也不会深究人性多面性的文史哲类书籍的推介。后现代社会各种传统价值观遭到彻底的解构，年轻人特有的青春期迷茫更进一步加剧了心灵层面的无所依凭。对于"人"的探究是家事法庭改革必须要求的基础准备，只有真正从人的心灵层面去理解自己、理解他人，才能有可能理解法律的无力与缺憾，从而明了司法改革关于多机构、多种社会力量联动处理法律纠纷，尤其是关涉婚姻家事人身关系的纠纷的重大意义。课堂通过学期前推介阅读、学期中笔谈分享、学期末共同完成读书笔记的期末作业的一系列尝试，让学生有可能依凭经典著作进一步深化对人性、对人身关系的思考。从中获得关乎自身、他人以及今后生活、从业等的潜移默化的滋养。

（三）在讲授婚姻家庭法条文时，紧扣社会新闻，引导讨论，提示学生思考婚姻家庭案件背后可能被法律忽略、粗糙处理的部分，做婚姻能力习得的训练

讲授婚姻家庭法法条是法科专业课堂的应有之义，但是我国婚姻家庭系列单行法虽然效力等级很高，但基于我国立法"宜粗不宜细"的指导方针，都流于简单粗糙。而且配合全民物质化的思潮，《最高人民法院关于适用〈中华人民共和国婚姻法〉若干问题的解释（三）》更多地关注了夫妻财产的个体权利，进一步忽视了婚姻的不同于合伙关系的伦理性和人身性。而舆论环境光怪陆离的涉及婚姻家庭继承的新闻事件层出不穷，出轨、第三者插足，遗弃、虐待，家庭暴力、亲人之间的性侵和猥亵，父不亲子不孝的各类父母子女纠纷，父母控制、弃养未成年子女，盘剥成年子女的新闻；等等，屡屡见于新闻客户端。一些极端化的言论，开始成为受到年轻人拥趸的对象。而法律在婚姻家庭领域的无所作为甚而适得其反，进一步加剧了年轻人对婚姻家庭缔结和维系的负面认知。

尽管作为教师，我认同教育本身应倾向"无为"的言传身教，然而作为已经拥有一定人生阅历的成熟社会人，如何在课堂上以探究的方式提起对各类婚姻家庭社会新闻展开讨论，是十分关键也是极富责任的。例如，本学期展开的对王宝强离婚案、杨永信山东临沂网瘾戒除学校案、女演员郭晓婷案的专题讨论。针对简单粗糙法条背后的"应有之义"，学生各抒己见，彼此交换不同看法，老师亦参与其间，坦诚自身对事物的解读，意图在破除一种陈腐的旧的观念的同时，思考全新的关乎"独立自负其责""婚姻家庭关系不应是控制与反控制、利益交

换”“婚姻家庭关系权利义务的关键是和煦而真实不虚的爱而非沉重的负担”的视角。婚姻能力不是固有的,不是先天的,而是后天逐渐习得的,提示自己和所有参与课堂学习的学生关于自身掌控生活幸福的能力以及通过自省影响他人的能力是可以通过学习觉知而获得的,对于“法律共同体”应具有乐观的心态。

(四)超越以上三层,树立尽可能柔软、悲悯的建立在人性审美基础上的“法律共同体”意识

最高人民法院提出的“家事法庭改革”试点计划,授权全国100余家中级法院、基层法院针对婚姻家庭继承案件的审理展开多机构联动、多专业介入的试点改革。对于法学院在校本科生、研究生而言,迎来了一次司法审判在家事领域内的观念和司法技术的内省和革新阶段,是一个机会,也是一个挑战。诚然,从上至下的功利化教育过程培养了一批钱理群先生所言“精致的利己主义者”,法学教育的法学职业化训练也在法考的催生下愈加工匠化。尽管我们不能因为法律职业化的要求降低法考的难度和公平,但不意味着法学教育不能在任何时间任何地点超越“工匠工具意识”而追寻未来“法律共同体”的“道”。“术”不可不有,但“道”亦不可以不有。相比而言,“无道之术”对整个社会的法治戕害更大更深。

无论是性别笔谈,或者是经典书目阅读,还是课堂法条解析、新闻事件讨论,法学教育的终极目的就是从实实在在的法律技术之上提炼出法治之“道”。而“道”并非不可捉摸、不可描摹,就笔者领悟,无论哪一个专门法领域,树立尽可能柔软、悲悯的建立在人性审美基础上的“法律共同体”意识,就是法学教育超越实在手段应该达致的“道”。

而作为司法改革的细节化试点的一种“家事法庭改革”的摸索、探究以及在人才准备阶段的教育筹备,更显“道”之重要。学生的未来生涯,或者从事司法工作,抑或参与法律服务,甚而以婚姻家庭咨询师的身份参与司法改革“家事法庭改革”,这些可能的教学尝试都将是潜移默化而意义深远的。

四、结语

2017年11月12日,西南民族大学主办的“家事审判的特色与中国改革”国际学术研讨会圆满召开。来自实务界的法官和各高校、研究机构的理论研究者,甚至来自美国、法国、荷兰、克罗地亚、巴西实务界和理论界等域外专家学

者，济济一堂，各抒己见，对中国业已开展1年有余的家事法庭改革试点进行了深入的探讨。2018年6月，高院的家事法庭改革2年试点期就要到期，肇端于司法的对婚姻家庭纠纷的重新认识将得到充分的总结和铺展。尽管“家事法庭改革”只是老百姓人身关系纠纷解决机制的一次试验性的反思，但是随着“工具化法制”思想的荡涤，司法是为了让人们“各得其所”“过得更好”的观念也必将成为主流。而值此西南民族大学法学院承办的“四川省法学会法学教育研究会”2017年年会召开之际，听闻目睹艰难中推进的司法改革及家事审判改革正在缓慢而万头攒动地进行。作为法学院的一线专业课教师，亦更有理由就本人的教改试验行诸文字，以期获得同行们的讨论及参与。笔者深知，“法律共同体”的理念和实际建构，需要我们所有人在“求同存异”基础上达成共识，而法学教育作为“法律共同体”的参与者，先行者甚至统领者，无论本科教育还是研究生教育，实现霍姆斯法官所说“法学院是在以这种庄严的方式传授法律和培养伟大的法律人”的至高理想，必将薪火相传，始终追求，矢志不渝。

我国法学研究生教育的基本目标及实现方式
——以美国法学教育的培养方式为借鉴

向 燕*

【摘 要】我国法学研究生教育的基本目标应是培养复合型法律人才，提高学生运用法学与其他学科知识方法解决实际法律问题的能力。教育强国美国的法学教育以职业教育为核心取向，其培养方式值得借鉴。法律研究、分析与写作能力是美国法学教育的三大核心技能，主要通过苏格拉底教学法与法律诊所教育的教学方法予以实现。在我国，法学硕士教育实现职业教育的发展转向存在核心技能定位不清、师资队伍难以适应、科研为主导的激励机制遏制教师从事实践教学的积极性等制约因素，应针对性地进行相关改革，以实现从学术教育到职业教育的根本转型。

【关键词】职业教育；案例教学法、法律诊所；技能

一、我国法学研究生教育的基本目标

经过数十年的探索和实践，我国法学研究生教育已经初具规模，近年来尤其发展迅速。法学研究生教育的基本类型为法学硕士与法律硕士，其设置初衷分别是培养学术型法律人才与实务型法律人才。然而，法律本为经世致用之学，任何脱离坚实的理论基础与法律实务技能的法学教育制度，都不能成功地“担负起培养造就熟悉和坚持中国特色社会主义法治体系的法治人才和后备力

* 向燕，西南政法大学法学院副教授，法学博士。

量的历史使命”。[1]教育部对高等法学教育改革的一系列举措,包括制定印发的《高等法学教育贯彻十八届四中全会精神的教学指导意见》,启动实施卓越法律人才教育培养计划,着力深化教学改革、创新人才培养机制,启动实施高等学校与法律实务部门人员互聘“双千计划”等都表明,培养复合型法律人才,提高学生运用法学与其他学科知识方法解决实际法律问题的能力,促进了法学教育与法律职业的深度衔接,是我国法学研究生教育的基本目标。

法学研究生教育应当以职业教育为基本取向,并重视基础教育与职业教育的结合。进入20世纪90年代之后,法学硕士生招生规模的扩大与法学博士生教育的发展使法学研究人才的培养已经难以定位成硕士研究生教育的目标。[2]为适应社会主义市场经济的发展对日益增多的法律人才的需要,面向实践的法律职业教育必然成为法学研究生教育的核心内容。不过,法律职业者娴熟的法律专业知识和能力应该建立在深厚的学识基础上,而不应是满足于仅对法条机械适用的工匠型人才,[3]因此,成功的法学教育势必要求培养学生扎实的理论素养。以哈佛大学为例,哈佛大学法学院的根本目标是要为学生提供成为合格法律职业者需要的训练和教育,即“法律职业教育”,其下分为三个具体的目标:其一,训练法律思维。这是哈佛法学院法学教育项目的最首要的目标,即增强学生从法律视角分析问题的能力,换言之,培养学生“像律师一样思考”的能力。具体而言,这需要培养分析复杂事实、区分细微不同,辨别适用于具体情形的法律原则以直击法律问题核心的能力。到毕业的时候,学生应当能够展现出显著提高的法律分析能力。其二,掌握各种法律领域的基础知识。在培养法律分析技巧的过程中,学生应掌握多个不同领域的基础知识,能够理解在这些领域中法律原则的适用。例如,对于税法、证券法这类高度专业化的领域,如果缺乏对这些领域法律整体框架的理解而去试图解决具体的法律问题是十分危险的。其三,提高沟通技巧,包括通过书面形式表达个人法律分析意见的技巧,以及提出有效的、有说服力的辩论技巧。[4] 显然,即使以职业教育为培养目标,也不能

[1] 来源于《高等法学教育贯彻十八届四中全会精神的教学指导意见》。

[2] 李洁、李晓欧:《中国法科研究生教育向何处去》,载《中国高教研究》2010年第2期。

[3] 季卫东:《法治秩序的建构》,中国政法大学出版社1999年版,第220页。

[4] Yukio Yanagida, “A New Paradigm for Japanese Legal Training and Education: In Light of the Legal Education at Harvard Law School”, Asian—Pacific Law and Policy Journal 1. 2000, pp. 4-5.

忽视对法学基础知识与法律领域制度框架的培训。

然而,长期以来,我国法学高等教育倾向于重视理论忽略实务,导致研究生教育培养出来的大量毕业生不能很快地投入实践,顺利完成第一份工作的对接。法学研究生教育完善的重点是加强法学院校管理体制、培养模式、课程设置、教学方法等方面的改革,将传统的学术教育转向强化学生法律实务技能培养的职业教育上来。美国是世界上优秀法学院最为集中的国家,其法学教育以职业教育为其核心取向,对美国法学教育培养方式的考察可以成为我国的有益借鉴。

二、美国法学教育培养方式的考察及借鉴

美国法学教育最初实行学徒制,后发展为学院制,但其法学教育始终坚持职业教育的基本方向。在美国,一个广泛接受的观念是,法学院应当向学生提供基本技能的培训。重视实务技能的培养始终是其法学教育的核心要素。

(一)美国法学教育注重培养的核心技能

传统上,法律研究与写作能力被认为是法学院一年级学生应当掌握的最基本的技能。1995 年对美国法学院的一个广泛的调查表明,在美国法学项目一年级课程中对不同技能培养的时间分配呈现如下情况:[5]

表 5-1 美国法学项目一年级课程对不同技能培养的时间分配情况

技能名称	对该技能分配 10% ~ 29% 的课程时间的学校数量	对该技能分配 30% ~ 49% 的课程时间的学校数量	对该技能分配超过 50% 的课程时间的学校数量
法律写作	16	58	35
法律研究	59	36	6
法律分析	51	32	13
口头辩论	56	0	0
职业伦理	10	0	0

---

〔5〕 Lucia Ann Silecchia, "Legal Skills Training in the First Year of Law School: Research? Writing? Analysis? Or More?" Dickinson Law Review 100, 1996, p. 255.

续表

技能名称	对该技能分配10%~29%的课程时间的学校数量	对该技能分配30%~49%的课程时间的学校数量	对该技能分配超过50%的课程时间的学校数量
客户访谈/咨询	7	0	0
事实调查	5	0	0
替代性纠纷解决方案	4	0	0
律所管理	2	0	0
学习技能	1	0	0

从上表的统计来看,法律研究、分析与写作能力的培养在美国法学院中高居榜首。这三项职业技能不仅在美国法学院课程设置中涉及最多,同时也是课程时间分配最多的技能。除这三项技能之外,法学教育涉及最多的技能是口头辩论。法律研究、分析与写作能力是美国法学教育最受重视的三项基本技能,也是美国法律职业教育成功的关键。从我国法学硕士研究生就业情况来看,亟须加强对这三项能力的培养。随着法学硕士招生数量的扩张,大多数的硕士研究生在毕业后都走向公、检、法机关,律师事务所,公司法务部门等法律实务部门。其中,有较高比例的硕士研究生从事的是非硕士专业的法律工作或者跨专业的法律实务工作。例如,获得诉讼法学学位的硕士不可避免地要处理大量涉及实体法的法律事务工作,学习民法专业的硕士会在初涉律师实务中接触各类刑民案件,因此,倚赖在学校学习的有限的知识而从容应对司法实务是不切实际的。学生必须具备良好的法律思维并掌握具体部门法领域的法律框架,运用其法律研究技能,在实践中迅速学习新的知识,并通过其较强的分析与写作能力将待解决的事项转化为有实践价值的法律文书。这就需要学生综合运用法律的研究、分析与写作的技能。

不过,从美国学校法学院第一年课程的设置来看,必修的课程往往是较为固定的。以哈佛大学法学院为例,学生第一年被要求必修6门课程:侵权法、刑法、民事诉讼法、合同法、财产法和法律推理与论证,此外,学生可以选修1门课程。到了第二年,除了必修的法律职业伦理外,学生可以任意选修课程。在过去30年间,除了选修课科目的种类有了大幅的扩展之外,这样的课程设置几乎没有发生变化。[6] 耶鲁大学的必修课为宪法、合同法、诉讼法、刑法、侵权法、法律写作、律师职业道德。选修课为行政法、银行法、破产法、反垄断法、税法、商业组织、通信法、刑事诉讼法、环境法等上百门课程。[7] 就专业必修课而言,我国法学院与美国法学院的课程设置并没有较大的差异。美国法学院对学生法律研究、分析与写作职业技能的培养,主要体现在实践教学方法的运用。

(二)美国法学教学方法的特色

美国法学教学方法的一大特色是运用苏格拉底教学法。苏格兰底教学法被用于泛指运用问答方式组织课堂教学的教学方法。案例教学法是苏格拉底教学法中的重要类别,在美国法学院获得了普遍的适用。它不要求学生记忆并解释法典、司法先例、学说理论,而是旨在培养学生分析案例并理解相应的理论、政策及案例背后的裁判理由的能力。该目标的达成是通过一系列的提问与回答来实现的。在不停的提问过程中,学生始终会处于紧张的状态,担心自己会是下一个被提问的人。为避免回答不上的尴尬,学生必须提前阅读教师指定的文献,进行积极的思考和探索,从而促成其主动学习和研究的能力。

美国法学教学方法的另一主要特色是其法律诊所教育。法律诊所教育是借用医科教育学生在诊所实习的教育模式,要求学生在经验丰富的执业律师的指导之下承办真实的案件,与真实的客户接触与交流,从而能够实际地获取法律执业经验。在美国的马萨诸塞州,法律颁布了特别的规则,允许在一定条件下法学院学生以执业律师的身份代理案件出席法庭。法律诊所教育的目标是:一是使学生掌握法律执业的基础训练和基本技巧;二是培养学生确立法律执业的伦理标准;三是促使他们更深地理解法律规则与法律制度;四是培养其树立在未来律师执业生涯中为公益服务的重要价值观。[8]

毫无疑问,能够实践这样的教学方法与美国法学院教师的教育与职业背景存在不可分割的联系。不论是案例教学法还是法律诊所教育,都要求哈佛大学法学院中,几乎所有的教员都是执业律师并同时担任美国律师协会的会员。很

---

〔6〕 Yukio Yanagida, "A New Paradigm for Japanese Legal Training and Education: In Light of the Legal Education at Harvard Law School", Asian—Pacific Law and Policy Journal 1,2000,p.5.

〔7〕 徐立:《美国法学教育及其对我国的启示》,载《法学杂志》2010年第12期。

〔8〕 Yukio Yanagida, "A New Paradigm for Japanese Legal Training and Education: In Light of the Legal Education at Harvard Law School", Asian—Pacific Law and Policy Journal 1,2000,p.11.

多教员偶尔兼职律师业务,并能够提供法律咨询。大多数教员都是法学院的毕业生,但学院仍然聘请了法学学科以外的教员以提供跨学科的指导和研究。在过去,为著名法官作书记员的经历是获得教职的决定性因素,但在近年来,该因素的比重也在降低,教员的职业经验和在法学以外的领域活动的高等学历获得了越来越多的关注。[9]

此外,美国法学教育中的研讨课程的开设构成了上述教学方法的有力补充。这类课程往往集中于某项专门的法律领域,在每一次上课时都会选择某一具体的议题进行讨论,着力于培养学生研究问题、分析问题及写作的技能。哈佛大学法学院为高年级学生开设讨论研究课,如法律史、金融、伦理、心理、证据处理等。[10] 在一些学校,如纽约大学,对于具有较强专业性的课程常常由法学院聘请的在此领域颇有建树或具有丰富实践经验的访问教授、兼职教授担纲讲授,往往不采取考试而是采取提交论文的方式对学生的成绩进行评定。

三、我国法学硕士教育转型职业教育的若干制约因素

在我国的法学教育中改进教学方法,推广案例教学方法的运用早已不是新鲜的提议。然而时至今日,法学教育以理论为重心的传统教学模式并没有得到根本改变。究其原因,一方面固然有沿袭传统教学方式的行为惯性;另一方面在法学硕士教育中推进实践教学方法还存在以下现实的制约因素。

一是对法学职业教育培养的核心技能定位不清。我国传统上侧重学术理论的法学教育较为重视某一法律领域制度框架与具体规则的讲授,即使教师运用案例教学的方法,也是旨在通过案例阐释规则的适用。尽管这样的讲授方法也能促使学生深化对法律的理解,但与英美法系国家旨在培训学生思辨和分析能力的案例教学法并不是一回事。我国法学院校的课程设置中也常设有司法文书写作的选修课程,但课程的主要目标是培养学生熟悉常用法律文书的格式和内容这类形式的要件,却很少立足于实质性地培养学生对法律问题细致入微的分析能力与直击要害、简明清晰的写作风格。法学研究生教育缺乏培养法律

〔9〕 Yukio Yanagida, "A New Paradigm for Japanese Legal Training and Education: In Light of the Legal Education at Harvard Law School", Asian—Pacific Law and Policy Journal 1, 2000, p. 8.

〔10〕 徐立:《美国法学教育及其对我国的启示》,载《法学杂志》2010 年第 12 期。

研究、分析与写作能力的核心技能的清晰定位,就不易从课程设置与教学方法上加以改进。

二是法学师资队伍的教育背景难以适应实践教学模式的转变。适用案例教学、法律诊所教学的方法要求任教教师本身具有实践经验。法律诊所式教学模式自 2000 年被引入我国,先后在中国人民大学、北京大学、复旦大学等 7 所高校尝试运用并逐渐推广到全国各地的高校。但是,法律诊所的运行费用高昂,再加上法律诊所的教学和管理需要实践经验丰富的教师担任,因而并未能在全国法学院校中得以普及。此外,即使法学院建立了法律诊所,诊所教育能够容纳的学生人数较为稀少,很难成为我国法学教育实现成功转型的核心力量。

推广和适用案例教学方法对教师的执业经验并没有诊所教学那么高的要求,但同样也要求教师具备一定的职业经验。在英美法系国家,绝大多数的教员在入职法学院之前都为巡回法庭、上诉法庭或最高法院担任过书记员或是经验丰富的律师。教职的任命往往是依据教师的职业经验来确定,因此教员运用实践教学的方法顺理成章。同时,很多学校也允许教师将一部分时间用于私人执业,以保持教学与实践能够与时俱进。在我国,法学博士、博士后往往是高校专任教师的主要来源,从学校到学校,多数法学教师在任职之前并没有相关执业经验,一些高校甚至为“保障教师能够专心授课”,人事部门出台政策限制教师在外兼职律师。在绝大多数高校,仅有少部分教师在任职后到公、检、法机关挂职,能够积累一定的实务经验,从而能够胜任实践教学。以西南政法大学法学院为例,学院开设有刑事疑难案例研究的选修课程,选用真实刑事案例,由具有实务经验的刑法、刑事诉讼法的老师双师同堂共同讲授,在一定程度上能够弥合法学各学科彼此隔绝的壁垒,通过案例分析培养学生分析与解决法律问题的实践能力。但是其余大多数的必修与选修的课程是否实施案例教学及其他实践教学的方法几乎完全取决于任课老师。不论如何倡导,由于大多数教师本身职业训练的薄弱,案例教学在实践中很难获得实质的推动。

三是高校以科研为主导的激励机制不利于教师积极从事实践教学活动。科研与教学都会占据教师个人较多的时间和精力,在教师个人时间表的分配上往往是相互冲突、相互竞争的两项任务。随着法学学科的健全和发展,高校的理论研究日趋丰富,在科研领域各高校的竞争也日益激烈,从学校、学院至教师个人层面,形成了自上而下的以科研为主导的绩效评价机制。教师必须通过发表核心期刊的文章、出版专著、申请省部级和国家级项目等科研工作才能完成聘任期的工作考核,科研成果也普遍地成为教师晋升职称最为核心的考察指标,从而导致教师无心将时间用于准备实践教学方法在课堂上的适用。中国法学需要在理论研究上有所创造,对世界的知识积累过程作出智识的贡献,但必须兼顾培养面向司法、服务社会人才的重任。以科研为主导的激励机制不仅不利于实践教学方法的运用,还会实际地影响法学教育的长远发展,必须寻求兼顾科研与教学目标实现的评价机制。

四、深化法学教育实践教学的改革建议

我国法学硕士教育要满足社会主义法治建设的实践需要,实现从学术教育向职业教育的成功转型,必须首先破除既有的制度及机制的束缚,为教师进行实践教学创造宽松有利的环境,同时,也应在借鉴美国教学形式的同时遵循法典传统的特点,对实践教学方法做出一定修正。具体建议如下:

第一,明确法学教育着力培养的核心技能,实现从课程设置到教学方法的全方面转变。不论是美国法学教育的实践还是我国司法实务的需要都表明,法学研究、分析与写作能力是法学教育最为基础也是最重要的三大技能。目前我国高校的部分法学院虽然开设有少量的司法文书写作、法律方法导论等选修课程,但其课程重心并没有突出三大基本技能的培训。应当在法学硕士培养方案中对硕士研究生应掌握的核心技能进行明确定位,并开设相应的与实务结合紧密的专门课程。同时,对于法学硕士教育的专业必修课程,也需要通过教学方法的改进强化对学生基本技能的训练。

第二,继续推进"双千计划",允许高校与法律实务部门互聘的人员实现工作量的换算,从而使教师能够从实务工作中获取职业经验,法律实务部门的人员也能在高校开课讲授,开展真正的案例教学。应当将引进高校的法律实务人才从具有行政级别的领导转向业务部门具有较为丰富实践经验的人员,以避免挂职形式化的问题。此外,也应鼓励高校通过自行聘请实务硕士导师的形式邀请实务部门的业务骨干到校任教开课,由高校和教委给予经费保障。

第三,改进高校的聘任机制与人才选拔机制。高校教师队伍本身脱离法律实践,容易导致教师的教学方法难以获得根本性的改变,从长远来看,必须对高

校的聘任机制与人才选拔机制进行深层次的改革。为保证科研与教学齐头并进，一个较为稳妥的改革方案是确立科研人员与教学人员的分类管理系统，适用不同的考核标准。对于科研成绩优秀与教学效果良好的教师，都能享有同等的优厚待遇与奖励。但鉴于个人科研发展也存在周期性的成长，成果发表与项目申请皆存在不确定的因素，不宜将评估标准制定地过高而挫伤教师的积极性。另一个可行的改革方案是与英美国家类似，从法官、检察官、律师等法律实务部门的优秀人才中选拔教职人员，从而弥补我国教师队伍来源单一、实务经验缺乏的不足。在学校的管理制度方面，应允许教师在任职2年后以少量时间从事兼职律师的业务，丰富教师的职业经验，也有利于实践教学方法在课堂的运用。

第四，探索对案例教学方法的运用。我国的法律制度以成文法为主要法律渊源。“与判例法相比，大陆法系的特点在于强调成文法典的权威性，重视法律理论概括，讲究规范的逻辑性、概念的明确性和语言的精深。”〔11〕因此与英美法系国家不同，法学教育确有必要运用讲授教学方法，通过教师系统地对成文法的理念、架构、规则的构成要件进行讲授，使学生掌握体系化的知识。但是，讲授法不可避免的缺陷是使学生被动接受知识的灌输，学生主动研究、分析法律问题的能力缺乏训练。即使提倡案例教学，在实践中也往往沦为课堂中对少数案例的简单举例。为结合二者所长，建议部门法的课时安排中，案例教学的比例应量化为专门的课时，例如60节课时的必修课课时，应有20课时作为案例教学课时。教师在进行若干知识点的教学后，应选取典型案例，组织学生进行案例分析和讨论并撰写法律文书，以此训练学生的思维能力、论证能力与写作能力。对于能力突出的骨干教师，可定期组织开展国外学习与国内交流的案例教学培训项目，以提高教师自身的教学技巧和水平。

---

〔11〕 李宴：《英美法系案例教学法在我国法学教育中的地位研究》，载《淮阴师范学院教育科学论坛》2006年第3期。

法科学术型硕士研究生教育培养的几点建议

——以西南民族大学法学专业为例

冉　翚*

【摘　要】在深化研究生教育改革的关键时期，我们正面临法科学术型研究生教育培养过程中遭遇的或共性或特殊的问题。分析问题形成的根源，找到解决问题的对策是提升我院学术型研究生培养质量的关键。而用“高水平”“有特色”的人才培养体制吸引优秀生源；将培养目标定位于培养合格法律人才而非学术研究型的法学家；在教学方法上坚持一定强度的法科专业理论学习与法律技能训练并重；在实践能力培养方面有效衔接政策供给与研究生内在需求之间的关系是应有之义。

【关键词】法学；学术型研究生；教育；培养

西南民族大学法学院是教育部“卓越法律人才（西部基层法律人才）教育培养基地”和“大学生校外（法学）教育实践基地”，也是四川省“民族地区法学本科人才培养基地”、四川省卓越法律人才教育培养计划校外示范性实践教学基地，还是四川省人大常委会地方性立法评估协作基地。法学专业为“国家级特色专业”和“专业综合改革试点单位”“四川省特色专业”和西南民族大学“示范性专业”。学院目前拥有法学理论、法制史、民商法、刑法、宪法与行政法、诉讼法等专业的学术型硕士研究生的招生培养资格。经过多年的发展，在全面实施

---

* 冉翚，西南民族大学法学院教授。

卓越法律人才教育培养计划,深化研究生教育改革的关键时期,我们正面临法科学术型研究生教育培养过程中遭遇的现实问题,这些问题有的是整个国家研究生培养存在的共性问题,有的则是作为我们这类高校存在的特殊问题。分析问题形成的根源,找到切实的解决对策和出路是未来提升我院学术型研究生培养质量的关键。

一、用“高水平”“有特色”的人才培养体制吸引优秀生源

众所周知,好的生源质量是保障研究生人才培养质量的前提条件。无论是之前提出的“985 工程”“211 工程”等一流大学或重点大学的建设,对高校实行分类管理,还是最近提出的“双一流”高校建设,本质上都是政策引导结合资源配置的结果。西南民族大学虽然是所部署院校,相对地方高校来说有一定的优势。但无论是按过去的“985”“211”规则,还是依今天的“双一流”标准,我们的法学专业都没有进入国家工程建设行列,虽然“双一流”仍然是我们今后努力的方向和目标。但因为缺乏政策支持和相关资源的匮乏,对师资队伍构建、学科建设发展、人才培养模式改革、学生就业等造成诸多掣肘却是我们必须要面对的现实。就硕士研究生的培养教育而言,首当其冲的就是优质生源无法保障。西南民大法学院学术型硕士的生源主要包括本学院本科生,外校第一志愿报考我院者,第一志愿报考他校未如愿而调剂到我院者三类。就学院自己培养的本科生而言,其中优秀的,基于“人往高处走”的内心期待而选择到其他地方“高就”,即便是最终留在学校继续攻读,通常也是因报考外校不成功而调剂回校或因其他因素(比如找工作时,用工单位通常要求必须是“211”及以上院校本科毕业;或者是非“211”以上院校研究生毕业)而作出的不得已的选择,本校通常不会是他们的优先选择或第一选择。外校第一志愿报考我院的生源,来自本科三批院校或自学考试、成人教育等方面的生源占据了较大比例。从近几年我院研究生初试入学考试的阅卷情况看,许多考生基础相对薄弱,概念混乱,答非所问,一志愿上线率普遍不高。除非因特别情况,比如当年报考人数火暴,而招生指标压缩,或调剂政策影响等原因,来自本科一批、二批院校的生源数量一般较少。

有鉴于此,要想改变当下现状,作为非国家工程建设序列的高校,应按照教育部、中央政法委《关于实施卓越法律人才教育培养计划的若干意见》,推进以

培养应用型、复合型法律职业人才为重点的卓越法律人才培养机制改革。我们应当立足本校的特点，充分运用好这些制度供给，用“高水平”“有特色”吸引和稳定优质生源。在培养模式的选择上，根据自身特点合理定位，克服同质化倾向，坚持走功能定位的分化和差异化的路线，形成自己的办学理念、办学风格，在不同层次、不同领域办出特色，争创“一流”。[1] 把我们的法学专业逐步打造成为服务于西部社会经济发展和民主法治建设的应用型、复合型法学专业人才的教育培养基地。

二、培养目标应定位于培养合格法律人才而非培养学术研究型的法学家

随着社会经济发展对于高层次应用型人才的需求，国家开始大力推进专业学位研究生教育。其中，法科硕士研究生的培养类型在学术型研究生的基础上，又增加了法律硕士（法学和非法学）专业学位研究生。使得法科专业的研究生教育呈现出一种全日制与在职并行、学术性与专业学位分立的局面。其正面作用是为法科专业在校本科生增添了不少升学机会，使得法科研究生规模得以再次扩张。负面问题则是法科硕士研究生教育的培养类型划分界限不够清晰，分类培养模式难以有效建立和运行。比如最初设立两种类型的法科硕士研究生旨在将法学硕士研究生培养成为学术型人才（法学人），法律硕士研究生培养为实务型人才（法律人）。由于二者培养目标的不同，必然要求培养模式相异。然而这种分类标准并不适当。

首先，这种分类与法科研究生教育的根本宗旨相悖。关于法律教育的宗旨，孙晓楼教授在其所著的《法律教育》中率先论及，他认为“法律教育之宗旨及计划是要以严格之方法，培养具有健全人格，富有创造精神及善于适应时代需要之法律人才”。[2] 所以，法科研究生教育的宗旨，是指根据社会对人才的需求和受教育者心智发展的状况，按照博士、硕士和本科的不同层次制定不同的教育目标。但就其根本，都是要造就合格的法律职业者。而法律学科相较其他学科而言又具有鲜明的二重性特征。即想要成为一名合格的法律人必须首先是一名法学人，而法学人最终也应当为法律实践服务。“一方面，学生必须致力

[1] 孟庆瑜：《地方高校法学专业研究生教育亟须解决的几个问题》，载《法治研究》2014 年第 5 期。

[2] 孙晓楼：《法律教育》，中国政法大学出版社 1997 年版，第 13 页。

于学习规则和判决,以掌握从事法律职业的实际技能,维护法律的独立地位。另一方面,为完善立法和司法并使学生能够区分正义和非正义而不致成为机械的法律操作工,法律理论也成为法律教育的必要组成部分。"[3]"在法学教育认识上的分歧和悖论实际上反映出法学教育中内在的、与生俱来的二重性,即法学教育的职业技能性和学术研究性,从法学在大学教育的地位来看,它表现为职业教育和人文学科的理论教育的二重性,从其培养目的性上看,它表现为实践型人才的训练和学者型人才培养的二重性,从其教学内容上看,它表现为法律职业的特定技巧、道德和思维与法学知识体系和人文理论培养的二重性。"[4]所以,培养合格的法律职业者,理论素养与实务操作能力缺一不可。何家弘教授曾说,法官、检察官、律师等法律实务工作者与法学家之间没有也不应有预设的职业分界。一名合格的法律人才的基本素养既包括深厚的法学理论功底、一定的人文素养,还有相当的操作法律的实务经验。理论功底的欠缺会造成司法人员在应对法律实务问题时机械照搬法条,不能根据法律原则做出处理,无法确认法条背后的共通原则和指导原理。自然,闭门造车式的理论空谈于社会问题的解决也难有推动。

其次,这种分类人为割裂了法律人和法学人关系,与国家社会对法律职业者的需要相悖。按照《马尔报告》《麦克特报告》及美国法律工作者的各种调查研究,作为一名法律人,应该具备的重要法律技能主要表现为:博闻强记、谈判沟通、事实调查、独立研究、写作表达等能力。[5] 其中的独立研究如无深厚的法学理论功底作支撑,是无法完成的。法律虽然是用文字表达的,但其内容不是单纯说文解字,因此对法学理论的夯实,尤其是对本专业的法律理论的学习与领会,是对法科学术型硕士研究生素质的基本要求。但是,另一方面,虽然强调法学理论之于法科学术型硕士研究生培养的重要性,但并不意味着因此就把学术型研究生的教育定位于培养仅从事法学学术研究的法学家。法律是跟人打交道的,法学研究本质上是服务于社会需求的,法律理论也是为解决社会问题

[3] 周汉华:《法律教育的双重性与中国法律教育改革》,载《比较法研究》2000 年第 4 期。

[4] 王晨光:《法学教育的宗旨——兼论案例教学模式和实践性法律教学模式在法学教育中的地位、作用和关系》,载甄贞主编:《方兴未艾的中国诊所法律教育》,法律出版社 2005 年版,第 18 页。

[5] 何美欢:《论当代中国的普通法教育》,中国政法大学出版社 2005 年版,第 200 页。

而产生的,并且该理论正确与否,最终也是需要由司法实践来检验的。一个不了解司法实践的人难以成为合格的法学家,闭门造车,对现实问题的解决没有任何帮助的理论与知识,是没有积极价值的。所以说,理论上讲,法学家也应当是既通晓法学理论,又熟知司法实务的人。同时,一名法学家的成长是通过终身学习,对法学素养进行几十年历练才能成就的,就硕士研究生的培养而言,即便是所谓的学术型研究生,无论是时间历练还是理论功底的积累都不可能达到一名真正法学家的程度。因此,简单将法科学术型硕士研究生的培养目标定位于培养法学家式的人才,不仅目标不合理,也与现实对法律专业人才的需求预期不符。当下我国社会经济正处在急速变革的时期,法律的颁布有一定的滞后性,法律的表述也有模糊性和不确定性,疑难案件较多,社会更需要的是既拥有法学理论积累,还熟知法律运行,具有较强实务能力和技巧的法律人才。

综上,我院法科学术型硕士研究生的培养目标应兼顾理论的传授与学习同技能的培养与锻炼相结合。一方面,强化学生对法学理论的积累储备,为可能的进一步博士深造打基础;另一方面,法律文书的起草、谈判、收集和分析证据、适用和解释规则、综合整理法律与事实信息、法庭辩论和陈述等方面的能力和技巧的培养,也应受到同等的重视。这既符合我们学生来源的实际情况,也符合我校法科研究生培养的定位。

三、教学方法上坚持一定强度的法科专业理论学习与法律技能训练并重

目前,我院教师对法科学术型硕士研究生的教学方法主要有以下几种:

(一)"教师讲,学生听"的传授法

即以教师讲授为中心,侧重于单方的知识理论灌输。这是目前法科学术型研究生教学中最主要的方式。后来由于该种教学方法与本科生教学方法高度相似,不利于调动研究生的主动思考性学习和动手能力,不少教师又将教学方式改变为部分内容由教师主讲,部分内容由学生讲授,然后教师点评相结合的形式进行。但其后,这种方式也暴露出弊端,一方面,无法控制学生讲课的质量。大部分学生虽然准备了资料、PPT,但几乎都是直接把资料粘贴在PPT上,然后照着念(或者照着讲稿念),基本没有提前消化所讲内容。同时,教师点评提问时,也只有准备了资料的学生能稍作回答,其他同学基本作老僧状,不能参

与讨论、互动。另一方面,也可能存在整个教学过程基本由学生讲,教师因备课不足而疏于解惑的情况。

(二)案例教学法

因传统式纯理论"填鸭式"的灌输教学饱受诟病,于是案例教学法在我国被放在了前所未有的高度。但亦暴露出一定的问题。首先,对案例教学本义存在误读。案例教学并不是教师上课讲解理论时用以佐证的例子,而是通过研究法院的判决来掌握法律的基本原则与法律推理,通过讲评和讨论案例来归纳、探讨理论和法律中存在的问题并做出进一步的创新思考。要求以真实案例为讨论对象,强调理论上的逻辑分析和推理,注重师生间的互动与交流。其次,由于目前国内学理界对这类教学方式尚缺乏系统的研究,导致案例的选择缺乏指引性标准。因此,在实际教学中,就难免存在教师根据个人判断来选择案例,从而导致所选案例过于陈旧而与实践脱节的情况〔6〕。目前,我院尚未开设专门的案例教学课程,笔者曾尝试在自己授课的时段安排了几个课时案例讨论,选取近2年新近判决的真实案例,尽量贴近当下较为热点的领域,让学生先对案件作出自己的判断,并提出法律依据,然后再就法院判决是否合理提出自己的观点,并对可能引申出来的问题进行思考和讨论。虽然在我的强行每人必须发言的要求下部分学生有不适感,学生发言的质量也参差不齐,但总体上讲师生互动性和课堂活跃性还是有较大改善。建议在以后的此类案例讨论中,要求学生提交书面分析报告,并在课堂讨论完成后提交报告作为平时考查依据。

(三)诊所式教学方法

这种教学方法主要应用于本科教学。但由于本科生阶段课业相对繁重,司法考试、研究生考试的压力又基本都集中在高年级阶段,学生通过实习接触司法实务的精力相对有限,诊所式教学的优势在本科教育中体现不充分。所以有学者建议将诊所式教学方法引入研究生法学教学中,一方面,在知识积累方面研究生比本科生更有优势;另一方面,研究生课程安排的密度没有本科阶段高,时间较为宽裕,能更好地契合诊所教学的特点〔7〕。

法科学术型硕士研究生普遍存在理论学习深度不够,理论研究脱离司法实

〔6〕 马立群:《法学研究生课程教学方式反思与拓展》,载《科教导刊(中旬刊)》2012年第8期。

〔7〕 李洁、李晓欧:《中国法科研究生教育向何处去》,载《中国高教研究》2010年第2期。

务的倾向,虽然大部分学生通过本科与研究生阶段的专业学习,对于学术理论的积累已经具备一定的基础,但由于我们的教与学的过程长期沿袭着教师讲理论,学生学理论的习惯,与司法实务关联度不高,缺少与司法实践贴近的法律实务训练,使学生的学习脱离了应用学科的特点而变成纯粹形而上式的学习。

有鉴于此,法科学术性硕士研究生的教学应坚持专业理论学习与法律实务训练并重的原则。具体来说,其一,在课程学习阶段,让学生阅读中外法学经典名著,并撰写读书心得。领会大师的学术思想和学术研究方法,了解不同的法学观点和研究范式,提高学生阅读理解法学原著的能力,为以后可能的更进一步学术深造做好理论积累。另外,法律问题从来都不是法律本身能够回答的,因此,研究生阶段除了阅读专业书外,应尽量鼓励学生广泛涉猎政治、经济、社会方面的书籍,完善自己的知识结构,为以后的职业发展作好知识储备。其二,关注理论与司法前沿问题。不同专业的学生应时刻关注本专业领域的最新动态,进行有深度的专题研究,无论是学院还是教师,都应该在所开设的相关课程中体现出对学术界与实务界共同关注的前沿问题的关注。其三,安排司法实务训练课程,将之前的理论知识学习,转化为对司法实务的具体操作。除了专门安排实践训练外,在类似模拟案例、案例研讨等与实践相关的课程中对学生的实务能力进行充分的训练。其四,在毕业论文的撰写中,除了体现一定的理论积累外,更应该表现出一定的发现问题和分析解决问题的能力,特别是收集、归纳、处理分析实证资料的能力。作为部门法学科,即便是学术型硕士研究生也不提倡完全研究形而上学的东西,关注实务,立足实务,发现问题,并进而用专业知识圆满地回答才是应有之义。

四、在实践能力培养方面有效衔接政策供给与研究生内在需求之间的关系

研究生社会实践能力的培养主要涉及高校、政府、用人单位、研究生四个主体,是一个复杂的系统工程,强调四方主体的共同参与、共同管理和共同受益。强化对硕士研究生的实践能力培养,不仅是用人单位对硕士研究生的客观要求,也是国家教育主管部门设立研究生教育实践性政策制度的根本动因,同时也是高校研究生培养的最终目标和在校法科硕士研究生的内在需求,因为只有

符合用人单位的要求才能高质量地就业。然而，就是这样一个符合四方共同需求的工程却因为种种具体制度的衔接不畅，最终使目标未达预期。首先，从主管部门的政策层面上讲，有教育部、中宣部等七部委联合发布《关于进一步加强高校实践育人工作的若干意见》，教育部、中央政法委共同签发《关于实施卓越法律人才教育培养计划的若干意见》等指导性文件。其次，从具体制度设置上讲，各地各校纷纷设立了卓越法律人才教育培养基地、大学生校外实践教育基地、实验教学示范中心等一系列旨在促进或强化在校大学生实践能力培养的基地。广大实践基地的依托单位也以“签约”“共建”等形式与途径予以高度的关注与配合。可以说，无论从政策宣传推行的强度，还是资金支持的力度，都达到了前所未有的高度。然而，这种来自教育主管部门和高校的热情却遭遇了服务对象（在校研究生）的冷遇。原因主要有四个方面：一是法科实践教育活动与政法系统职业供职之间严重不匹配，日趋严峻的就业压力致使研究生们很难去认真投入社会实践。二是高校实践教学方案设计和实际运行效果与研究生对实践活动和实践能力培养的预期存在差距，致使相当部分在校研究生选择“挂名”实践或干脆放弃实践。三是在授课结束后，研究生大多忙于找工作、写毕业论文，对于学校预设的实习期，由于没有相应的硬性规定与适当的组织，真正付诸实施的学生不多。四是实践单位和学校对于学生实习实践活动的监督乏力，实践考核流于形式，实践教学评价体系对于学生实践创新能力培养没有太大的甄别度，“实践与否一个样”让在校研究生失去了参与实践的积极性和主动性。

综上，建议在政府层面，国家应设置法律职业的准入门槛，改变一考定全局的评价方式，通过改进法律职业资格考试的运行模式，增加实践能力考核环节，或者增加对毕业研究生的法律实践经历和职业能力考核的环节，使法律实践能力考核成为通过法律职业资格考试，或进入法律职业共同体的必要条件。同时，制定并完善社会实践激励考核制度。定期对研究生社会实践活动进行检查、督促、总结和表彰，保证研究生在校学习期间的社会实践能与正常的教学、科研充分结合，进而形成稳定的运行机制[8]。这样不仅有助于调动在校研究

---

〔8〕 陈大勇、冯佳文、裴光术等：《研究生社会实践能力培养机制的构建》，载《重庆大学学报（社科版）》2013 年第 6 期。

生参加实践活动的主动性，也有利于推动高等学校和法律实务部门之间的联合培养机制的真正形成，减少和降低国家司法机关对于政法队伍新成员的培训、培养时间和成本投入。[9]

〔9〕 孟庆瑜：《地方高校法学专业研究生教育亟须解决的几个问题》，载《法治研究》2014 年第 5 期。

中国法学研究生教学创新思考

郑显芳*

【摘　要】法学研究生教育要培养学生独立研究法学理论问题和实务问题的能力,教学目的为培养学生创新能力和实践能力等,但目前我国法学研究生教学中存在教学方法单一、教学内容枯燥、教学模式单调、教师法律实务工作经验不足等问题,为此,根据笔者自身研究生教学经验,总结提出了创新解决法学研究生教学中存在问题以实现教学目的的各种创新措施。

【关键词】法学研究生;教学目的;教学方法;教学模式;创新

研究生教学,尤其是法学等社会科学领域学科的研究生教学,多数采取的是课堂教学模式和教师讲授法。但是课堂教学模式的教学环境单一有限,教学参与人仅有教师和学生,难以最有效地实现研究生教学目的;而教师讲授法主要是教师在阐述自己对某个问题的研究和看法,得出的是教师的研究结论、心得体会,难以调动学生的学习积极性和主动性,难以培养学生分析研究问题、解决问题及撰写论文等能力。中国的学生从幼儿园开始接触的几乎都是单一的课堂教育模式,课堂教学中,学生记笔记,考试前学生背笔记,法学研究生教学如此,肯定难以培养出真正具有创造性的社会所需要的高层次法律人才。为此,法学研究生教学改革创新势在必行。为此,本文在解析我国法学研究生教育中存在的问题的基础上,根据笔者从事法学研究生教育总结出的各方面经

---

* 郑显芳,西南民族大学法学院副教授。

验,提出了法学研究生教育相应的创新措施,以供各方参考。

一、法学研究生的教学目的

伴随着科学技术的发展,新知识、新理论、新技术不断出现,社会需要多样化、高层次的专门人才。[1] 基于法律人的职业需求,以下法学研究生的教学目的没有大的变化。

(一)培养对法学学科门类下的各专业的基础理论研究更为精深的法律人[2]

正式成为法学研究生之前,学生已经具有一定的法学专业知识。中国的硕士学位教育是独立的培养阶段,学制较长(一般为 3 年),要求较高的学术水平。[3] 通过研究生教育,培养学生成为综合素养高、实务知识和能力丰富的法律人,使学生能更深入地掌握法学某个专业领域(如诉讼法、民商法、刑法等)的基础理论和这个领域方面更宽广的专业知识,具有良好的法律素养,从而提高学生未来利用法律知识分析问题、解决问题的能力。

(二)培养具有独立从事法学研究或独立承担法律工作能力的法律人[4]

研究生,顾名思义,从事研究工作的学生,研究对象可能是专业理论问题,也可能是实务工作中发生的各种问题。高层次的法律人才当然能独立从事法学理论研究,能独立分析解决法律问题,因此培养学生独立分析研究问题的能力和独立承担实务工作的能力应当说是法科研究生最重要的一个教学目标。通过研究生教育,学生要通过自己独立思考,形成自己独有的问题研究思路和方法,最终利用自己的专业知识寻找到理论真相,并能有效获得解决实务问题的创新路径和方法。

(三)培养具有创造力和实务工作能力的法律人

法律作为社会科学,作为解决社会矛盾的基本准则,其学习和研究应以现

---

〔1〕 涂春花、龙安华:《关于专业硕士研究生培养模式的探析》,载《老区建设》2013 年第 22 期。

〔2〕 参见"法学硕士—百度百科",载 https://baike. baidu. com/item/法学硕士/2788902? fr = aladdin,最后访问日期:2018 年 3 月 24 日。

〔3〕 参见中国学位与研究生教育发展年度报告课题组:《中国学位与研究生教育发展报告(1978 – 2003)》,高等教育出版社 2006 年版,第 17 页。

〔4〕 参见《教育部关于做好全日制硕士专业学位研究生培养工作的若干意见》关于"部分认识开展全日制硕士专业学位研究生教育的重要性"的内容。

实问题和社会实践为基础。例如,法律硕士专业学位教育的培养目标,是培养立法、司法、行政执法和法律服务以及各行业领域德才兼备的高层次的复合型、应用型法治人才,为此要求掌握中国特色社会主义理论体系,遵守宪法和法律,德法兼修,具有良好的政治素质和道德品质,遵循法律职业伦理和法律职业道德规范;全面掌握法学基本原理,特别是社会主义法学基本原理,具备各从事法律职业所要求的法律知识、法律术语、法律思维、法律方法和法律技能;自觉践行社会主义核心价值观,综合运用法律和其他专业知识,具有独立从事法务工作的能力;熟练掌握一门外语。[5] 高素质的法律人才应具有深厚的法学理论功底,同时还具有解决实际问题的能力,因此法学研究生教育中应注重理论性和应用性的结合,培养学生的创新思维,使学生能创造性地采取各种方法解决法律实务问题。

二、我国法学研究生教学中存在的主要问题

我国各大高校法学研究生教育一直都在寻求创新改革,以提高法学研究生教育的质量,但基于中国各层次教育模式限制,以下问题目前依然比较突出。

(一)教学方法单一,一般采取教师讲授法

我国法学研究生教师多数是在国内接受各层次教育之后走上高校教学工作岗位。中国学校教育主要采取课堂讲授法,因此法学教师接受教育时接触到的主要教学方法就是课堂讲授法,法学教师们走上教学岗位后也毫不例外地采取课堂讲授法。课堂讲授法虽然可以高效、有序、有计划地向学生传授系统的知识理论,但是这种教学方法往往以教师为主导,难以激发学生的学习主动性和积极性。学生主要靠被动学习,学习中除了被动听讲,少以主动参与教学活动,少以参与研究活动,这样是难以培养出有独立研究能力的法律人的,更别说培养合格的教学型人才,其结果将使中国法学研究生教育陷入怪圈而难以自拔,因为教师总是找不到更好的教学方法进行教学。

(二)教学内容枯燥,一般注重理论教学

法学是一门应用性非常强的学科,和实践联系最为紧密。但是高校法学教

---

〔5〕 参见《法律硕士专业学位研究生指导性培养方案》(适用于非法学专业毕业生)(学位办〔2017〕19号)附件一。

师多数从学校毕业后直接走上高校讲台,平常的工作内容主要是教学和科研,少有法律实践工作经历。法学教师基于培养法学研究生研究能力的需要,其课堂教学中往往会比较注重理论教学而忽略法律实务问题的教学,加上教师缺乏实务工作经验的话,不仅惧怕也难以进行有效的法律实务问题研究。由于法学研究生毕业后多数人从事的是实务工作而非理论研究工作,但学术取向的培养目标使得法学教师们上课主要给学生们讲法学理论,讲法学理论的研究方法和写作方法,这种冲突使得各方普遍要求缩短法学硕士研究生的学制,降低其学位论文的学术要求,甚至主张取消撰写硕士学位论文的要求,将法学硕士学位教育作为攻读法学博士学位的过渡阶段。[6] 由于研究生们普遍面临较大的未来工作压力,他们希望自己在研究生学习中能学到将来工作中可以用得上的一些分析问题、解决问题的方法、知识或经验,课堂上纯粹的理论教学可能让学生们产生这门课学无所用的尴尬。

(三)教学模式单调,主要采取课堂教学模式

尽管《法律硕士专业学位研究生指导性培养方案》要求加强教学与法律实务部门的联系,也要求聘请法律实务部门的专家参与法律硕士研究生的教学及培养工作,以弥补法学院在法律实践方面的缺陷,但往往难以贯彻落实。[7] 目前很多高校的法学院也在法院、检察院、仲裁机构、律师事务所或其他企事业单位设立了法学教育实践基地,但是基于高校课堂考评、教学秩序等要求,法学研究生教育的主要教学场地仍然是学校,教学模式仍然是课堂教师讲授,学生们少有法庭观摩课和法律实践课,教学中学生们和法律实务工作接触的概率非常低。如果教师能通过模拟法庭进行教学,实务部门聘请的导师偶尔能在学校给学生们做几次讲座,对学生们来说已经是最接近法律实务的教学模式了。

(四)法学教师普遍法律实务工作经验不足,教学中理论联系实际难

虽然所有研究生教师都具备教育部门规定的基本条件,但是不同的教师教育背景不同,语言表达能力和课堂驾驭能力不同,这些决定了不同法学教师的

---

〔6〕 参见中国学位与研究生教育发展年度报告课题组:《中国学位与研究生教育发展报告(1978 - 2003)》,高等教育出版社 2006 年版,第 185 页。

〔7〕 梁慧星:《中国法学教育与人才培养》,2008 年 3 月 1 日至 2 日日本早稻田大学召开的《全球化时代的法理论创造与研究者养成国际研讨会》的发言稿,载 http://www.iolaw.org.cn/showarticle.asp?id = 2402,最后访问日期:2018 年 3 月 23 日。

教学内容、教学模式、教学方法之间存在巨大差异。而且，民商法、诉讼法等热门法学学科研究的人多，教师理论水平较高，但是法理学、国际法学等学科因为国内比较有见地的研究成果比国外少很多，因此难以培养出有超高法学理论水平的教师。目前，大部分法学研究生教师缺乏法律实务工作经验，这些缺乏实务工作经验的教师也难以在法学理论研究中提出针对法律实务的真实问题，教师也难以在教学中很好地将理论和实务联系起来进行教学。

三、解决法学研究生教学问题的创新措施建议

针对上述法学研究生教学中存在的主要问题，笔者结合自身在法学研究生教学中的创新工作经验，提出以下改进措施建议，供研究生教育工作者参考。

（一）创新教学方法，激发学生的学习主动性和积极性

1. 学习其他高校研究生让学生参与教学活动的先进经验。

为了创新教学方法，防止近亲繁殖，鼓励教师到其他高水平的高校或国外高校访学，学习他们先进的研究生教学方法。参考国外和高水平高校的研究生教育实际，要激发学生们的学习主动性和积极性，必须在教师课堂讲授教学方法基础上，探索学生可以全程参与教学活动的教学方法。即教师要始终思考如何让学生在参与教学的同时又能完成教学任务，在实现教学目的的同时，提升学生研究问题、解决问题的能力。

2. 根据教学内容在教学中采取案例分析法、研讨法等不同的教学方法。

无论是案例分析还是研讨会，学生都可以直接参与其中表达自己对相关问题的观点和意见。虽然这些教学方法可能仍然只能在课堂上进行，但是学生却可以从中学到不同的事需要采取不同的方法解决。

（二）创新教学内容，将培养学生研究能力等要求直接贯彻在教学内容中

1. 将老师要讲授的各知识点专题全部让学生先研究写成小论文。

为了让学生参与到整个教学活动中，笔者每学期开学前都会将自己所教科目需要研究的热点问题整理出来，让学生每周针对热点问题自拟题目写小论文，论文字数不少于3000字，引注不少于8个（8篇不同的文章或专著），论文结构和注释的格式让学生参考研究生毕业论文要求。

2. 教师评议学生的小论文。

为了提高学生的研究能力和撰写论文的能力，笔者上每次课时，都会用一

定的课堂时间评议学生小论文的论文范式、选题、论文逻辑层次和架构、论文研究思路和研究方法、论文表述方式等，指出学生研究中和论文写作中存在的优点和问题。通常一学期下来每个学生的论文会被点评3～4次。这样的训练，让学生不仅对自己所研究的问题有非常深入的了解，而且到学期末时基本能掌握论文的选题方法、论文写作范式、研究思路和方法等。

3. 学生课堂上分享自己的小论文。

为了提高学生语言表达能力和展示自己思想、观点的能力，每次在笔者点评学生小论文之后，笔者都会要求学生轮流走上讲台在规定的时间内（一般10～15分钟）阐述自己小论文的研究成果。为了帮助学生展示分享自己研究的观点，笔者要求每个学生课前都必须针对自己的小论文制作PPT或其他辅助讲解文件，以便通过PPT等简单明了地表达自己的主要研究思路和观点。学生讲解自己的论文后，老师会对每位同学论文的研究方法、思路、讲解论文的方法、语言、仪态等进行评议，帮助学生改进。同时老师评议时会将学生小论文所涉及专题没有讲透或没有讲到的内容做进一步分析讲解，让学生全面理解这个专题相关专业知识，同时理解法学问题研究的深度和广度；老师评议时还要纠正学生研究或讲解中存在的错误观点或者老师不赞同的观点，并阐述错误或不赞同的理由。教学完成后，学生不仅练成了当众陈述自己思想的胆量和语言表达能力，而且掌握了PPT制作技巧。

4. 随时跟进分析社会新发生的热点案例。

在网络飞速发展的今天，信息传递速度很快，很多社会新发生的案件会快速引起社会各界的广泛谈论。为了提高学生分析解决实务问题的能力，当社会上有热点案件发生后，尤其是与所教授法学学科相关的案例发生后的第一时间，笔者会和学生一起研究相关案例和社会各方观点，让学生去查阅该案件的相关事实及其所涉及的法律规定，在课堂上大家分享各自对这个案件的观点和看法，之后大家相互评议。当然，为了防止引起不必要的麻烦和纠纷，笔者会提醒学生不能将课堂上大家对案件的讨论结果传播到网络上。

（三）创新教学模式，多途径教学培养学生能力

1. 鼓励学生走出课堂去学习，拓展自己的眼界和视野。

为了拓展学生的视野和眼界，增加学生对法学理论与法律工作实务相结合处理问题的体验，教学中笔者会利用自己掌握的一切信息，让学生参加各种学

会研讨会,听取资深法官、有丰富办案经验的律师的讲座,甚至组织研究生到自己开庭的法庭现场观摩。

2. 让学生参与到法律实务工作中去学习和体验,提升解决实务问题的能力。

由于笔者在律师事务所做兼职律师,因此笔者将所在律师事务所与学校对接,使律师事务所成为学生实习基地之一,这对愿意到律师事务所见习或实习的研究生提供了很多便利。为提升学生解决实务问题的能力,笔者还指导实习的学生直接处理一些小型案件。

3. 创新课堂教学模式,让学生参与教学。

课堂教学不再采取单一的教师讲授法,而是通过模拟法庭案例分析、课堂小组讨论等方式,使学生完全积极主动参与整个教学活动。当然,这需要教师提前准备好与本学科有关的案例,提前让学生分组分析研究准备,收集证据资料,整理代理意见,审核通过才可能在模拟法庭、课堂讨论中取得比较好的教学效果。

(四)丰富教师法律实务工作经验和体验

如果教师的经历就是简单的学校读书、学校教书、理论研究,没有任何实务工作经验,这样的教师难以教出合格的具有法律思维的能有效解决法律实务问题的高层次法律人才。为此,丰富和提高法学研究生教师的法律实务工作经验和体验就显得至关重要。

1. 鼓励法学教师在教学之余参与一定的法律实务工作。

法学教师若只是偶尔去做代理律师处理一些案件,可能存在开拓案源困难的问题,但是现在,各个法律援助中心的各类案件非常多,因此可以促进法学院与各级法律援助中心形成紧密合作关系,取得律师执业证的法学教师可以代理处理法律援助中心的案件。这样,一方面可以缓解法律援助中心律师不足的问题;另一方面法学教师可以从案件处理中获取实务工作经验,发现法学研究中真正需要研究解决的理论问题或现实问题,为法学教师教学和科研提供第一手素材。

2. 鼓励法学教师到合作的实务部门挂职锻炼。

现在,多数法学院与法院、检察院建立战略合作之后,法院、检察院都期望法学院教师们能去挂职。法学教师挂职锻炼,一方面可以帮助提升挂职单位的理论研究水平；另一方面可以帮助法学教师了解我国司法现状，了解法院、检察院处理案件的思路和方法，分析司法实务中案件的焦点问题是否是法学研究中待研究的问题，从而在丰富自己法律实务工作经验的同时，提高自己理论研究水平及密切理论和实务之间的联系。

3. 鼓励法学教师担任各类法律类社会职务。

现在，司法领域需要具有较高法律素养的公民担任法院特邀调解员、人民调解员、仲裁员、人民陪审员等法律类社会职务，法学教师积极参与担任这些社会职务，并积极承担相关社会职务的工作，不仅可以丰富自己的法律实务工作经验，而且可以促进教师注重研究实践问题的意识和能力。

四、结语

我国法学研究生教学虽然存在这样或那样的问题，但只要高校和教师一直存在改革意识，存在创新观念，从学生未来工作实际需要出发设置教学模式，从提高学生法律综合素养能力和法律专业知识水平出发确定教学方法，教学中注重理论性与应用性内容的有机结合，注重培养学生研究实践问题的意识和能力，我国法学研究生教育一定能更快地创新发展，培养出更多适应社会需求的高层次法律人才。

论现代科技背景下法律专业硕士的培养

张　耀*

【摘　要】我国部分高校的法律硕士人才培养偏离了设立法律硕士专业学位的初衷与目标，存在培养模式与法学硕士趋同、泛本科化情况严重以及未能将本科专业知识转化成培养复合型法律人才的优势条件等不适应现代科技与市场经济发展需求的诸多问题。探寻现代科技条件下法律硕士改革空间与路径，必须深入了解市场需求，更新法律硕士教育理念，围绕复合型、实务型人才培养目标进一步优化课程体系建设，着力实现复合型法律人才培养目标。

【关键词】法律硕士；现代科技；人才培养；改革路径

我国法律硕士专业学位的设立（Juris Master，JM、法律硕士）立足于培养复合型、实务型的高层次法律专业人才与管理人才，是创新法学教育人才培养体制的重要措施。法律硕士教育的目标是培养以"实践为导向""具有明显法律职业背景"以及"具备复合型知识和职业素养的专业人才"。[1] 这是现代科学技术迅猛发展对我国法律人才培养提出的现实要求与挑战。要使我国法律硕士的培养适应现代科学技术发展的需要，我们有必要回顾我国法律硕士培养的情况，总结其中的经验和教训，并提出相应的改进措施。

---

* 张耀，西南交通大学公共管理与政法学院硕士研究生。

〔1〕参见霍宪丹：《法律教育：从社会人到法律人到中国实践》，中国政法大学出版社 2010 年版，第 171 页。

一、美好的初衷与尴尬的现状——法律硕士培养现状检讨

20世纪90年代中期,我国开始设立法律硕士专业学位,以适应我国现代化建设与改革开放对复合型、实务型高层次法律人才的迫切需求。近年来,虽然我国法律硕士人才培养规模日益扩大,但是相当一部分高校的法律硕士的培养质量与发展现状却不容乐观。

(一)设置JM专业硕士学位的初衷

改革开放以来,我国市场经济快速发展,特别是在第三次科技革命的推动下,人工智能、医药科技等大量高新技术产业雨后春笋般出现在社会生活之中。科学技术的变革在创造市场经济繁荣的同时潜藏着亟须解决且日益复杂的市场经济关系,这在客观上对我国立法、司法、执法以及法律服务等方面提出了新的要求。在改革开放过程中,我国高新技术领域的新型法律关系如知识产权与环境资源保护、食品安全与网络空间监管等不断增加,同时,法律规范与服务的对象复杂化趋势明显,例如金融刑法、国际经济贸易规则与纠纷解决机制的涉外法律等,这在客观上要求我国法学教育培养出具有跨专业学科知识的复合型、应用型法律专业人士。法学教育是职业教育,法律硕士人才培养理应坚持市场导向,回应社会需求,但是,我们过去培养的法学研究生基本上都是"纯法学"的人才,极少有理工科背景。他们往往只懂法律,而不懂自然科学知识,一旦遇到某些技术性较强的法律事务,就往往力不从心,难以胜任。这种情况极不适应我国经济、科技发展的情势和进一步深化改革,对外开放的需要。

为了改变这种尴尬境地,造就一批既懂科学、金融、外语等专业技术领域,又懂法律的复合型、高层次的法律专业人才和管理人才的议题遂被提上法学教育改革议程。1995年4月,国务院学位委员会第13次会议通过了《关于设置法律专业硕士学位的报告》(以下简称《报告》)。《报告》指出:法律专业硕士学位的设立是"为了适应我国现代化建设和改革开放,特别是建立社会主义市场经济体制的需要,进一步改变法律高层次人才培养规格比较单一的状况"。《报告》将法律专业硕士学位定位为具有"宽口径、复合型、外向型的知识与能力结构,能够综合运用法律、经济、科技、外语和计算机等方面的知识,独立地从事法律实务工作",具有特定法律职业背景的人才。培养的目的主要是要面向立法、司法、律师、公证、审判、检察、监察及经济管理、金融、行政执法与监督等部门、

行业,满足这些部门的需求。1999年与2006年,全国法律硕士专业学位教育指导委员会先后两次修订《法律硕士专业学位研究生指导性培养方案》,进一步明确法律硕士的培养是要满足科技革命急速发展对具有特殊职业背景的法律高层次人才的需要。2011年12月,教育部、中央政法委员会在《关于实施卓越法律人才教育培养计划的若干意见》中提出应用型、复合型法律职业人才培养要"适应多样化法律职业要求,坚持厚基础、宽口径,强化学生法律实务技能培养,提高学生运用法学与其他学科知识方法解决实际法律问题的能力"。

(二)我国法律硕士的培养现状

自1996年设立法律硕士专业学位以来,无论是招生院校数量还是招生人数规模都呈现不断扩大的趋势。从学位授权点而言,"截至2014年,国务院学位委员会办公室共组织了11次授权审批工作,设置法律硕士授权点共计186个;此后教育部实施学位授权改革方案,对学位授权点进行动态调整和评估工作,学位授权点数量逐年有增有减,截至2016年9月统计,目前全国共有法律硕士学位授权点201个"。[2] 从招生规模来看,"20年来,法律硕士专业学位研究生教育规模不断扩大,共培养法律硕士专业学位研究生12.6万人"。[3] 我国法律硕士人才培养规模不断扩大,为我国法治工作建设与多元化经济社会纠纷的解决作出了重要贡献。然而,在法律硕士培养过程中也出现了一些问题。

一是法律硕士人才质量不高,社会对法律硕士的认同感不强。法律硕士大都没有接受过系统的法学教育,仅仅凭借研究生3年有限的"速成式"学习,无论是对法学理论的理解还是对部门法知识的掌握,与法学硕士甚至是某些优秀的法学本科毕业生相比,法律硕士往往都相形见绌。长期以来,社会普遍认为法律硕士教育无异于重复法学本科教育的教学模式与教学内容,其中本科法学科班出身的法律硕士(即法本法硕)的科研能力不及法学硕士研究生,而本科非法学专业出身的法律硕士(非法本法硕)的实践技能又不如法学本科毕业生,特

[2] 参见法律专业学位研究生教育指导委员会:《全国法律硕士培养单位名单》,载全国法律专业学位研究生教育指导委员会网站(截至2016年9月统计):http://www.china-jm.org/article/default.asp? id=626,最后访问日期:2017年11月12日。

[3] 参见中华人民共和国教育部网站:《第九届法律硕士教育论坛暨全国法律专业学位研究生教育20周年纪念大会在京召开》,载中华人民共和国教育部网站:http://www.moe.edu.cn/jyb_xwfb/gzdt_gzdt/moe_1485/201601/t20160113_227790.html,最后访问日期:2017年11月12日。

别是对非法本法硕的偏见更甚。因而,无论是在学术研究还是在实务部门的人才选择上,法学硕士更易受到社会的青睐,法律硕士往往成为了法律岗位的“替补”人员。不难发现,社会对法律硕士的普遍性看法折射出我国法律硕士人才培养缺乏针对性与特色化教育,法律硕士缺乏公信力与核心竞争力。

二是法律硕士研究生本身对法律硕士人才培养现状满意度不高。大部分法律硕士都是跨专业报考至法律专业,一方面,对法律专业的学科性质、学习方法有所不适;另一方面,认为当前我国法律硕士的教学目标、教学模式、课程设置等差强人意。有学者对北京人民大学、中国政法大学、中央财经大学等北京9所高校的法律硕士培养状况进行了实证调查,受访的210名法律硕士在回答“对目前法律硕士(法学)培养的现状是否满意”时,有7人选择“非常满意”,占总人数的3.3%;有36人选择“较为满意”,占总人数的17.1%;有97人选择“一般”,占总人数的46.2%;有70人选择“不满意”,占总人数的33.4%。[4]如图8-1所示:

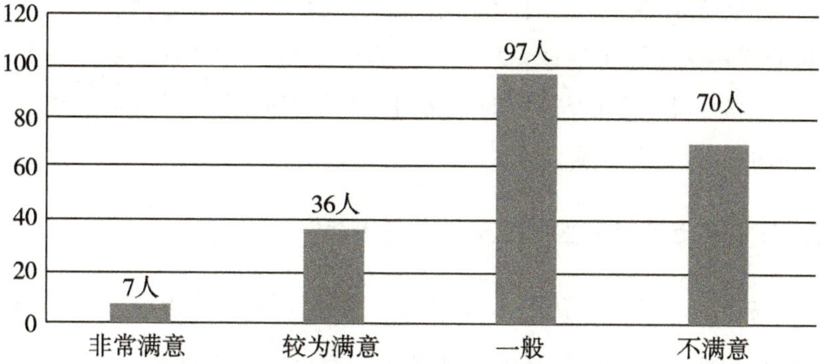

图8-1　法律硕士(法学)培养现状的满意度调查

法律硕士对我国法律硕士教育现状的评价不高,映射出他们对我国法律硕士培养体制的不满。而其后所隐藏的是他们对自己未来就业的深深忧虑。

三是法律硕士人才培养模式与学术型研究生趋同。法学硕士是学术型专业,属于普通硕士教育,主要培养以教学和科研人才为主;法律硕士是专业型硕士,属于专业学位教育的范畴,更注重对复合型、应用型人才的培养。法学硕士

〔4〕 参见徐胜萍、田海鑫:《法律硕士(法学)培养现的现状与思考——基于对北京9所高校问卷调查的分析》,载《学位与研究生教育》2014年第12期。

与法律硕士的目标定位与教学模式各有侧重，然而，一方面大多数高校的法律硕士教育却在培养方案、课程设置、教学计划、实务技能培养等方面与法学硕士相差无几；另一方面由于部分院校的法律硕士与法学硕士在师资配置方面基本相同，虽然将两者区分为专题教学与部门法教学，但教师往往在授课内容、教学进度、教学计划等方面未做细致区分，或者仅仅降低对法律硕士的教学水平，因而造成法律硕士与法学硕士培养模式大同小异，但法律硕士的培养质量却远远不及法学硕士。

我国设立法律专业硕士学位之初衷在于培养适应现代化建设与改革开放的高层次实务型、复合型法律专业人才。客观来讲，我国法律硕士专业学位的初衷是合理与美好的，其设立的目标也顺应了改革开放与法治建设的需要，自设立后的20多年中确实也培养了许多优秀的法律人才。然而，从人才培养模式、质量与社会评价等培养现状的实际效应来看，我国设立法律硕士专业学位的初衷与目的并未很好地实现。法律硕士人才培养尚不能满足现代经济科技社会对具有特定学科背景与行业能力的高层次复合型、实务型法律人才的强烈需求，从而使得法律硕士专业学位成为了半生不熟的“夹生饭”——一方面法律硕士疏于本科专业知识的巩固与拓展，另一方面又造成其对法律知识一知半解的尴尬局面。

二、法律硕士的培养为什么煮了“夹生饭”

我国设立法律硕士的初衷与我国经济科技发展与社会法制建设需求高度契合，然而，为什么我们最初设立法律硕士的美好愿望未能达成，以至于在法律硕士培养的路上陷入了一种尴尬的境地？我们不得不去探明其中的原因。考察近年来我国法律硕士的培养情况，其原因大致有以下几点。

（一）复合型法律硕士人才培养理念滞后

教育理念是教育主体在教学实践及教育思维活动中形成的对“教育应然”的理性认识和主观要求，法学人才培养理念是对法学教育的功能、价值、目标、使命的应然性研究。当前，我国法学教育在教学理念上对法学教育是素质教育还是职业教育尚有分歧，在教学模式上尚未摆脱传统经院式教学的束缚，“在人才培养机制上依赖以计划经济体制为基础、以学科专业教育管理为目标的传统路径”,[5]这在一定程度上都对法律硕士人才培养理念产生了不利的影响。

法学教育的价值在于主动适应和满足社会需要的程度。随着科学技术与市场经济的飞速发展,日益复杂的社会法律关系对具有特定职业背景或学科知识的专业法律人才需求愈加迫切。然而,部分高校却未能转换对法律硕士的人才培养理念,尚未意识到经济科技发展对法律人才的知识结构、法律素养提出的新的要求和挑战。在教学方法上依然是以法学理论教学为主,在人才培养目标上对法律硕士职业教育的定位并不明晰,在人才培养机制上缺乏法律实务部门的有机参与。此外,部分院校在人才培养理念上缺乏对法律硕士复合型、应用型能力的培养,法律硕士的就业指向依然主要集中于司法工作系统的人员,法律硕士教育的模式、内容方法等大都按照公、检、法、司等部门的需要来设计培养,致使法律硕士教育与法律职业脱节,法律硕士人才培养与社会市场人才需求不符。因而,要实现设立法律硕士的初衷,法律硕士人才培养理念亟须更新,市场人才需求方向也需切实把握。

（二）法律硕士人才培养“泛本科化”

法律硕士的培养几乎是重复本科教学,呈现出“泛本科化”教学,致使复合型、实务型高层次法律专业人才培养继续饱受法学本科教学之诟病。一是课程设置缺乏创新。非法本法硕没有接受系统的法学教育,法律思维意识薄弱、法学基础知识相对贫乏,因而《法律硕士专业学位研究生指导性培养方案》(2006年版)在课程设置中列明的12门必修课程中有10门课程属于法学核心课程,加之从8门推荐选修课程中至少需要选择6门法学课程,因而仅法律硕士所需修习的必修课程与选修课程就已经涵盖了法学本科的15门核心课程。[6] 即使是在本科阶段经受过法学教育的法本法硕,其课程形式也仅仅是以专题的形式

---

〔5〕 参见张渝:《论我国法学教育模式的理念回归及创新机制改进》,载《江西社会科学》2013年第2期。

〔6〕 法学本科16门核心课程包括:法理学、中国法制史、宪法、行政法与行政诉讼法、刑法、刑事诉讼法、民法、民事诉讼法、经济法、商法、知识产权法、国际法、国际私法、国际经济法、环境资源法、劳动与社会保障法。在16门核心课程中,除商法、国际私法、国际经济法、环境资源法、劳动与社会保障法、知识产权法6门课程外,其他课程均为法律硕士必修课程。而在上述排除于法律硕士必修课程之外的6门核心课程中,除劳动与社会保障法外的其他5门课程均包含在推荐选修课程内。

呈现，与非法本法硕课程设计并未有实质区分。法律硕士教学课程的高度一致性与本科式教学的如出一辙，大部分法学院校在课程设置上并没有航空科技法、税务法、国际商务法、工程法、交通法、医事法、大数据司法等市场需求较为强烈的新兴学科，而是禁锢于传统法学课程，致使法律硕士陷入法学本科教学的桎梏，无法发挥其本科专业背景知识并使之与法学教育相结合，堵塞了法律学科与其他学科互通互融以培养复合型法律专业人才的渠道。此外，法学本科式教学中诸如重理论轻实践以及“填鸭式”教学等诟病在法律硕士教学中亦难免重蹈覆辙。

二是教材的针对性不强、课程指向性不明。法律硕士是为了培养复合型、实务型人才，而法律硕士用于课堂教学的法学教材既没有统一的标准，又缺乏培养复合型、实务型的人才的专业教材读本。教材的选择往往是由授课教师推荐，造成法律硕士对法学知识的掌握五花八门，更为严重的是仅注重法律知识的传授，忽视了培养复合型、实务型法律硕士专业人才的针对性。标准性、指导性教材的缺失赋予了教师在课堂教学中极大的教学目标倾向选择权。有的教师着重于实务指导，在教学中更易于倾向于法律实务技能与实战经验的传授；有的教师青睐于学术研究，在法律硕士教学中往往强调理论知识与学术写作上的指导；有的教师在课堂教学中试图将理论知识与实务技能相互调和，力求在两者之间达到平衡。在课程教学目标上的分野致使法律硕士课程教学缺乏明确的指向性，由此，法律硕士的人才质量也参差不齐。

（三）法律硕士本科专业知识与法律硕士培养计划、课程设置严重脱节

法律硕士在本科阶段的专业背景知识与硕士阶段的法律专业学习存在严重脱节，在法律硕士培养计划和课程设置方面未能将本科专业背景知识与复合型法律人才培养相结合。以笔者所在西南交通大学公共管理与政法学院 2016 级法律硕士（非法学）人才培养方案为例，（见表 8－1）不难看出，一方面，我校为法律硕士开设的课程与研究方向依然专注于传统法学课程建设，而涉及现代科技与市场经济发展的新型法律交叉学科数量较为匮乏，与法律硕士（非法学）本科所学的理工科专业相关的跨学科课程几乎没有，学生依据本科专业背景制定培养计划的选择面狭小；另一方面，囿于学分与学制限制，在不考虑选修导师课程的情况下，法律硕士在专业选修课中可以自由选择的课程只有四五门课程。法律硕士培养计划、课程设置与其本科专业知识不相衔接，不能充分发挥

法律硕士的本科知识，在一定程度上也不能满足现代科技背景下市场对复合型法律人才的需求。

表8-1　西南交通大学2016级法律硕士（非法学）培养方案课程设置

公共课：5学分	研究生基础英语应用、研究生学术英语视听说、俄语、日语、研究生学术英语读写译、研究生高级英语应用、德语、法语、中国特色社会主义理论与实践研究
专业基础课：20学分	宪法学、民法学、刑法学、民事诉讼法、国家法、经济法、法理学、中国法制史、行政法
专业选修课：大于10学分	证据法研究、证据法学、比较民事诉讼法、国际投资法专题、商法学、知识产权法学、刑事侦查学、国际人权法研究、劳动法学、环境法学、国际贸易法专题、比较刑事诉讼法、合同法、企业法律顾问理论与实务、市场监管法研究、婚姻家庭继承法、国际私法学、刑事诉讼法、建筑法、知识产权理论与实务、法理学研究与前沿、法律职业理论与实务、TRIPS协议专题、建筑法于房地产法研究、立法学、外国法制史、仲裁法、宏观调控法律制度研究、交通运输法、行政诉讼法、律师与公证、诉讼法前沿、政府法律顾问理论与实务、国际经济法学、部门法哲学专题、国际私法研究、犯罪学、公司法、中外法律思想专题
实践课：16学分	法律谈判、模拟法庭训练、法律职业规范与伦理、实务实习（含专题讲座）、法律文书
学位论文	5学分

注：法律硕士专业共开设了法务、政务、商务、知识产权四个研究方向；特色课程与研究方向课程均不低于2学分；总学分不低于57学分。

（四）师资队伍不能充分满足"复合型"法律人才培养的要求

法律硕士的师资队伍缺乏掌握跨学科专业知识的教师，传统师资条件不能满足市场经济条件下社会对复合型专业法律人才的培养要求。现代科技技术发展对法学教师的教学要求也提出了新的挑战，但是在我们的法律硕士教育中，懂科技、管理、金融等跨学科专业知识的法律教师人数甚少，而部分教师固守传统法律教学模式，缺乏对法律前沿领域与法学交叉学科知识的认知与把握，只懂部门法知识，既不懂，也不愿了解学习相关跨学科的知识，以至于讲金融法的不了解金融的运行，讲证券法的不知道票据的实务操作，讲信息安全法的不懂现代网络技术，因而无法指导专业硕士研究生去探索发现、解决伴随经济、科技的发展出现的新的法律问题，无法实现复合型法律人才的培养目标。

法律硕士教育中的"双导师"教学情况亦不容乐观，实践教学人员结构严重失调。“实行双导师制的根本宗旨是解决法律硕士培养目标与培养单位师资力量不相适应的矛盾，让校外导师参与到实践项目、实践课程教学、论文写作等环节，加强对法律硕士的实践指导工作”。[7]然而，受制于诸多原因我国法律硕士依然倾向于经院式教学，人才培养目标依然以传统的司法系统工作人员为导向，因此法律硕士校外导师的知识结构与运作方式并不能满足现代经济科技市场对复合型法律人才培养的需求。首先，聘请的校外导师专业结构较为单一。大部分校外导师都来源于法院、检察院等传统的司法系统；实践必修课程的授课教师几乎由本校的兼职律师职业的法学教师所覆盖；而聘请科技经济领域的企业法务人员成为校外导师的情况极少。校外导师专业结构的单一化致使其对新型科技发展与市场需求所知较少，不利于复合型法律硕士人才的教学培养。其次，法官、检察官等一线司法人员本身面临着案多人少的巨大工作负荷，律师也存在执业与生存的强大现实压力，致使其难以保证投入足够的时间与精力参与到法律硕士实践教学环节。此外，部分高校法学院在聘请校外导师时人情化、官僚化情况明显，“所聘请的校外导师只是挂名，并不实际参与实际教学活动，有的院校的校内导师和校外导师的职责范围、发挥作用的途径和方式等并不明确”[8]，致使“双导师”制名存实亡。

三、法律硕士的培养：改进空间与路径

在全国法律专业学位研究生教育指导委员会会议暨第九届法律硕士教育论坛上，教育部副部长杜占元指出：要深化法律硕士专业学位综合改革，创新培养机制，服务依法治国战略，坚持需求导向，注重法律实践，为建设社会主义法治国家培养人才。因而，在现代科技迅猛发展的时代背景下，法律硕士人才培养改革路径可以主要从以下方面着手。

（一）深入了解市场需求，合理优化课程设置更新“复合型”法律硕士教育理念

法律硕士教育要充分发挥市场在资源配置中的决定作用，以市场为导向培

---

〔7〕 黄振中：《“双导师制”在法律硕士教学与培养中的完善与推广》，载《中国大学教学》2012 年第 2 期。

〔8〕 王利明：《我国法律专业学位研究生教育的发展与改革》，载《中国大学教育》2015 年第 1 期。

养适应法治建设与科技经济发展需求的优质复合型法律人才。“高等教育作为社会发展的必然产物，与现代科技的变革与发展密切相关，这在客观上要求高等教育必须不断丰富与发展以适应科技发展的需求，以此促进自身的发展和进步。”[9]法律是一门经世致用之学，法学教育的根本出发点是为社会提供所需的法律职业人才，这既是法律作为上层建筑调整与服务社会市场经济科技发展的客观要求，也是法学教育适应社会职业分工专业化与实现自身使命的必然化。法律硕士教育作为我国法学教育多样性的重要表现形式，无论是从其设立初衷还是教育目标而言，我国法律硕士人才培养都紧跟时代经济科技发展对复合型新型高素质法律人才的需求。在现代科技条件下，信息网络、医药科技、航空水利、涉外英语、电子商务、环保铁建等新兴科技领域方兴未艾。一方面国家亟须创制与完善相关的法律法规，将其纳入法律规制范围；另一方面市场经济的快速发展也对相关领域的法律服务具有迫切的现实需求，这两者都对既熟悉现代科技又精通法律知识的复合型、实务型高层次法律人才提出了现实要求与迫切需求。因而，具有法律硕士招生资格的高等院校必须深入了解现代科技背景下国家法治建设与市场经济发展对复合型、应用型高层次法律人才的职业需求。

深入了解市场对法律硕士人才培养需求，培养符合时代发展需要的新型法律人才还需要更新法律硕士人才培养理念。“科学的教育理念是能正确地反映教育的本质和时代的特征，科学地指明教育前进的方向。”[10]首先应该认识到法律硕士教育是为了满足市场经济科技发展对复合型、应用型法律人才需求的职业性教育，其教育宗旨不仅要传授与训练法律知识与思维方式，同时也要发挥法律硕士尤其是非法本法硕的本科专业知识，在社会与市场需求导向下培养既精通特定领域法律知识又知晓该行业领域专业知识的应用型、复合型高层次法律人才与管理人才。“教学方法总是围绕着一定的目的服务的，因此在所有制约教学方法选择的因素中，教学目标是教学方法选择的重要因素。”[11]在教

[9] 参见龚国芳、张海军：《从现代科学技术发展趋势看研究生教育改革的必要性》，载《清华大学教育研究》1998 年第 1 期。

[10] 王冀生：《现代大学的教育理念》，载《辽宁高等教育研究》1999 年第 1 期。

[11] 单晓华、韩涛：《卓越法律人才教育培养模式与实现路径》，知识产权出版社 2015 年版，第 63 页。

学方式上应扬弃经院式教学模式，充分发挥法律诊所、模拟法庭、案例教学等实践教学方式，采用混合式教学、积极教学法、生成式课堂等先进教学理念进一步推动复合型法律硕士人才培养。

（二）合理优化课程设置、构建新型法律硕士法律课程体系

法律硕士课程体系是教育宗旨与教学目标的直观表现和实现形式，直接影响个人培养方案的制定与教学内容的确定。因而，合理优化法律硕士课程设置是确保复合型、应用型法律人才培养质量的关键要素，同时也是法律硕士区分于学术型法学硕士人才培养的重要方式。当前我国法律硕士课程建设基本围绕司法部规定的16门核心课程开展教学活动，致使学科设置全而不专，没有关注到现代科技与市场经济发展对新型法律学科迫切的社会需求。

现代科技的发展要求法律教学的课程体系要作相应的调整以适应社会经济和科技的发展，然而，囿于现有课程、课时和师资知识结构的限制等诸多原因，我们所期盼的这种调整却一直难以实现。因而，法律硕士课程体系改革应该突破传统法学课程的桎梏，根据各个院校的办学条件、学科优势、师资状况等因素开设与其他专业相结合的复合型法律学科课程，例如基因法、航空科技法、网络空间法、环境保护法、水法等市场迫切需求的新型课程，"以面向职业、面向社会、面向未来为指导思想构建科学的课程体系"。[12] 同时对传统法学教材进行知识更新，更加注重对交叉学科领域的知识整合和新的法律规范、司法解释、理论学说等内容的吸纳，以适应科技社会发展与理论进步对法学教育的新要求。

（三）明确复合型人才培养目标，制定个性化培养方案

罗伊·斯塔基强调法学教育应当遵循的三项核心原则："第一，法学教育机构和法学教教师应当明晰学生应当学习什么；第二，法学教师应当尽可能选择既有效率又有成效的教学方法以实现其教育目标；第三，法学教育机构和法学教师应当评估自身教学成功的程度。"[13] 其中，"'法学教育机构和法学教教师应当明晰学生应当学习什么' 作为三大原则之首，在于其实质为'明确教学目

---

〔12〕 单晓华、韩涛：《卓越法律人才教育培养模式与实现路径》，知识产权出版社2015年版，第28页。

〔13〕 [美]罗伊·斯塔基等：《完善法学教育——发展方向与实现途径》，许身健等译，知识产权出版社2010年版，中文版序第1页。

标'，即应当明确要培养复合什么标准的法律人才"。[14] 设立法律硕士学位的初衷在于培养具有社会主义法治理念、德才兼备、高层次的复合型、实务型法律人才。我国法律硕士人才培养目标应当明确为高层次复合型、应用型法律专业人才与管理人才，而实现培养复合型人才教学目标的根本在于要在法律硕士研究生阶段将法律专业教育与其本科专业知识相衔接，充分发挥法律硕士在本科阶段的专业背景知识，进行分类规划、分类培养，着力打造复合型人才。

将法律硕士本科专业知识与法学教育相结合、制定个性化培养方案还必须考虑到法律硕士本科专业的多元化特点。由于法律硕士（非法学）的培养对象主要为具有非法学专业大学本科学历的学生，因而招收同一批次的法律硕士，其本科专业可能截然不同。然而，要求教育资源有限的一所高校为十几种甚至更多不同专业的法律硕士制定与其本科专业相符合的个性化培养方案显然是杯水车薪，不太现实。在面对"高校开设什么课程学生就学什么，还是学生愿意学什么课程高校就开设什么"这一问题时，笔者认为，就现代科技背景下的法律硕士教育而言，应该充分发挥法律需求市场在法律硕士教育供求方面的引导作用，逐步走向"市场需要什么高校就开设什么、学生就学习什么"的方向。"法律专业作为一种职业教育，必须主要考虑满足受教育者以及社会的需求，而非满足教育者（大学、教授）自身的期望，因此，法学教育必须主要考虑毕业生将来的人生和职业需求。"[15] 在培养方案的课程设计上，高校应该根据自身办学条件与优势专业，在把握现代科技背景中的法律市场职业需求，增设几种有教学优势的新型法律硕士研究方向，并围绕该研究方向设置配套的课程组，着力建设有特色的符合市场迫切需求新型法律硕士研究方向。

（四）鼓励机制创新，推进现代科技与法律硕士研究生培养体制改革的深度融合

首先，开展法律硕士人才培养共同体建设。法律硕士复合型法律人才培养应该积极探索与律所、司法部门、政府机构、企事业单位等实务部门建立长效的合作机制，共同确立教学目标、共同设计培养方案、共同开展教学工作、共同建立教学质量评价体系等共同计划、共同实施的人才培养模式以及建设覆盖面广

---

〔14〕 参见许身健：《卓越法律人才教育培养计划之反思与重塑》，载《交大法学》2016 年第 3 期。
〔15〕 葛云松：《法学教育的理想》，载《中外法学》2014 年第 2 期。

的常态化人才培养基地。其次,高等院校的政法学院还可以发挥本校其他学院其他专业的人才培养优势,实行跨学院合作教学,将法律硕士与本校其他市场需求强烈的现代科技相关专业课程进行联合教学。例如,部分院校开创的法律硕士专业整合培养模式,"在金融、医事、环境、能源等研究方向的招生通道中为本科具有上述专业背景的考生提供一站式对接,以此提升法律硕士研究生的专业契合度"。[16] 最后,政法院校还可以进一步设立开展与国内、海外院校单位的交流合作项目,实现师资互派、学位互授、优势互补的复合型法律硕士人才培养。

(五)进一步加强法律硕士师资力量

高素质的教师队伍是法律硕士教学质量的重要保障。法律硕士的培养对师资队伍的要求既不同于普通本科法学教学,又异于学术型法学硕士人才培养,而是既能够把握学科前沿动向,又对其他跨学科专业知识有所了解的复合型师资队伍。在现代科技、知识经济以及信息化飞速发展的时代,法律教师不能止步于传统法律知识的讲授,而应该顺应现代科技发展形势,主动地了解掌握对法律有迫切市场需求的其他专业领域知识。同时,提升法律硕士师资水平与质量还可以加强高校与实务部门、企业的横向联合和优势互补。此外,在毕业论文选题、撰写等学习过程中,硕士生导师应积极鼓励与引导法律硕士向其本科时的专业靠拢,发挥其本科专业知识优势。我们不能因为导师不具有相关本科专业知识而对其求全责备,但是至少应该为其所知道的法律硕士在学习和科研方面提供方法论和法学基本原理的指导,从而使法律硕士研究生在其研究生的学习阶段能够把法学和其原来的专业知识结合起来,而不至于使他们在研究生阶段的学习与其本科阶段的专业相背离,成为毫无关联的两张皮。否则他们对法学和自己原来的专业什么都知道那么一点,但什么都没有弄懂,更不要说将两者结合起来去解决社会经济、科技发展中出现的问题。

---

〔16〕 参见邓海峰、魏晶:《锻造"顶天立地"的精英型法律实务人才——清华大学全日制法律硕士研究生教育综合改革与创新》,载《学位与研究生教育》2013 年第 12 期。

美国法学教育及对我国的启示

林其敏*

【摘　要】美国的法律体系与中国不同，属于判例法系，因此法学教育在诸多方面也与大陆法系的国家差异较大。法学院在美国属于职业培训学院，本科不设立法学学士学位。尽管中国和美国的法治发展阶段和方向各有特色，但是两国的法学教育开始出现越来越多的共同点。譬如美国法学院培养的主要对象法律博士(Juris Doctorate)学位和我国的法律硕士(非法学)非常相似。了解美国法学教育的优劣之处，取其精华，可在教学目标、培养方式、就业指导等方面促进我国法学教育工作。

【关键词】教育理念；学位设置；教学方式

一、美国法学院概况

美国现有203所法律院校，有179所院校属于美国律师协会(American Bar Association)和美国法学院协会(Association of American Law Schools)的会员，

* 林其敏，西南民族大学法学院讲师，法学博士，曾于2016年9月至2017年9月在美国威斯康星大学(麦迪逊校区)法学院以访问学者身份交流学习。

必须严格符合两个协会规定的办学条件标准。[1] 在20世纪50年代以前,法学院的教职员工以男性为主。随着多样化思潮影响,越来越多的女性和不同种族的人士参与到教学和律师行业中来,使得法学教育在21世纪仍具有很强的生命力。从各法学院教职的稳定性和专业化来看,未来法学院依然在美国高等教育中占据着举足轻重的地位。[2] 笔者在下文将以美国威斯康星大学(麦迪逊校区)(University of Wisconsin - Madison)法学院(下文简称美国威大法学院)为例进行解读。该大学创建于1848年,位于美国威斯康星州首府麦迪逊,是美国著名公立研究型大学,位列2015~2016年世界大学学术排名第24位。[3] 其法学院位于主校区麦迪逊校区。2017年3月16日,美国最权威的大学排名网站"美国新闻和世界报道"(US News & World Report)对全美法学院的排名中,美国威斯康星大学(麦迪逊校区)法学院被列为第33名。[4]

美国法学教育在美国的教育体系中属于学士后学位(post - baccalaureate degree)的教育,而绝大部分大陆法系国家的法学教育一般是学士学位的教育。[5]因此,美国法学院的学生大部分已经获得其他专业的本科学位、硕士研究生学位,甚至博士研究生学位,而且绝大部分有过相应的工作经验。

---

〔1〕 如2016年《美国律师协会准则》第509条B款规定披露义务:法学院及其JD项目必须在其网站上披露下列信息,如每一年的入学数据,学费、生活费及助学贷款,注册数据、转专业及毕业数据,全职、兼职的教职员工数量,班级规模、讨论会场次、诊所及课程设置,就业统计数据,律师资格考试通过率及学位特权等。第509条C款规定法学院必须披露退款政策,课程设置、教学日历及学术要求,转学分政策。载https://www.americanbar.org/groups/legal_education.html,最后访问日期:2017年11月16日。

〔2〕 W. Frank Newton, James Eissenger, *Something Old, Something Borrowed, Something New: Law Schools of The Future*, Texas Bar Journal, January, 2000,63 Tex. B. J. 32.

〔3〕 请参见世界大学学术排名官网:http://www.shanghairanking.com/,最后访问日期:2017年11月16日。

〔4〕 载http://grad - schools. usnews. rankingsandreviews. com/best - graduate - schools/top - law - schools/rankings/page +2,最后访问日期:2017年11月15日。该排名始于1983年,1987年后每年发布,其排名将大学分类为综合性大学、文理学院、地方性大学和地方性学院,涵盖100多个专业。

〔5〕 W. Frank Newton, James Eissenger, *Something Old, Something Borrowed, Something New: Law Schools of the Future*, Texas Bar Journal, January, 2000,63 Tex. B. J. 32.

二、美国法学教育的理念

美国法学教育因培养法律人才的独特性一直为世界各国效仿,这与其教育理念密不可分。美国的法学院学生在学习法律之前,应先获得其他专业的人文科学知识,如何对这个成熟的群体进行专业化的训练和指导是美国法学教育一直面临的任务,可见法学教育的任务是为学生提供分析和解决法律关系或者法律实务方面的各种技能。国内有学者称为“小司法”的教育理念。[6] 譬如美国威大法学院的办学理念是“法的践行”(law in action),[7]其强调学生要真正的理解法律,不仅仅需要明白书本上的知识,更重要的是要研究法律在实践中是如何运行的。该办学理念在美国众多法学院中独树一帜,是该校法学院非常有名的文化遗产。整个课堂完全围绕这种办学理念进行设计,比如合同法的讲授,课程一开始并非直接讲述合同的形式,而是讲述如何提供救济;而刑法的课程一开始就讲述审判。

三、美国法学专业的学位设置与教学方式

美国法学院提供三种学位的授予:法律博士 J. D. (Juris Doctorate),法学硕士 LL. M. (Master of Laws) 和法学博士 S. J. D. (the Doctor of Juridical Science)。这三种学位都是研究生学位,绝大部分的美国学生都会选择攻读 J. D. 学位,后两种学位深受国际学生青睐。

(一)法律博士 J. D. 学位

法律博士 J. D. 学生是美国法学院培养的主要对象,中国国内常常翻译成“法律博士”,实际上是研究生学历,学制 3 年。美国法学院本身不设法学本科学位,申请 J. D. 学位需要有其他专业的本科学士学位,申请 J. D. 学位的学生均来自于不同的专业背景,与国内法律硕士(非法学)(J. M.)非常类似。申请学

〔6〕 张桂英:《美国法学教育理念与模式对我之启示》,载《黑龙江高教研究》2007 年第 6 期。

〔7〕 载 http://law. wisc. edu/law - in - action/. ,最后访问日期:2017 年 11 月 14 日。

生需要持有本科成绩单及 LAST(law school admissions test)考试成绩。[8] LSAT 只考阅读理解、逻辑推理及分析推理,不考词汇量。该学位属于职业性的学位(professional degree),获得学位后可以参加各州的律师资格考试(bar examination)。美国历史上几乎所有的总统以及 2/3 以上的国会议员都持有该学位,毕业后开始他们的律师生涯或者从政。因此,法学院的录取是一个精英选拔的过程。

1. 课程安排。

美国法学院开设的课程,一般约 100 门,各法学院的课程设置差异不大。作为法律博士 J. D. 学生,美国威大法学院第一年第一学期必修课程为“合同法Ⅰ”(4 个学分),“刑事实体法介绍”(4 个学分),“民事程序Ⅰ”(4 个学分),“法律研究和写作”(1 个学分)。第二学期必修课程为“财产法”(5 个学分),“刑事程序介绍”(3 个学分),“法律研究和写作”(2 个学分),还需在下列 4 门中选 1 门 3 个学分的课程:“合同法Ⅱ”,“民事程序Ⅱ”,“法的程序”,“宪法Ⅰ”。在第二学年和第三学年,该法学院允许学生根据自己的兴趣爱好,以及自己的职业定位选择课程,培养自己的律师技能。该院为学生提供的科目选择范围相当广泛,学生既可以研究非常专业的法律问题,也可以把自己学到的知识投入“诊所式”项目的实践中。

从该院的每年春季和秋季的课程设计来看,该院模拟法庭,法庭辩论,诊所式课程以及专题研究课程占可选课程的 50% 以上。这些课程非常具有针对性,对于律师技能的培养起到了决定性的作用。

2. 教材使用。

美国威大法学院各门课程的老师都会推荐教材,法学院汇总后制成书单,书单包括书籍的价格。每学期注册时分发给学生,学生视自己的选修情况自行进行购买。大部分学生都可以在网络或者二手书店购买打折书籍或者旧书。法学院有自己专门的法律的书店,常年回收旧书,出售新书和旧书。此外,有部

---

[8] LSAT 是全美和加拿大的统一规范考试,内容分为四部分:阅读、逻辑推理、分析推理以及写作,其中写作不计分,但会作为范例同成绩单一同寄往申请的学校。LSAT 在世界主要国家都有考点,定期举行考试,通常 1 年 4 次。中国大陆有三个考点:北京、上海和广州,考试时间为每年 6 月和 12 月。参见 http://www.lsat-center.com。

分教授会自己编写教材,交由复印室复印装订成册,以成本的价格售卖。近年来,由于电子书籍的普及,威大法学院也采购了主要教科书的电子版本,免费提供给学生使用。

3. 课堂教学。

美国的法学教育理念决定了其教育目标属于职业教育,其教学方法围绕职业教育而设计,主要有以下四种典型的教学方式。

第一,传统的苏格拉底式案例教学法。这是最常见的教学方式,该教学法是19世纪70年代美国哈佛大学法学院院长兰德尔(Landell)〔9〕首创。从最初以讲授法律规则和原则为主,发展到包括教授分析问题的技能、口头辩护、语言表达的技能在内,采用古希腊苏格拉底问答法(socratic dialogue)进行教学。〔10〕以威大法学院的"财产法"为例,每堂课都会有10~30页不等的阅读作业,预习下一节课的内容。每一节课老师都会提出若干个问题,随机抽取学生回答问题,进行各种情景分析和逻辑推理,最终得出案件判决背后的公共政策和考量依据。

第二,诊所式法律教学法。以美国威大法学院为例,该院有名的诊所是Frank J. Remington中心,该中心主要举办大量的刑法实践课程。该中心最大的实践课程就是"被关押人员的法律援助"项目,旨在对关押在威斯康星州的人员提供法律服务。此外,法学院也对民法采取"诊所式"教育模式,比如"经济正义研究会""相邻关系法"项目、"家庭法院协助"项目、"消费者法律诊所"等。"患者关系中心"项目是参加人员最多的诊所,该项目涉及人员来自法学院、医学院、护理学、社会工作学、药学院以及公共政策学等,为患者在健康咨询中心

〔9〕兰德尔是美国著名法学家和法律教育家。他早年为执业律师,后于1870年到哈佛大学法学院任教并担任院长至1895年。当时美国的法律教育虽然已纳入大学范围,但还有一部分是业余性的,获得法律学位也没有明确的要求。兰德尔把法律教育提高到大学的水平,他要求学生正规地学习一系列必修课程,并通过必要的考试。他采用苏格拉底问答法进行案例教学(case method),让学生阅读和讨论原始判例,从中找出法学原理。"苏格拉底方法"自始至终是以师生问答的形式进行的,所以又叫"问答法"。其来源于古希腊哲学家苏格拉底在教学生获得某种概念时,不是把这种概念直接告诉学生,而是先向学生提出问题,让学生回答,如果学生回答错了,他也不直接纠正,而是提出另外的问题引导学生思考,从而一步一步得出正确的结论。

〔10〕Johns, Perschbacher, *The United States Legal System*, Carolina Academic Press, 2002: 231.

受到生命危险提供辩护。其中,“诊所式”教育还包括校外实习(externship)。[11]

第三,教授主持课程,学生做口头报告的方式。开学时由学生自主选择不同的题目,在学期中预定的时间上台进行口头报告。这类口头报告,没有固定的格式,在开课后第 4 个礼拜,提醒学生第 6 个礼拜需向老师提交书面的口头报告提纲,并要求学生在口头汇报当日准备简单画片或者幻灯片,说明报告内容,书面提纲必须提前打印或者电子邮件发送给所有同学。报告过程中,老师在教室备摄像机,全程给学生录影。课后,老师会排出时间表和单个学生一起看学生自己的录像,一起总结出表扬、认同和改进意见。

第四,教授担任课程主讲的方式。绝大部分法律博士在二年级和三年级时会选修更为细化的专业课程。比如美国威大法学院的“国际环境法”和“国际商事交易”课程,绝大部分也是采用的这种方式,教授在传授部门法律知识的同时,也会穿插在课堂中不断提问,以促使学生不断思考。

(二)法学硕士 LL. M. 学位

法学硕士 LL. M. 学位分为两类:一类是普通型(general);另一类是专业型(specialized)。普通型的 LL. M. 学位主要针对的对象是来自于非英美法系国家的国际留学生。普通型法学硕士学习期限一般为 9 个月,申请学生需来自其他国家,并拥有他国的法律学士学位。一旦申请人修满 20 个以上学分,即可参加加州和纽约州的律师资格考试。LL. M. 学位的入学申请 1 年 2 次,每年秋季 8 月入学的学生需在当年 3 月 1 日前递交申请,冬季 1 月入学的学生需在当年 10 月 1 日前递交申请。申请学生需参加托福考试,申请排名 30 左右的法学院一般分数在 100 分左右,分数越高申请到排名在前的法学院的概率就越高。获得 LL. M. 学位的学生可以继续深造,攻读专业型法学硕士和法学博士 S. J. D. 学位。专业型法学硕士 LL. M. 学位的主要申请对象是已经取得美国法学院学位的学生(如 J. D. 学位和普通型 LL. M. 学位),和已经在他国取得类似学位的国际留学生(如法律本科学位)。这类学位的学生毕业后主要从事法律研究,因此不要求其选修课程。

下文依然以美国威大法学院为例介绍法学硕士学位。

---

〔11〕 观看该院“诊所式”教育,可参见以下网址视频节目:http://law. wisc. edu/media/index. php? iStreamID = 79,最后访问日期:2017 年 11 月 12 日。

1. 课程概况。

普通型法学硕士 LL. M. 学生修满 24 个学分即可获得学位。24 个学分中包括 3 个学分的专题研究课程和 21 个学分的课堂教学课程。[12] 21 个学分中至少有 12 学分来自法学院，剩余 9 个学分可以来自大学其他学院。来自法学院的有 2 门 3 学分的必修课，一门是“美国法律体系”，另一门是“法律渊源”。如果是春季入学的学生还需必修“法律文书”。

除了以上必修课程外，该学位候选学生可以从 J. D. 课程中选修相关课程。

2. 课程内容。

普通型法学硕士 LL. M. 学生的 3 门必修课程为“美国法律体系”“法律渊源”以及“法律文书写作”，学分共 6 分。“美国法律体系”是对美国立法机构，基本法律制度的一般介绍。“法律渊源”主要讲述对普通法的分析和美国法律的研究方法，强调在解决法律问题的过程中，如何使用案例的分析方法。“法律文书写作”的内容包括撰写各种备忘录、客户信函、法院文书。这 3 门必修课程的主要目的在于，帮助学生了解基本的美国法律制度，培养学生在法律分析、案例阅读、起草法律文书方面的技巧。

3. 课堂教学。

从该校的学位设置情况来看，所有普通型 LL. M. 学位学生基本上都是来自于美国以外的国家，因此课堂教学在语言方面具有较大难度，尤其是和 J. D. 学生一起上课时表现更加明显。美国威大法学院考虑到这种情况，只要是与 J. D. 学生一起上课的课程，都会给普通型 LL. M. 国际学生安排专门指导员，该指导员从同时选修该门课程的 J. D. 学生中选任。该指导员每周都会给 LL. M. 学位的国际学生召开小型的研讨会，总结教授已经讲述的知识，并对下一堂课进行预习。

此外，以单独给普通型 LL. M. 国际学生设置的“法律文书写作”课程为例。第一堂课老师分发给学生教学进度表，里面包括每堂课的阅读作业，书写作业，以及如何递交电子作业，如何评分，等等。对于书面的作业，老师会打印出来批改，上课的时候进行小组讨论和纠正。小组讨论结束后，每个小组派一名同学

---

〔12〕 载 http://law. wisc. edu/grad/prospective/llm - li/course - schedules. html，最后访问日期：2017 年 11 月 2 日。

做口头报告。

(三)法学博士 S. J. D. 学位

法学博士 S. J. D. 学位属于研究性学位,又被称为 J. S. D. ,属于法学研究型博士,是以法学研究为主要目的的学位。毕业需要递交研究论文或者博士学位论文。申请学生需持有非美国法学院的法学学士学位,或者美国法律博士J. D. 学位。威斯康星大学麦迪逊校区法学院不接受学生直接申请法学博士 S. J. D. ,学生在申请攻读该学位前必须在该院取得 LL. M. 学位。

对于攻读法学博士 S. J. D. 学位的学生,学校原则上不需要其必须选修课程,只需每学期注册"专向研究"课程即可。申请该学位的学生常常已经在某些法律领域深有造诣,且希望从学术上进一步巩固自己的学识。S. J. D. 学位学制 4 年,具体的研究时间可以根据研究项目的难易程度延长或缩短。取得学位的关键在于导师和学术委员会同意通过该学生的学位论文。此外,S. J. D. 学位候选学生并不要求其必须进行实习,但学生为了自身资历的积累,在寒暑假可自行去律师事务所、研究机构或者企业实习。

美国威大法学院是美国唯一能够毕业后直接获得本州律师资格的两所学院之一〔13〕,这就是所谓的"学位特权"(diplomatic privilege),也就是说,在该院学习相关课程,达到相应标准,取得该校法律博士 J. D. 学位后,无须再参加该州的律师资格考试即自动取得该州的律师资格。〔14〕

四、美国法学教育的弊端及网络法学院的兴起

随着科学技术的发展,美国的法学教育中的教学方式和教育内容也发生巨大变化。但总的来说,还是趋于保守状态,比如教职员工的"大锅饭"情况严重、新的教学方式和手段很难真正被老教授接受。如今法律业务的越发专业化,培养具有针对性的人才也成了美国法学教育的急需项目。虽然美国法学教育理念和教学方式独树一帜,其培养方式和培养目标完全符合其办学理念,在很大程度上受到世界国专家学者的好评,而且深深吸引着世界各国那些热爱律师行业且具有职业素养潜能的学生。但是,其依然具有较多不足之处,备受诟病。

〔13〕 另一所美国大学是 Marquette University Law School。

〔14〕 自动取得律师资格后既可以在州法院执业,也可以在联邦法院执业。

譬如,几乎所有的法律博士 J. D. 学生都背负沉重的政府低息或免息贷款、学生课业负担太重等。在这种现状下,美国法学网络大学应运而生。

1998 年,位于加州的康科德大学法学院(Concord University School of Law)开始向专业人士和执业律师提供可视化的网络教学,旨在向偏远地区的无法承担昂贵学费的人士提供高质量的法学专业教育。该网络大学邀请全国各大法学院最有名的教授作为讲授人员,现提供两种学位的授予:法律博士J. D. 和网络法律博士 EJD。毕业后的学生可参加加州律师资格考试,只能在加州执业。[15] 但是,该法学院还未得到美国律师协会(ABA)以及众多法学院的认可,其地位和角色仍处于争议状态。

五、对我国的启示

截至 2016 年,我国共拥有法学院校 600 多所,发展也是参差不齐。近年来,就业情况更是严峻,连续数年出现成为十大热门专业中就业率倒数第二的尴尬局面;[16] 法学教育的课程设置重理论轻实践;法学教育方法依然以"填鸭式"教学为主;法律实践环节从业人员职业操守和公信力也受到极大挑战。究其原因,我国法学教育起步晚需要改革,在培养目标、师资配备、法律人才培养方式等方面有待努力。

(一)法学教育的教学理念、培养目标应与职业方向相一致

就世界范围而言,现代西方法治国家多以"职业教育"为法学教育的基本旨趣。[17] 《中共中央关于全面推进依法治国若干重大问题的决定》指出:"推进法治专门队伍正规化、专业化、职业化,完善法律职业准入制度。健全国家统一法律职业资格考试制度,建立法律职业人员统一职前培训制度。建立从符合条件的律师、法学专家中招录立法工作者、法官、检察官制度,健全从政法专业毕业生中招录人才的规范便捷机制,完善职业保障体系。"这充分体现了党和国家已经确定实现依法治国的总目标,至为关键的要素是建设一支高素质的法律职

---

〔15〕 载 https://www.concordlawschool.edu.,最后访问日期:2017 年 11 月 15 日。

〔16〕 麦可思研究院:《2016 年中国大学生就业报告》。麦可思公司自 2007 年以来,连续 10 年每年对毕业半年后大学生的就业状态和工作能力进行全国性研究,从 2010 年开始,连续 7 年对之前跟踪研究过的全国 2006 届至 2012 届大学毕业生进行毕业 3 年后的职业发展跟踪。

〔17〕 韩大元:《全球化背景下中国法学教育面临的挑战》,载《法学杂志》2011 年第 3 期。

业队伍。法学教育是培养职业法律人的主要途径，高等学校、科研机构是法学教育的主体，是法学教育质量的直接责任主体。2017 年 11 月在北京举行的第四届全国法学教育高端论坛和第二届全国法学研究高端论坛上浙江大学法学院常务副院长周江洪教授认为，法学院一方面要密切关注法律职业考试的动向，另一方面应当推动法律职业考试改革向有利于学生的方向发展。[18] 自 1949 年以来，我国法学教育历史上就不太重视法律职业的专业化。在很长一段时间里法学教育并非是从事法律职业的前提条件。法学本质上属于社会科学，从社会中来到社会中去。我国可以借鉴美国的经验，走法律职业化道路，将法学教育与法律职业密切联系起来，把接受过本科以上的正规法学教育作为从事法官、检察官、律师等法律职业的必要条件，排除那些非法学专业毕业的人从事法律职业。对于正规法学院的专业化教育，笔者认为至少应当从大学本科二年级引导学生设定不同的职业发展轨迹：应用型人才、研究型人才和社会管理人才。选择应用和管理路线的至少占据 80%，选择学术路线的最多 20%。唯有这样，才能解决现今法学毕业生就业难的苦楚。

（二）课程设置应增设大量实践型选修课，加强学生的职业技能培养

如今我国法学院的本科法学专业大多开设了 14 门专业主干课，有法理学、宪法学、民法学、刑法学、民事诉讼法学、刑事诉讼法学、行政法与行政诉讼法学、商法学、经济法学、知识产权法学、国际法、国际私法、中国法制史、环境法与资源保护法。这些专业主干课大多是内容枯燥抽象的理论性课程，操作性和实用性的课程较少。整个课程体系缺乏操作性，理论联系实际不多，学生较少主动学习，教师只能服从教学大纲教学，担任“说书人”。与之相反，美国法学院的课程按照法律职业的需要，设置核心必修课和配套的系列选修课群。绝大部分课程都是对社会经济关系和实际法律问题的分析，注重课程讲授内容和社会实践结合，注重培养学生律师的基本技能和技巧，具有很强的实用性和可转化性。

因此学生职业方向定位后，我国法学院应当加大法律实务课程的比重，确定好选修课和必修课的比例，不断扩大法律实务课程的门类和发展校外共建单位的实习渠道，增加实践性、应用性环节，以提高学生自主学习的积极性和创造

---

〔18〕 参见浙江大学法学院常务副院长周江洪在 2017 年第四届全国法学教育高端论坛和第二届全国法学研究高端论坛主题发言《一流法学学科建设与法律职业考试的关系》。

性，加强对学生法律职业技能的培养。具体方式包括但不限于诊所式的教学课程、模拟法庭、模拟仲裁庭、学生的课外实习等。

（三）课堂教学方式应从教师主讲型过渡到教师引导问答型

我国传统法学教学以教师讲授型为主，讲解法律原理、概念，分析法律关系、规范，这种方法可以丰富学生的法律理论知识，但忽略了学生的思考力和创造性，进而培养的学生在思想上容易产生惰性，缺乏思考，动手能力差，主动学习的积极性不高。因此，我国法学教育可以借鉴美国的经验，将理论教育与加强对职业技能的培养结合起来。在所有的课堂教学过程中，从实际出发，在系统介绍的同时引进案例教学方法，通过课前预习，课堂提问的方式将学生融入课堂。问答式的教学方法实行老师与学生的交流，注重培养学生的法律概括能力、分析能力、辩论能力、文字表达能力，最终教师变成学生的引导者而不是传导者。这样一来，问答式的案例教学法可以把法学真正变成实用学科，让学生在法学院就能学到实际技能，在以后的工作中能很快进入角色。

（四）师资选拔标准应转向为理论与实务的完美结合

"在教学过程中，有一支数量足、质量高的教师队伍，是培养高素质学生的基本保障。"[19]中国法学教育的科学化，关键在师资。美国的法官一般是从律师中进行选拔，检察机关的工作人员也是政府聘任的律师。许多法学院的教师同时也是律师。

我国在早几年也意识到这个问题，提出法学专业教师，须是专业理论型和专业实践型兼备。如2011年12月底教育部和中央政法委共同颁发了《关于实施卓越法律人才教育培养计划的若干意见》的通知，对实施卓越法律人才教育培养计划的指导思想和总体目标、主要任务、工作措施、组织实施、政策保障等问题作了具体的部署与安排。文件特别提出："选派1000名高校法学骨干教师到实务部门挂职1～2年，参与法律实务工作。选派1000名法律实务部门具有丰富实践经验的专家到高校任教1～2年，承担法学专业课程教学任务。"教育部提出，通过建立高校与实际部门人员互聘制度，鼓励和支持青年骨干教师出国研修等渠道，建立一支具有广阔国际视野、扎实理论功底、丰富实践经验的

〔19〕 曾长秋、王明：《中美法学教育之比较》，载《现代大学教育》2002年第1期。

“双师结构”法学师资队伍。“双师结构”法学师资队伍的建设，在我国大多数法学院已经启动，而且取得了良好成效。当然，设计双师结构的全方位保障机制，还需要各大高校和实务单位的相互合作与互相支持，笔者相信，在我们的共同努力下，一定会取得重大突破。

教学方法篇

本科法理学教学与法治人才培养

高 燕*

【摘 要】法学教育是法治人才培养的基本条件和重要途径，党的十八届四中全会提出，“要创新法治人才培养机制，培养造就熟悉和坚持中国特色社会主义法治体系的法治人才及后备力量”。习近平总书记强调，法治人才的培养要“立德树人，德法兼修”，这些都为新时期法治人才的培养指明了方向。本科法理学课程是全部法律学科的基础，本文从确立法治人才的标准入手，从以下方面增强本科法理学教学对法治人才培养的贡献：内容上结合建设有中国特色社会主义法治国家而有所突出和侧重；加强社会主义法治理论及其相关领域基础理论问题的教学与研究；重视法学专业基本理论框架的构建，为其他法学专业课学习奠定基础；创新优化法理学课程的教学方式以适应法治人才培养的需要。

【关键词】本科；法理学教学；法治人才

党的十八届四中全会通过的《中共中央关于全面推进依法治国若干重大问题的决定》（以下简称《决定》）提出：“要创新法治人才培养机制，培养造就熟悉和坚持中国特色社会主义法治体系的法治人才及后备力量。”2017 年 5 月 3 日，习近平总书记在中国政法大学考察时又再次强调指出，法治人才的培养要“立德树人，德法兼修”，为法学教育和法治人才培养指出了方向。

---

* 高燕，西南民族大学法学院副教授，法学博士。

法学教育是法治人才培养的基本条件和最重要的途径，培养造就一批熟悉和坚持中国特色社会主义法治体系的法治人才是法学教育肩负的重要历史使命。本科法理学课程在整个法学教学体系中占有重要的地位，是全部法律学科的基础。本文从确立法治人才的标准入手，探讨法学教育中的法学理论教学如何增强对法治人才培养的贡献。

一、何为法治人才

改革开放以来，我国法学教育经过短期快速发展，为国家培养了大量急需的法律人才，快速扭转和化解了法律人才严重短缺的困局。但是，由于近些年法学教育走的是一条大生产式的快速发展之路，在一定程度上忽视了高素质法律人才的培养，法科毕业生在法学基础理论掌握上“薄弱”，在法治观念上“淡漠”。因此，之前培养的大量法律人才还不完全等同于法治人才。作为中国特色社会主义法治体系与社会主义法治国家的重要建设者，法治人才是指具有坚定的法治信念、具有良好的法律知识素养和法律职业伦理的法治理论人才和法治实践人才。法治人才的理想信念、职业伦理、专业知识与业务技能决定了有中国特色社会主义法治建设的成败。现今，在全面依法治国的背景下，有中国特色的社会主义法律体系已经建成、法治中国已经起航，对法治人才的培养也提出了新的要求，法治人才的培养需要与这个时代的法治需求紧密联系在一起，需要具有：

（一）坚定的法治信念

在法治人才培养过程中，必须把理想信念教育放在首位，具有坚定的社会主义法治信仰，认同并自觉践行社会主义核心价值观、坚定不移走中国特色社会主义法治道路。法治信念是人们对法律发自内心的认可、崇尚、遵守和服从的态度，是法治的灵魂，涉及法治建设走什么道路、把握什么原则、朝着什么方向前进等基本问题。我国缺乏法治传统，不像在西方法律传统中，虽然各国法治模式不尽相同，但法律之上和良法之治的法治信念深入骨髓，一以贯之。因此，我们特别需要通过法学教育，培养学生掌握中国特色社会主义法治理论，习惯于在法治之下、而不是法治之外、更不是法治之上想问题、作决策、办事情；坚持宪法法律至上、法律面前人人平等、守规则、重程序、权由法定、权依法使等基本法治观念；以人民为主体、以人民为中心，尊重和保护人民权益，维护社会公平正义,自觉接受人民监督;办事依法、遇事找法、解决问题用法、化解矛盾靠法的法治化行为方式。

(二)良好的职业伦理和职业操守

在西方传统中,法学院是大学一产生就设立的三个学院之一(法学、医学、神学),不仅需要严格的职业技能,还需要具备特殊的职业伦理。不同于西方法律演进过程中与宗教同步发展所生发出的法律信仰,我国社会因缺乏与之契合的宗教传统,因此在法律职业伦理的养成上相对困难,需要另辟蹊径,一方面,可以从中国传统的儒家文化中去找寻,如刚直不阿、清正廉洁、一身正气……一直是中国古代对执法官吏秉承的基本操守。另一方面,我国当代社会主义核心价值观,既适应现代社会发展需要,又与我国传统道德有契合之处,二者合力,着力增强法治人才的社会责任感和职业伦理意识,形成具有一致职业伦理和职业操守的法律共同体,把忠诚法律、维护正义作为对法治人才的基本道德要求,并在法律实施过程中践行"以人为本""为民服务"的法治理念,发掘法治实践中的人文精髓,推动有中国特色的社会主义法治朝着更具人文理性的文明目标迈进。

(三)良好的法律知识素养

法治人才应当具备广博而深厚的法律知识素养,所谓广博而深厚,是指法治人才不仅应当精通法学专门知识,还应宽泛地掌握法学之外的哲学、政治学、经济学、历史学、社会学、人类学等其他学科知识。正如美国布兰代斯法官所说:"一个法律工作者如果不曾研究经济学与社会学,那么他就极容易成为社会公敌。"[1]需要始终提醒学生的是,法律是社会生活的一部分,法学特别不应与社会、其他学科相脱离。法律知识素养一方面包括法学理论和法律实践方面的知识积累和训练;另一方面,更为重要的是理性严谨的法律思维的培养。在日常思维中,人们对事物的判断常常会出于个人的喜好、情感或偏向、价值观的左右、利益的驱使等发生因时而异、因事而异的变化。法律的理性思维和技巧,是强调法律人要善于运用法律的逻辑工具,用严谨的法律思维来进行事物的判断与取舍,反对情感因素、个人好恶等对法律判断的影响,最大限度地保障法律实践过程中的公平正义。教育部和中央政法委实施的卓越法律人才教育培养计

---

〔1〕 转引自[美]博登海默:《法理学:法律哲学与法律方法》,邓正来译,中国政法大学出版社 1999 年版,第 507 页。

划，坚持“宽口径、厚基础、提能力、多样化、强协同”，就是坚持和实施一种适应中国特色的法治人才培养模式。

二、法理学教学与法治人才的培养

法理学是以法律现象的共同问题和一般规律为研究对象，综合运用哲学、政治学、经济学、社会学、伦理学以及历史学等的基本方法，通过对大量法律现象的研究来阐释法律最基本概念、范畴、原理和规律的一门理论学科。这些基本概念和范畴适用于一切法学学科，基本原理和基本规律指导一切法学学科。本科法学教育对法治人才培养不能将理论与实践对立起来，真正的法律实践能力是一种问题思维能力和对规则的创造性应用能力，其养成离不开严格的法律理论和法律方法的训练。对理论法学教育的忽视，势必影响整个法学教育的效应，缺失了理论法学的法学教育将会陷入一种技能教育的窘境，培养的人才也不是真正能透彻洞悉规则背后精深原理的创造性法治实践人才。反观域外，英美法系的法律职业者并不是只拥有断案、解纷的法律技巧，而是具有广泛的人文知识和深厚的理论素养，致力于一种在提高法学理论思维基础上更为深刻、更为有效的法律实用。这就不难理解为什么他们的法官很多都是著作等身的学术大家，而我们的法官、律师却很少著书立说。在系统的理论知识及创造性运用规则基础上的法律实用，才是高等法律教育的真谛。因此，希望通过本科法理学课程的教学，培养法治人才具有良好的法治观念、系统的法律哲学知识、宽厚的人文社会科学功底和秉持正义的法律精神，具体言之：

（一）教学内容上结合建设有中国特色社会主义法治国家而有所突出和侧重

1. 法理学教学应重点培育法治人才树立正确的法律价值观，立德树人，德法兼修。

法理学教学应明晰价值知识对法律人人格修养的重要意义，并将其纳入重点知识传授的视野。汉斯·凯尔森认为，“依据一有效规范对一种事实行为所作的应当是这样或不应当是这样的判断，就是一种价值判断”[2]。苏格拉底将

[2] 转引自[美]博登海默：《法理学：法律哲学与法律方法》，邓正来译，中国政法大学出版社1999年版，第502页。

国法和正义视为对人类具有最大价值,[3]马克思主义法理学将法律的价值评价标准确立为人本主义标准、生产力标准、现实主义与历史主义相结合标准,并对自由、秩序、正义、人权等法律的目的价值进行了科学的解释,从而为这些目的价值的实现提供了理论基础。任何知识都是一把"双刃剑",既可以造福人类,也可以给人类带来灾难。法科学生,如果不顾及他们的价值引导,那无异于替国家造就一班掌握公权力的恶人。对终极价值的追求很大程度上是大学教育的本质,法学教育不应仅限于帮助学生理解和掌握知识,更应培养知识的拥有者的法律价值观及对法律、对社会的正确态度。法科学生只有掌握了价值知识才能确保事实知识有益于社会主义法治事业。

2. 重视法学专业基本理论框架的构建,为其他法学专业课学习奠定基础。

中国法学院校学生的就业面很宽,而且并不主要从事专门的法律职业。大多数法学院系的毕业生毕业后一般都进入公司、金融以及其他政府机关,直接从事法律专门职业的反而是少数。要想从事专门法律职业,必须再通过难度较大的法考考试。因此,在全面依法治国的背景下,我国本科法学教育目标定位应倾向于通识教育,以为法治人才培养提供理论与学术的滋养。一方面,是因为依法治国,将法律作为社会管理的基本手段和基本规范,需要大量具有较高法律素养的管理者,系统全面的法律素养是管理者必备的知识基础,而良好的法律素养只能来自系统全面的法学教育,特别是法理学教育。另一方面,从大学教育的功能和社会需要等各方面情况看,我们也应选择通识教育。以此为目标,在法理学课程内容的设置上应增加学生的涉猎面,加强对学生法学基础理论和社会主义法律意识的培养和训练。

3. 法理学教学应加强社会主义法治理论及其相关领域基础理论问题的教学与研究。全面推进依法治国,要求法治人才培养应当更加注重中国特色社会主义法学理论研究。十八届四中全会《决定》强调,"加强法学基础理论研究,形成完善的中国特色社会主义法学理论体系",鼓励研究中国问题。我国的国家治理有着其他国家不可比拟的特殊性和复杂性,也有自己长期积累的经验和优势。法理学教学应反映中国特色社会主义法治理论的最新研究成果,用中国特

[3] 转引自[日]大木雅夫:《东西方的法观念比较》,华夏、站宪斌译,北京大学出版社2004年版,第37页。

色社会主义法学理论培养法治人才。在法理学课程体系中,“依法治国,建设社会主义法治国家”专章论述了依法治国问题,在讲授这一部分内容时,应结合党的十八届四中全会《决定》和十九大报告内容,将中国特色社会主义法治理论作为讲授重点,进一步明确和强调中国特色社会主义法治理论的核心就是坚持党的领导、坚持人民主体地位、坚持从中国实际出发;建设有中国特色法治国家应坚持依法治国和以德治国相结合……

坚持和发展中国特色社会主义法治理论,构建中国特色社会主义法治理论体系,具有十分重要的理论价值和实践意义。只有明确了这一点,高校培养的法治人才才能满足中国法治建设的需要,才能成为中国特色社会主义法治的建设者和实践者。

(二)创新优化法理学课程的教学方式以适应法治人才培养的需要

传统的法理学课程的教学主要是以教师课堂讲授为主,这种方法在法学理论基础课程教学方面有一定的优势,但也容易导致学生被动接受。在法理学这门课程的教学中,应对目前传统、单一的教学方法进行改革,采用多元化、复合式教学,即讲述法、研讨法、专题讲座与案例法理分析法相结合的教学模式,使教学方法与教学内容相协调,以适应法学教育及法治人才培养的总体目标。“法学基础理论”是针对的没有任何法律常识的大一学生,向他们传授法学入门的基础知识,这些知识大多已成定论。因此,传统的讲述式教学法是这一阶段较为适宜的教学方法。但在以讲授为主的同时,应配合提问、答疑,并指导学生阅读相关的学术专著、法学杂志,不能将一些定论的东西作为唯一的真理介绍给学生,它们只是阶段性的认识成果。例如,在讲述“法学的历史”的时候,指导学生阅读何勤华的《西方法学史》;在讲述“法系”“法学教育”的时候,推荐学生阅读《大陆法系》《比较法律文化》等书籍,并指导学生了解比较法书籍中的相关内容。这样既教给了学生学习的方法,又帮助他们丰富了知识,开拓了视野。

而在法理学课程中的法哲学部分,根据其教学内容,应更多的采用专题讲座以及用研讨的方式对个案进行法理分析。例如,针对法理学中的“社会主义法治理论”“正义理论”“法律与道德”“权利与权力”“当代西方主要的法理学流派”等内容进行专题讲座和讨论。法理学课题上的案例分析法与部门法教学中的案例分析法不尽相同,在法理学课堂上分析的案例不是一般的普通案件,而是有争议的疑难案件。处理有争议的疑难案件,是一个在价值判断、利益权衡基础上的选择过程。而这种价值判断的力量又来源于对法律的发展、法律的功能和目的的法哲学思考。例如,法理学的经典案例“里格斯诉帕尔默案”和“申克诉合众国案”以及之前国内较有影响的“许霆案”和“大学生掏鸟案”。案例的法理分析法更多体现的是法理学对立法、司法过程的影响。除此之外,在教学过程中,还可以通过研讨课的方式,组织学生对有关立法进行讨论,从而发挥法理学对国家立法的指导作用。例如,吉林省通过的赋予单身妇女生育权的地方性法规《人口与计划生育管理条例》出台后,引起了广泛的争议,我们可以组织学生从法理学的角度对它的合法性和合理性进行探讨。通过这些广泛开展的探究式学习讨论,以增强学习者全面适应法治国家、法治政府、法治社会建设需求的能力。

结 语

“法理学应成为法学课程的核心,但是一般几乎没有什么人去学习它,它就像法学史一样,被认为是一门边缘性科目或装饰性科目”,“实际的情况是,最好的实用教育是最具理论性的教育……如果新的一代要想找到走出明天的迷宫之路,他们所需的是原则、永恒的原则,而不是资料、事实和有用的常识”。[4]牢记这些,对于中国优秀法治人才的培养尤为重要。

---

〔4〕 [美]赫钦斯:《美国高等教育》,汪利兵译,浙江教育出版社2001年版,第23页。

论法理学的法学方法论意义

陈　宜*

【摘　要】法学理论来源于实践，服务于实践，更指引着实践。按照传统的法学体系分类，法学被分为理论法学与应用法学，法理学被简单地归为理论法学。这种二元对立分类，使许多人对法理学的学科性质及实践意义产生了误解，认为法理学就是研究和学习抽象的法学理论，枯燥晦涩，缺少实用价值，进而也使法理学教学和研究步入困境。对此，笔者从法理学对法科生的思想启发、法律思维建立及法学视野拓展三个方面论述法理学对法学教育及法律实践的方法论意义。

【关键词】思想；法理学；方法论

一、遇见思想是人类最美好的遇见

思想是人类区别于动物，获得人类规定性的根本原因。也是个人获得独立人格，成为完整意义上的人的内在本质规定性。人类认识世界的第一步是通过五官的感知，这与许多动物没有太大区别。但人类天性中的理性使人具备了抽象思维的能力，将感性世界中的事物进行理性分类。随之产生了语言。“和蜜蜂以及所有其他群居动物比较起来，人更是一种政治动物。……人是唯一具有语言的动物。声音可以表达苦乐，其他动物也有声音（因为动物的本性就是感觉苦乐并相互表达苦乐），而语言则能表达利和弊以及诸如公正或不公正

---

* 陈宜，西南民族大学法学院副教授，法学博士。

等……"[1]语言让思想得以形成并加以传播,从而使人类获得了人之为人的内在规定性和更高级的社会组织形式。社会是由个人所形成的组织,所有社会组织形式都依靠特定的价值观念和思想体系加以维系。古希腊伊索说:"思想是神赐予人类最伟大的礼物。思想比所有力量更有力,比最快的速度更快。人之所以比禽兽高尚的地方,在于他有思想。"

法律是人类社会组织发展到一定阶段产生的思想文化现象,是特定个人和组织将其思想披上规范的外衣,并通过组织暴力加以维系的特定社会现象。所以法律规范是法律思想的载体,规范内蕴涵的思想是法律规范的灵魂。每个人都具有社会性和智慧性,但人的社会性相对于人的动物性,不能自然形成,它依赖于教育。同理,求知求真是人之天性,但人的智慧性是潜在的,它需要启发,开启人智慧的目标也只能由教育实现。因此,没有不想学习、不要智慧的学生,只有不成功的教育。法理学正是一门帮助学生透过法律现象,深入规范背后,探寻法律本质的智慧性学科。对于开启法科生法学智慧、激发学习内在动力、培养高尚法律职业伦理,具有重要的方法论意义。正如亚里士多德所说,"没有比培养在良好的情操和高尚的行为中寻求快乐更重要的事情了"![2]

二、法理学培养法律人法律思维

法律思维是法律人区别于其他职业人的内在规定性,也是法律人运用法律解决具体案件纠纷的基本路径。法律人的思维方式有其特殊规定性。例如,医生看到坐在诊室里的人,他就会认定这是一个病人,他(她)会首先开口问:"你哪里不舒服?"可见,医生采用的是有病推理思维方式。然而,面对犯罪嫌疑人,警察、检察官、法官却只能采用无罪推定思维方式。否则会先入为主,忽视对犯罪嫌疑人有利的证据,甚至刑讯逼供,最后导致冤假错案。又如,面对同一个社会问题,经济学人通常首先会考虑这样做会不会有效率?投入和产出比如何?怎样才能提高生产力?而法律人首先会想到,有没有法律规定?法律是怎么规定的?这样做合不合法?正是因为思维方式的相似性,使法律职业群体成为法律共同体。

---

[1] [古希腊]亚里士多德:《政治学》,中国人民大学出版社2003年版,第4页。

[2] [古希腊]亚里士多德:《政治学》,中国人民大学出版社2003年版,第276页。

（一）法理学培养法律人批判性法律思维，从而避免被误导

犹太人口传律法经典《塔木德》中的法理故事很好诠释了这一道理。一个人问另一个人："如果有两个人从一个高大的烟筒里掉下去，其中一个身上满是烟灰，而另一个却很干净，那他们谁会去洗澡呢？"回答说："当然是那个身上脏的人！"提问的人马上说："你错了，那个人看着没有弄脏身子的人想到：'我身上一定也是干净的'，而身上干净的那个人，看到满是烟灰的人，就认为自己可能和他一样脏，所以，他要去洗澡。"提问人接着问："他们两个后来再次掉进了高大的烟筒——谁会去洗澡？""那肯定是那个干净的人。"但提问人却说"不，你又错了，身上干净的人在洗澡的时候发现自己并不太脏，而那个弄脏了的人则相反，因此，他去洗了。"提问人继续问："如果他们两个人第三次从烟筒里掉下来，谁会去洗澡呢？""那当然还是那个弄脏了身子的人。""不，你见过两个人从同一个烟筒里掉下来，其中一个人干净，另一个人脏的事情吗？"此时，我们会发现问题本身是多么可笑。故事告诉我们，没有批判性思维，不独立思考，很容易被别人误导。如果进一步思考还会发现，这个故事背后还隐藏着部门法与法理之间的关系。"到底是谁该去洗澡"是具体部门法规范解决的问题，但通过运用批判性思维发现，"到底是谁该去洗澡"这个问题本身就是一个虚假的前提。同理，如果立法者基于各种原因，进行了虚假或不合理的规则创设。只注重部门法运用而不具有法理思维的人，很可能不会去考虑规则本身的合理性，也就不可能跳出他人设计的路径。法理学就是教我们跳出设计者有意设计的那个虚假前提，对根本的问题进行反思和质疑。实践也证明，正是法律人具有的批判性思维，使我们走出了许多不合理的制度设计，使法律得以发展，使社会得以进步。

（二）法理学培养法律人规范性法律思维，使学生看待问题从感性走向理性

法理学中关于法律规则内在逻辑结构要素理论、法律规则及法律关系特征理论都有助于学生培养规范性法律思维。以"江歌案"为例，很多人从道德的角度对陈世峰和刘鑫的行为进行谴责。但作为法律人的思维进路应该是，首先确认案件事实，根据案件事实，厘清案件中涉及的主要法律关系。再根据不同法律关系，确定法律关系的主体和案件的性质，并寻找相关的法律依据。法律依据通常情况下是法律规则，法律规则缺失、法律规则冲突或法律规则不能的情

况下，民事案件可能会以法律原则，甚至习惯，作为法律依据。但根据法理，任何案件的处理，首先应考虑的是规则，只有面对民事疑难案件即上面所讲的三种情况，可以考虑原则或习惯，绝不能跨过规则直接适用原则和习惯。一旦确定了解决案件的法律依据，将案件事实与法律依据相结合，运用形式逻辑的推理方式，责任人的法律责任将自然呈现。具体到江歌案，根据目前媒体所报道的案件事实，案件中涉及的当事人有江歌、陈世峰、刘鑫、刘鑫的母亲及江歌的母亲。当事人间形成不同性质的社会关系，第一，陈世峰杀害江歌的行为构成刑事法律关系中的故意杀人行为，将按照日本刑法中关于故意杀人犯罪规则处理。第二，江歌与刘鑫之间构成民事法律关系，争议的焦点是，刘鑫面对江歌处于危险处境时，有没有救助的义务？根据《民法总则》的规定，有救助义务而没有尽到救助义务，则应承担相应的民事责任。此外，根据《民法总则》第 183 条的规定，因保护他人民事权益使自己受到损害，受益人可以给予适当补偿。在侵权人无力承担民事责任时，受益人应当给予适当补偿。因此，江歌的母亲可起诉刘鑫，并要求刘鑫承担基于先前义务和《民法总则》第 183 条而产生的法律责任。第三，江歌的母亲和刘鑫之间不构成法律关系，不会产生法律责任，其行为属于道德调整的范畴。第四，江歌母亲与刘鑫母亲之间也不是法律关系，同样谈不上法律责任，也属于道德调整的范围。由于规则是理性的，培养良好规则意识及规范性思维，促使法律人从纯感性及情绪化走向理性。

（三）法理学培养法律人社会性思维，以克服法律规范的机械性和滞后性

法律规范是用高度抽象和概括性的语言对形形色色的社会现象和社会行为进行分类和评价的结果。但新的社会现象不断涌现或模棱两可的事实出现，导致法律的空白或法律调整的冲突，法律人的社会性思维对裁判这两类民事案件意义重大。当法律出现空白，裁判者找不到裁判案件的法律依据时，裁判者可运用社会性思维方式，运用社会中广泛存在的习惯或公平正义的道德观念作为案件处理依据。此外，我们还经常遇见同一案件存在两种裁判方案、两种解释意见，各有其理由。这种情况下，应该从法律的社会性出发，衡量两种裁判方式可能产生的社会效果，并采用社会效果好的裁判方案。

（四）法理学培养法律人逻辑性思维，增强案件审理结果的合法性与合理性

法律人追求案件的法律解决方案，最后都是通过逻辑推理实现的。是将案

件事实和法律依据结合，通过形式推理完成。但法律依据推理的大前提，无论是规则还是原则或习惯，都回避不了对其中的概念的准确认识。法理学告诉我们，概念与规则、原则间的区别与联系，并强调正确理解概念对准确运用规则和原则的基础性作用。比如，根据我国《道路交通安全法》的规定，机动车与非机动车发生交通事故，只有在非机动车驾驶人故意造成的情况下，才能免除责任。所以在实践中，汽车与电动车发生交通事故，通常都会由汽车驾驶人承担主要责任。但到底应当由谁承担主要责任，应从概念出发进行逻辑推理，本案中，首先要明确发生事故的电动车在法律意义上是机动车还是非机动车。根据《道路交通安全法》第 119 条和《电动自行车通用技术条件》的规定，最高时速不超过 20 公里、空车质量不超过 40 公斤、30 分钟的脚踏行驶距离不小于 7 公里的电动自行车是非机动车。不符合上述标准的电动车，在交通事故认定中，被认定为机动车。所以，电动车被认定为机动车，在电动车驾驶人违反相应法律法规的情况下，同样可能承担主要法律责任。又如，当年王海知假买假并索赔的行为，到底能不能得到法律支持，曾引发许多争议。王海可否依据《消费者权益保护法》双倍赔偿的条款得到赔偿，关键是判断王海是否为消费者权益保护法规定的消费者。根据《消费者权益保护法》第 2 条的规定，消费者指是为生活消费需要购买、使用商品或者接受服务，其权益受本法保护的人。显然王海不属于此类，其索赔没有法律依据。

法的价值是法理学教学内容的重要组成部分。司法实践中，绝大多数案件可以运用形式推理进行归责，但在法律适用过程中，还可能面临对两个或两个以上相互矛盾的法律命题进行衡平选择，此时就需要采用实质推理的思维方式。实质推理是存在相互冲突的法律规则的前提下，法律人运用原则、价值判断、政策等进行综合性判断的思维活动。面对疑难案件时，法律人运用其所持的价值观念对案件中应当保护的各种价值进行平衡和选择，适用能够体现在特定领域具有优越性法律价值的法律规则。实践中，法的价值判断与选择存在于立法、执法、司法、守法等各个法律运行环节。法律人是否具备法律至上、公平正义、人权保护等法律价值观对良法的制定和运行具有关键性作用，也直接关系到中国特色社会主义法治国家的目标能否实现。

三、法理学拓展法律人法学视野

法理学探讨法与哲学、历史、经济、伦理等其他社会现象之间的关系，极大开拓了法律人的视野。宽阔的法学视野对法律人非常重要，它使法律人透过现象看到问题的本质，看待问题更全面更客观，也有助于法律智慧的形成。

（一）法与哲学

人类历史发展的进程中，每一次哲学思潮的兴起，都会带来新的法学流派的产生。如唯心主义促使古典自然法学派的形成，后又在批判早期唯心主义的基础上，产生了以康德为代表的哲理法学派。在实证主义哲学思潮下，产生了实证分析法学派。

人对包括法在内的客观事物的认识规律是从各种各样的表象开始，随着认识的深入，运用理性能力，人们逐渐归纳出该事物区别于其他事物的特征。再随着认识的深入，人们逐渐能够透过现象把握事物的本质。现象、特征、本质都是哲学范畴，是哲学贡献给人类的科学方法论。法理学是与哲学联系最为紧密的法学学科，它教会法律人从表象到特征再到本质的法律认识方法。法是什么？法律本质是什么？是法学的迷津。作为法学古老而常新的问题，是法学最核心、最普遍、最根本的问题，也是涉及法律运作、法律实践方向、价值取向的根本性问题。“二战”后的纽伦堡法庭上，人们就是通过重新反思法的本质，认为恶法非法，从而否认了纳粹德国法律的有效性，使人类正义得以伸张，国际秩序得以重建。

（二）法与历史

任何法律现象背后都有人思想的作用，任何国家的法律制度与法治现状都与该国的主流法律意识有关。但主流法律意识并非一蹴而就，一定经历了漫长的历史发展过程。常说中国人的法律意识不如西方国家的人，其实，更准确的表达应当是：“中国人的民法意识和权利意识不如西方人”，而中国人的刑法意识和权力意识，特别是重刑意识，均强过西方人。究其原因，我们可以从东西方法律不同起源与历史发展过程中找到答案。

中国奴隶制法的两个主要表现形式“礼”与“刑”起源于两件“国之大事”，

即《左传》记载的“国之大事，在祀与戎”。[3]“礼”源于祭祀活动，“刑”源于战争。这与中国古代奴隶制国家的起源特点和社会现实紧密相关。中国奴隶制国家是以炎黄氏族部落联盟为基础，通过频繁战争打败蚩尤、三苗等其他氏族部落的基础上发展起来。所以国家的建立自始没有打破血缘的联系，国家的主体首先是由有血缘联系的人组成。部落联盟间频繁的战争，决定了国家要生存，必须团结本部落的成员以对抗其他部落。祭礼便承担了这一重要的社会功能。通过祭礼，部落成员表达对共同祖先的敬奉，强化共同体信念，增强凝聚力，共同抵御外辱。此外，神权思想是社会的主流思想，人们认为部落的行动，获得神灵的庇佑才能成功，祭礼只有按规定的礼仪和程序进行，才能表达对上天和祖先的敬畏之情。人们坚信只有举止如“礼”，才能获得神灵喜爱与保佑，调整家族内部关系的法律规范“礼”由此产生。这也就注定了中国古代“礼法”自始缺乏自由、平等的精神，相反，亲疏远近、尊卑等级成为中国古代法律的精神内核。部落联盟对待战犯，使用“刑”。“刑”起源于战争，所谓“大刑用甲兵”。“刑”使部落成员与战犯相区别，并剥夺其战斗力，于是出现了墨、劓、剕、宫、大辟五种法定刑。综上，中国法律起源于“礼”与“刑”的特殊历史事实以及贯穿中国古代的礼法精神，深深地影响了中国人的法律意识，权力意识和重刑主义是其主要内容，当今考公务员热及对死刑的倚重就是这种意识的体现。

西方的法律起源于古希腊时期，古希腊的社会组织基本细胞是城邦国家，即脱离了血缘联系的陌生人组成的社会。再加之古希腊少地沿海的地理条件决定，人们的主要经济方式是开展海上贸易。法律为服务于贸易而产生，首先产生且最多的法律是民法。贸易的顺利开展依赖于贸易主体的平等协商和意志自由。因此，平等、自由及权利意识伴随法律起源而产生，这种意识在古希腊自然法思想中得以集中体现，在中世纪与基督教神权法联姻时得以保存，在文艺复兴运动中得以恢复。并于资产阶级革命前期形成新自然法学派，得以光大，成为资产阶级革命的武器，其思想精髓被资产阶级国家以宪法形式加以固定。自然法思想贯穿西方的历史发展进程，也深深地影响了西方人的法律意识。

---

〔3〕《左传·成公十三年》。

（三）法与伦理

法律对人的行为和社会关系的调整是通过以下方式实现的，即按照一定的标准对人们的行为作出可为、必为和禁为的评价，再规定相应法律后果，并以国家强制力保证其法律效力。然而，哪些行为是法律肯定的行为？哪些行为是法律否定的行为？或者哪些行为是法律不干涉的行为？评价必涉及评价标准。影响一国法律的评价标准的因素有很多，但必与该国社会中人们普遍所持的是非曲直、真假善恶等伦理道德观念有关。而且，法律还会随着人们对一定行为的伦理道德观念的变化，作出相应调整。比如，对待安乐死合法化问题、同性恋婚姻合法化问题、代孕行为合法化等问题，不同国家的法律态度及一个国家不同时期的法律态度，都受到社会普遍存在的伦理观念的影响。

法与伦理的关系在婚姻家庭的领域得以集中体现，婚姻家庭法的制定与适用都不应与婚姻家庭的伦理本质相违背。实然婚姻法的规定应符合婚姻的伦理本质，即应符合黑格尔所说的法哲学意义上的“法”。这个“法”是必然的，也是神圣的。由于婚姻的伦理本质是以“爱”与“信任”为纽带的两个具有自由意志的理性个体在精神上的高度契合，因此，我国婚姻法规定的婚姻自由、一夫一妻、男女平等的基本原则都与此相吻合。婚姻自由是由人的理性及个体意志自由的本性所决定的，所以任何包办、买卖婚姻及其他干涉婚姻自由的行为都与婚姻的伦理本质相违背。由于婚姻的伦理本质是两个理性个体在精神上的高度契合而形成“爱”与“信任”的统一体，这一统一体本身具有排他的性质，因此，一夫一妻制在本质意义上，并不是源于对男女人口比例的担忧，而是出于婚姻伦理本质上爱的统一属性。至于男女平等，这里的平等应是精神和人格的平等，以互相尊重与信任为表现形式，并不是男女在家庭中承担相同的责任。男女差异与任何一方不完整、分离的现实状态是婚姻缔结的自然基础，也意味着结合的必然性。男女差异决定婚姻家庭中分工合作的必要性，女方做符合女性特点且擅长的事情，男方也做符合男性特点且擅长的事，夫妻双方相互理解、相互信任、相互支持并感恩对方为家庭的付出。婚姻的解体在伦理实质意义上体现为夫妻双方基于“爱”的精神统一体的瓦解，在形式意义上表现为法律上婚姻关系的解除。对夫妻双方而言，过去作为家庭统一体中的一员，在精神和现实中都重新变成了独立的个体。由于婚姻是基于爱的感觉的精神统一体，但主观性的感觉本身不是绝对稳定不变的，所以婚姻的伦理本质中就含有离异的可能性。如果双方自愿离异,法律应予准许。如果一方提出离婚,而另一方不同意时,则应根据具体情况判断这一爱的精神统一体是否已解体,也即我国婚姻法中规定的感情是否破裂。如果确已解体,则应准予离婚。

家庭是以婚姻为基础的伦理性实体,家庭的幸福取决于婚姻家庭的伦理本质,与婚姻家庭法律制度没有实质的联系。婚姻家庭法律制度只是国家对婚姻家庭在形式上的认可,并使其产生法律上的效力,以对抗其他组织和个人对婚姻的破坏。并在形式意义上的婚姻瓦解时,在其成员间进行法定权利义务的划分,并宣布终止这一形式意义上实体的法律效力。厘清家庭的伦理本质及家庭伦理与法理的关系对我国家事审判方式和工作机制改革具有重要的理论指导意义。维护家庭的伦理性应成为我国家事审判相关法律制度的基本价值取向。也因为家事审判的伦理性使之与以事实的审理和当事人之间权利义务的划分为主要功能的普通民事案件相区别。因此,维系家庭伦理为目的的调解结案理应成为家事审理的主要方式。我国可以将立案前调解作为家事审判立案的必要条件,并建立健全立案前调解机制及诉调联动机制。实现诉调案件的合理分流,回归婚姻家庭的伦理本质,恢复诉讼的裁判功能,缓解司法资源紧张压力。

(四)法与经济

马克思主义哲学关于经济基础决定上层建筑的论断,科学地揭示了包括法在内的上层建筑与经济之间的关系。法是由经济基础,最终是由一个国家的物质生活条件所决定。人类社会发展的每一次质变,经济因素都在其中起到了源发性促进作用。以中国从奴隶社会转变为封建社会为例。西周是以分封制、嫡长子继承制、世卿世禄制建立起来的家天下奴隶制国家,井田制是其基本经济制度。伴随铁制工具在农业及手工业领域的广泛使用,大量的荒地被开垦,打破了奴隶主阶层对土地的垄断,出现了新兴的地主阶级。富裕起来的地主阶级希望打破奴隶主阶级的特权并获得土地所有权,社会的主要矛盾演变为新兴的地主阶级与旧奴隶主阶级的矛盾。最后,西周家天下的局面被打破,成文法公布,井田制被授田制代替。地主阶级对土地的所有权得以确认,中国封建社会正式形成。此外,西方经济分析法学派的兴起和繁荣也是法与经济内在联系的集中体现。

(五)法与科技

人类社会每一次科技革命都会带来社会生产力和生产关系的深刻变革。

铁器的广泛使用带来地主土地私有制的出现。蒸汽机的发明与运用使人与人之间的阶级结构发生了剧烈变化，社会分裂为新型资本家和产业工人两大基本阶级，资本主义制度从此在历史上取得了统治地位。伴随着电力广泛运用于工业生产，许多国家的工业结构发生了重大变化，大规模生产的出现和资本的集中得到促进，垄断由此产生，西方由自由资本主义时期过渡到垄断资本主义时期。第二次世界大战后，在人类历史上又出现了以核能、电子计算机和自动化技术为标志的第三次科学技术革命，促进了社会生产力的新飞跃和社会经济管理水平的进一步提高。如今，人工智能的时代已经到来。2017 年 11 月 15 日，科技部召开新一代人工智能发展规划暨重大科技项目启动会，标志着我国新一代人工智能发展规划和重大科技项目进入全面启动实施阶段。会议宣布国家首批新一代人工智能开放创新平台建设名单。标志我国抢占全球人工智能技术制高点的战斗正式打响。人工智能必将带来社会经济政治文化结构的深刻变革，谁能引领人工智能，谁就可能掌控人类的未来，作为法律人必定会面临人工智能对法律职业带来的深刻变革，法学教育应当提前做好应对准备。

结　语

法理学既是法学的入门学科，是法学的一般理论、基础理论，更是对法律知识在全面掌握基础上进行思辨形成的科学方法论。法理来源于实践更服务于实践，法理脱离法律实践将成为“法盲”，法律实践脱离法理也将沦为“瞎忙”。当前的法学教育应加强法理学等理论法学的教育并重视人工智能技术革命对法律职业及法学教育带来的挑战，积极应对并作出相应调整，培养能够满足人工智能时代需求的法律人才。

婚姻家庭法教学改革创新研究

——教师引导、学生主讲、关注实践、提升理论

曾　青*

【摘　要】在婚姻家庭法课程教学中，根据该课程的特点，试行教学改革，按照教师引导、学生主讲、关注实践、提升理论的路线来开展婚姻家庭法课程的教学，让学生结合理论知识的学习，进行现实问题的探究与钻研，提升学生独立思考能力和学术鉴赏能力，营造学生参与、互动学习、富有活力的课堂氛围。

【关键词】教学改革；参与；互动

刘延东在《深化高等教育改革，走以提高质量为核心的内涵式发展道路》一文中指出："要开展启发式、讨论式、参与式教学，学生的创造思维应在教学全过程中得到激发和鼓励。教师要加强与学生的联系和交流，为学生提供更多互动学习的机会……要确立学生在学习中的主体地位，逐步改变以教师为中心的知识传授型教学方式，培养学生的批判性思维和创新能力，促进个性发展。"[1]培养人才是我国高等教育改革的中心，是高等教育应有之义，也是高校教师的本职工作。

为践行这一理念，笔者在婚姻家庭法教学过程中采用了教师引导、学生主讲、关注实践、提升理论的教改模式，取得了良好的教学效果，受到学生的好评。

---

* 曾青，西南民族大学法学院教授。

〔1〕 刘延东：《深化高等教育改革，走以提高质量为核心的内涵式发展道路》，载《求是》2012 年第 10 期。

一、婚姻家庭法教学的重要性

据民政部《2016 年社会服务发展统计公报》显示,2016 年全国依法办理离婚手续的共有 415.8 万对,比上年增长 8.3%,其中民政部门登记离婚有 348.6 万对,法院判决、调解离婚有 67.2 万对。[2] 法院受理的婚姻家庭、扶养继承纠纷等家事案件也持续上升,占全部民事案件的 1/3 左右,基层法院中此类纠纷比例更高达 50% 以上。

婚姻家庭法学正是以婚姻家庭法律规范和婚姻家庭法律现象为研究对象的一门基础法学学科,旨在学习婚姻家庭法律制度的产生及发展历史、立法体例、基本原则和法律措施,研究亲属制度、夫妻关系制度、结婚制度、离婚制度、父母子女关系和其他家庭成员关系制度、收养制度、监护制度、保护婚姻家庭成员合法权益的法律救济措施制度等内容。通过婚姻家庭法的教学,能够培养学生正确的婚姻家庭观念和法律意识,有助于学生在今后的法律实务中有效地运用婚姻家庭法律知识解决法律问题,维护公民在婚姻家庭领域中的合法权益,促进社会的文明进步,构建社会主义和谐社会。

二、婚姻家庭法教学改革的实践

婚姻家庭法与大学生的认知能力相适应,与人们的日常生活联系紧密,典型案例俯拾皆是,大三学生自学难度也不大。在西南民族大学法学院的本科婚姻家庭法课程教学中,根据该课程的特点,试行教学改革,按照教师引导、学生主讲、关注实践、提升理论的路线来开展婚姻家庭法课程的教学,通过教师明确课前要求和课间提示内容的引导作用,让学生结合理论知识的学习,进行现实问题的探究与钻研,在潜移默化当中使学生受到熏陶,提升学生自己的独立思考能力和学术鉴赏能力,将课堂知识和社会现实有效结合,营造富有活力的课堂氛围。

(一)教师引导

教师引导发挥着整个教学过程的基础性作用,是至关重要的,它承担着引

---

〔2〕《2016 年社会服务发展统计公报》,载中华人民共和国民政部官网:http://www.mca.gov.cn/,最后访问日期:2017 年 8 月 3 日。

导学生自主学习婚姻家庭法学的职责,使学生从往日的被动型、依赖性、传统型的学习方式向主动型、创新型的学习方式转变。

首先,让学生自愿组队。在本学期第一节课时要求学生以 4 人为一个小组进行自愿组队,小组成员之间合理分配各自的任务,相互协作,充分调动学生的积极性、创造性和主动性,以便于提高学习效率,充分运用有效学习时间。

其次,教师布置讲课内容。根据教学大纲的要求将各章节的内容分配到每一个小组,每个小组对各自负责的章节内容进行资料的搜集、PPT 的制作、课堂的讲解以及相关问题的答疑,开启学生上台讲课、老师进行补充的教学新模式,提高学生之间的团队合作意识,提升学生的资料收集能力、语言表达能力、逻辑思考能力和理论运用能力。在布置内容的同时指出重点难点,告诉学生每一章需要着重把握的知识点,以便学生在课下能够查阅并准备好相关资料。在这个过程中让学生通过课下的查阅与交流来提升自身的文献检索能力,有助于学生今后的论文写作与文献查找。

最后,布置思考题。通过每一章节所布置的思考题,帮助学生整体把握和深入理解该章重点难点,其作用相当于在学生难以理解较深奥理论时给予了学生一把钥匙,以帮助其自主并快速找到突破口,激发学生自主解决问题的潜力,从而加深学生对于婚姻家庭法理论的理解和记忆。

(二)学生主讲

教育心理学认为,当成年人在负有一定责任的角色中学习时,他学习的动力就更大,也就更为主动。[3] 当一个人在课堂上被动地接受灌输给他的知识时,他的学习是被动和消极的,因而学习的效果也不显著;如果他认识到他负有一定责任,他的学习会影响到其他人的利益和前途时,他的学习就是主动的、积极的,其学习的效果也就十分显著。

遵循这一规律,在接下来的学生主讲教学环节实施过程中,按以下六个步骤进行:

第一个步骤为学生在小组里进行合理的分工,分配好组员之间各自的任务,以便整个团队达到有机组合、高效合作,同时在这个过程当中也能够让同学相互之间取长补短,培养一个合作的学习观,提高学生的竞争力。

〔3〕 王晨光、陈建民:《实践性法律教学与法学教育改革》,载《法学》2000 年第 7 期。

第二个步骤为搜集资料，由两位同学进行该工作，这项工作是PPT制作和课堂主讲的基础和前提，工作量难度较大一些。资料要求结合司法实践，有典型意义和研讨空间，有争论点和理论价值。

第三个步骤为制作PPT，由一位同学完成，制作内容比较自由，只需将搜集到的资料进行合理的录入与排版，相当体现学生的创新性。如果制作的PPT美观大方，条理清晰，并引入动画和插图，会大大提升课堂教学的吸引力。

第四个步骤为学生主讲，由一位同学完成，这也是整个步骤中的关键之处，主讲学生为了能将课程内容讲好，须从整体框架上弄懂其所讲述部分的知识结构，寻求对知识的理解和掌握，把握好讲课内容的重点、难点部分，思考习惯理论问题，准备回答同学和老师的提问。这是主讲同学和其他同学的交流和互动，十分考验主讲学生的语言表达能力和逻辑思维能力。

第五个步骤为学生之间的提问与讨论，由主讲的4位小组成员组织大家提问以及讨论，老师在一旁参与讨论，在讨论的过程中对学生进行引导，时间为15分钟左右。在这个过程中学生会对所讨论的问题表达各自观点，阐述论证过程，互相辩论和说服，以促进不同观点的碰撞，拓宽学生的视野。全班学生课后对各教学小组主讲内容进行评价，由学委收集整理，作为成绩评定依据。

第六个步骤为教师总结，时间为10分钟左右，教师对重点难点内容进行总结，厘清主要知识点，对学生讲课出现的问题进行纠偏，对疑难问题进行释明，采用启发式教学方法，提出新问题由学生自主探究，师生相互交流，最后由学生自己得出结论。

（三）关注实践

理论的价值在于应用，理论创新必须回到实践中去，接受实践的检验并在实践中不断完善。在婚姻家庭法学的教学过程中也是如此，学生了解了许多流派的理论，但不能因为这些理论出自名家而盲目接受，要用司法实践中的真实案例和自身的生活经验去理解和印证这些理论。因此，运用案例教学法贯穿婚姻家庭法整个课堂。

案例教学法早在古希腊和古罗马时期已经产生，成熟于19世纪的美国哈佛大学法学院，华莱士·B.唐哈姆任法学院院长时，主张法学院推广使用案例教学法,引导学生到真实生活中搜集、整理资料,参与案例的分析。[4] 婚姻家庭法的教学也着力引导学生关注社会热点事件和司法热点问题,带着问题学理论,独立思考,学以致用。例如课堂上同学们讨论了"泸州二奶案""死刑犯配偶的生育权案""一个丈夫两个妻""单身女性合法生育的地方性法规""大理州按照民族习惯处理彩礼纠纷"等多个真实案例,涵盖婚姻法基本原则的运用、生育权的男女平等、重婚案件的处理、法制观念的进步、民族地区婚姻家庭的特殊性等理论思考,引导学生在案例学习中积极思考新观点,重视团队成员的不同角度,举一反三,做到对案例的多角度考虑,联系所学知识,真正做到学以致用。

婚姻家庭法的教学,不仅要传授法学思维和知识,更要引导学生学会表达和沟通,学会爱和理解,树立正确的婚恋观。因此,在本学期第一堂课时还布置给了同学们笔谈的任务,课下找到一位与自己志趣相投的异性朋友作为笔友,交流生活,探讨学习,畅谈理想。如此一来,既满足同学们凭感觉寻找心仪笔友的好奇心,又让男女同学之间尝试沟通而不感到尴尬。通过开展笔谈,让学生初步感受如何与异性相处,帮助学生建立良好的人际关系和正确的婚姻观。

(四)提升理论

现代法治社会中,法律条文的数量以令人震惊的速度增长,其修改和变化的速度也同样惊人。如果要把所有法律条文和法律知识都灌输给学生,不仅是不现实的,也是不可能和不必要的。法学教育的真谛应当是使学生学会法律思维,学会法律的精髓和宗旨,学会如何学习和运用法律,做一个法律人。

婚姻家庭法的理论研究一直备受关注,既关乎人民群众的切身利益,也与民法典婚姻家庭编的制定密切相关。在课堂中,结合婚姻家庭法理论问题,教师引导学生探讨了诸多社会现象,例如婚姻法司法解释颁布后学界质疑的婚姻家庭去伦理化问题、非婚同居的法律问题、事实婚姻、代孕、婚内侵权、民间收养、高额彩礼等问题,既介绍不同的理论观点,扩大学生的知识面,又引导学生去思考这些社会现象产生的多元背景,不仅仅局限于法律的视角,还需要从多角度考虑,也没有绝对意义上的是非对错。以我国许多地方存在的高额彩礼为例,彩礼作为一种习俗而在传统社会得到广泛接受,其背后存在对多种因素的

---

〔4〕 曾文革、唐仙丽、张燕:《法学案例教学法的探索与思考》,载《重庆大学学报(社会科学版)》2006 年第 1 期。

考量,如对父母抚养的回报、对家族长辈的孝敬、对女方家庭劳动力丧失的弥补、对将来结婚的保证等,不能绝对地认为彩礼就是陋习。当然随着经济的发展,彩礼数额越来越高,负面影响也越来越多,有必要加以适度的干预和限制。通过对这些社会现象的讨论,了解其背景和缘由,探究其中所蕴含的法理,既培养了学生多维度视角思考问题,培养他们的理解能力与包容心态,也让学生能够对相关法律的真意和宗旨清晰明了,并在正确掌握的基础上去理解法律和运用法律。

课堂上教师还结合课程阶段,推荐了参考书目供学生阅读,[5]还布置了具有理论探讨意义的思考题供学生完成作业、课下研讨和论文选题。例如,如何看待当今社会的婚姻家庭去伦理化现象,我国亲属关系立法之不足与完善,非婚同居关系应否纳入法律调整,无效婚姻中善意当事人的利益应否受法律保护,我国法律对事实婚姻的规定有无变通的必要,我国夫妻关系法之不足与完善,应否扩大离婚损害赔偿的过错范围,关于婚内侵权损害赔偿你的观点是什么,代孕当事人的权利保障和法律的规制,我国亲子立法的不足及其完善,我国收养条件的适度变通有无必要,建立国家对收养的监督管理制度的必要性及设想,少数民族婚姻习惯法与国家法之间的矛盾问题,等等,深化授课内容,延伸理论思考。

三、婚姻家庭法教学改革的创新和示范意义

(一)激发学习主动性,调节课堂气氛

以上教学改革措施可以在学习中提高学生的主人翁感,通过课堂上学生的自主讲解、教师全程引导、现实案例的讨论、分组辩论、课下笔谈的开展,给予学生一定的体会感悟,让学生通过自身的经验实践初步了解婚姻的本质与内涵,从而使学生更加轻松地学习婚姻家庭法学,激发学生自主学习、自主思考的动力。

在课堂上,教师和同学还一起观看了反映婚姻家庭的佳片《不一样的爸爸》和《最爱》,感受智障父亲与女儿的亲情,了解美国的强制监护制度;了解艾滋病

---

[5] 夏吟兰:《美国现代婚姻家庭制度》,中国政法大学出版社 1999 年版;陈苇:《外国婚姻家庭法比较研究》,群众出版社 2006 年版;韦斯特马克:《人类婚姻史》(全三卷),商务印书馆 2015 年版;等等。

防治的严峻形势,理解艾滋病人的处境和感情。课堂上同学们观影感触颇深,课后写观后感也情真意切,有所感悟和收获。

引导学生主动参与整个教学过程,相当于让学生进入教学活动,富有创造性地完成学习任务,使学生的主观能动性和创造性发挥到最佳程度。学生从中获得主动展现自我的机会,整个教学过程都洋溢着学生的热情,而不仅仅是老师自己的热情,这样的教学就会夹杂着师生之间浓浓的人情味,教学氛围活跃,学生的深层次学习需求能得到充分满足,师生双方会感受到整个教学活动是一种享受,留下美好的回忆与进一步深造的动力。

(二)培养综合能力

学生合理分工、搜集资料、讲解内容的过程,其实也是寻找适合自己的学习方法的过程。对各小组进行任务的分工,有助于加强学生之间的学习交流,从而提高学生的团队合作能力;为了准备素材、资料文献而需要在课下大量阅览有关资料,有效提高了学生的文献检索能力;同学主讲和回答问题,很好地锻炼了学生的语言表达能力和逻辑思维能力;对于听课的其他同学而言,既要向主讲同学提问,又要回答同学或老师的问题,不断地提问和讨论发言,使其不能懈怠,必须积极思考,提高其对问题的总体把握和分析能力。因此,教学方式的改革,带来的是学生综合能力的提升,是他们对法律精神的理解和对学习方法的掌握。

对于学生而言,在一门课程上学到知识固然是重要的,但比这更为重要的是如何去学,这两者的目标范畴是不一样的,前者是授人以鱼,后者则是授人以渔。学生通过一门课程的学习,了解其内在理论与规律,同时也找到了如何学习的方法,这更加符合当代学生的诉求,也是法学教育应有之义。

(三)教学内容创新

由以教师为本位的灌输式教学方法,向以学生为本位的自主式教学方法转变,势必要进行教学内容的全面创新,没有创新就无法满足不断发展的高等教育需求。总的来说,教学内容的创新要实现以下两个转变点;一是不断优化传统的教学内容,在取其精华、去其糟粕的基础上,增加一系列新颖的、独创性的、富有生命力的新内容。以婚姻家庭法教学为例,关注纷繁的社会热点、关注变化的立法动向、关注疑难的司法案例,就是最现实的教学内容创新,让学生对最新案例的分析、讨论,使学生了解到最新的司法情况,接触到前沿的理论思考,成为衔接课堂理论学习与司法实际运作之间的桥梁。二是及时地收集、掌握有利于教学的各种信息，了解学生的关注点和思维方式，必要时可以调整教学策略以满足学生的需求，例如课堂中进行的分组辩论和佳片赏析就是多样化的教学模式之一，深得学生喜爱，教学效果良好，其目的都是引导学生自觉、主动地进行婚姻家庭法的学习，更深层次地了解婚姻家庭法的内涵。

通过上述两个创新点，达到实现教师职业角色的适当转变，即由传统法学教育中的传道者向循循善诱的引导者转变，由封闭的灌输式教育向开放的自主式教育转变，真正在教学实践中引导学生自主的参与整个教学过程。

（四）教学改革的示范意义

在婚姻家庭法的课堂上，通过学生自主分析讨论，努力让学生学到发现问题、分析问题、解决问题的思维方法。教师引导、学生主讲的教学方法，是一种富有创新性、探究性、互动性、可行性的比较系统的教学模式，借助案例分析、小品表演、分组辩论、佳片赏析等方式，多方位地让学生从内心产生一种愿意接受知识的内驱力，引导学生以最快的速度进入最佳的学习状态当中，最大限度地调动学生参与课堂的积极性，从而培养学生的创新意识，促进学生的发散思维。

对于其他学科来说，教师引导、学生主讲的教学模式也具有借鉴意义，其中的案例分析、分组辩论、佳片赏析等方式，在调动学习积极性、活跃课堂气氛上具有立竿见影的作用，更加易于推进整个课程的教学，同时也让师生之间克服距离感，师生协力推进，彼此教学相长，达到优良的教学效果，具有一定的示范意义。

谈新时期国际法教学思路的转变

张　敏*

【摘　要】当今世界正处于一个历史大变革时期，国际关系极其复杂，国际格局深度调整，全球性问题错综难解，中国的和平崛起面临着严峻的历史性挑战。在新的历史时期，能否善用国际法化解冲突、解决矛盾及维护国家利益，运用国际法发出我们的声音，建构我们自身的国际法话语体系，让中国成长为国际规则的参与者和制定者，国际体系和秩序的建设者，这取决于我国国际法研究水平的不断提升和国际法人才的培养和储备。基于我国国际法人才培养应契合新时期国家发展需要的现实，国际法教学要特别围绕着中国对外关系的发展而进行，以与中国相关的实例和案例学习作为国际法学习的拓展和深入，并在教学中重视中国视角，从而为国家储备既了解中国国情、立场和态度，又熟知国际法、深谙国际关系变化和发展并能积极维护我国国家利益的法律人。

【关键词】新时期；挑战；国际法教学；转变

改革开放以来，特别是进入21世纪以后，我国综合国力不断增强，国际地位和影响力显著提升。中国前所未有地融入国际社会，不仅积极主动运用国际法与其他国家和国际组织发展政治、经济、文化、科技等各领域关系，而且加入了众多国际条约、公约，作为国际社会成员尊重和维护着国际法的权威。然而

---

* 张敏，西南民族大学法学院教师。

随着国际力量对比日益相对均衡,世界多极化趋势更加明显,国际格局进入深度调整的特殊时期,规则博弈在国际格局的调整中地位更为突出,中国面临着更为复杂的外部环境,与世界的关系正发生着历史性的变化。如何在国家和平崛起的道路上作为国人与国家一起克服诸多挑战,如何在中华民族复兴的关键节点贡献自己的一份力量,青年一代的法学人必须担负起相应的责任,成长为作为国家栋梁的法律人。在学习过程中,青年学子们应该重视国际法学习,了解、熟知国际法知识体系,进而更加深入解读国际关系和国际时局,以及中国所面临的各种困难和风险,积极维护国家利益,共担国家发展重任。

一、新时期中国的对外关系发展

"当前,国内外形势正在发生深刻复杂变化,我国发展仍处于重要战略机遇期,前景十分光明,挑战也十分严峻。"[1]2013 年,党的十八届三中全会后,我国的对外关系发展在政治、经济、文化、安全等领域获取了丰硕的成果。

政治方面,我国坚持在和平共处五项原则的基础上积极发展对外关系,与世界上 175 个国家建立了外交关系,参加了 100 多个政府间国际组织,同几十个国家建立战略伙伴关系和全方位合作伙伴关系。我国积极参加国际条约的谈判与缔结,仅 2016 年,中国对外缔结的国家、政府和政府部门间的双边条约、协定及其他具有条约、协定性质的文件 289 项,[2],签署多边条约 15 项(其中生效 7 项),[3]涉及政治、经济、文化、科技、交通等诸多领域。同时,我国积极参与国际事务,在朝核问题、中东问题、叙利亚问题、阿富汗问题等国际和地区热点事务上都提出了中国方案,贡献了中国智慧,为维护地区稳定和世界和平发挥了自己的作用。

经济方面,中国在国际经济格局中的分量不断上升,成为世界第一工业生产国,世界第一贸易大国,对世界经济的贡献不断提高。2016 年,中国的国内生产总值达到 74.4 万亿元,增长 6.7%,名列世界前茅,对全球经济增长的贡献率

---

〔1〕 转引自习近平在中国共产党第十九次全国代表大会上的报告。

〔2〕 转引自《2016 年中国对外缔结条约情况》,载国际经济法网:http://ielaw.uibe.edu.cn/xjxw/50125.htm,最后访问日期:2017 年 8 月 6 日。

〔3〕 转引自《2016 年中国参加多边公约情况》,载外交部网站:http://www.fmprc.gov.cn/web/ziliao_674904/tytj_674911/tyfg_674913/t1453762.shtml,最后访问日期:2017 年 11 月 25 日。

超过30%。[4] 同时,中国的对外投资也蓬勃发展,为相关国家的经济发展贡献了中国力量。中国在国际体系中的发言权和代表权也得到提高,2016年1月,中国在国际货币基金组织的份额占比从3.996%升至6.394%。[5]

文化方面,中国与众多国家和地区开展多种多样的文化交流活动,合作不断深入。在多个国家开办孔子学院,传播中华文化,积极推动不同文明之间的交流对话,尊重文明的多样性。与相关国家的文化交流年活动蓬勃开展,如2016年的"中拉文化交流年",文化交流互鉴成为推动中国对外关系发展的重要方面。

安全方面,我国成为维护世界和平的重要力量,不仅是联合国安理会5个常任理事国中派遣维和人员最多的国家,也是缴纳维和摊款最多的发展中国家。同时,中国还在亚丁湾、索马里海域进行了常态化护航行动,与多国护航力量一起维护国际重要航道的安全。在复杂的国际反恐局势中,我国积极开展双边反恐磋商,同多个国家举行反恐军事演习,建立反恐机制;广泛参与多边反恐交流合作,不仅严格执行联合国的反恐决议,落实联合国《全球反恐战略》,还积极参与"全球反恐论坛",与亚太经合组织、东盟地区论坛等建立多边反恐机制合作。

可以说,我国以积极的姿态成为了国际体系和秩序的参与者和建设者,期望通过自身的努力成为全球治理体系中重要的一员,也期望能在和平稳定的环境中走向富强,达成和平崛起的目标,完成中国梦。

二、新时期中国面临的困难和挑战

当今世界正处于一个历史大变革的时期,地缘政治扑朔迷离,各种势力分化重组,国际关系极其复杂,国际格局深度调整,全球性问题错综难解,中国的和平崛起面临更为严峻的历史性挑战。

1."修昔底德陷阱"。当今世界最为重要的双边关系当属中美关系。美国作为一个老牌强国,中国的崛起必然对其构成挑战与压力。近年来,从行动、外

---

[4] 转引自李克强总理在第十二届全国人民代表大会第五次会议所做的政府工作报告。

[5] 转引自《中国正式成为国际货币基金组织第三大股东》,载搜狐网:http://business.sohu.com/20160129/n436240914.shtml,最后访问日期:2017年12月4日。

交、舆论上美国多重出击,不断对中国发难,炒作中国违反国际法,破坏国际规则,竭力遏制中国的发展。中国的和平崛起面临能否破解"修昔底德陷阱"的困难和挑战。

2. 全球性问题给中国的崛起带来更多的不确定因素。目前,人类社会面临诸多全球性问题,包括恐怖主义、跨国犯罪、生态环境、气候变化、非法移民等,近年来中国在应对全球性问题上发挥了积极而重要的作用。不过,全球性问题不是仅凭中国一己之力就可以解决的,需要国际社会众多国家通力合作和共同努力。当前深陷金融危机和经济发展疲软的西方国家对全球性问题的解决反应冷淡,致使一些国际机制的作用有限。全球性问题带来的非传统安全威胁给中国的崛起带来了更多不确定因素。

3. 中国的周边环境极为复杂,周边问题频发。目前中国的周边问题众多,朝核问题尚未解决,中日、中韩关系也因为钓鱼岛、萨德问题陷入僵局,南海纷扰还会持续,中印边界不平静,等等。我国周边问题多数直接涉及主权和领土安全,以往通过经济手段换取良好周边环境的效果呈现递减态势,经济投入成本换不回对等的政治利益回馈。而我国周边问题也成为西方各国企图遏制中国崛起的挡板之一,致使周边问题更为复杂化。周边问题能否得到良好解决,能否建设和拥有一个良好周边环境也是中国和平崛起面临的困难和挑战。

4. 当今中国在国际社会中话语权低下,在很长一段时间里还只是既有规则的被动接受者。从一定程度上来看,拥有话语权是制定国际规则的基本,是一国影响国际规则的制定和在国际事务中发挥影响力的能力。没有话语权则无法发出自己的声音,话语权低下则不能充分地表达自己意图及维护国家利益。在中国崛起的过程中,不可避免会与众多国家有利益的冲突和矛盾,特别是和主导话语权国家之间的冲突和矛盾更是日益突出,如何利用国际法化解冲突、解决矛盾及维护国家利益,运用国际法发出自己的声音,建构自身国际法话语体系,成长为国际规则的参与者和制定者是和平崛起的中国面临的又一重大挑战。

三、国际法教学如何契合新时期国际法人才培养需求

"国际法是崛起大国的制度重器。"〔6〕当前,实力不断提升的中国正全方位

〔6〕 何志鹏:《国际法与大国崛起》,载《吉林大学社会科学学报》2017年第1期。

接近世界舞台的中心,国家利益不断在全球范围内延伸。基于我们自身发展的需要和外部环境变化的现实,如何利用国际法服务于中国的和平崛起,如何利用现有的国际法规则体系维护自身利益,如何直面诸多挑战和困难,如何在未来国际规则的演进中加入中国的声音,这些都取决于我国国际法研究水平的不断提升和国际法人才的培养和储备。基于此,国际法的教学思路需要有如下转变:

1. 教学特别要围绕中国对外关系的发展而展开。法律离不开社会,社会是法律根植的土壤,国际关系及国际社会是国际法产生和发展的社会基础,学习国际法是不可能脱离对国际关系和国际社会的了解和考量的。所以在国际法学习中一定要去关注国际关系的变化,关注国际时局的发展。与此同时,"国际法教学不能仅仅局限于讲授法律的原则和规则本身,而要扩展到国际法背后及以上的东西,即国际法与力量的关系、国际法与国家利益的关系、国际法与意识形态的关系、国际法与文化传统的关系及国际法所追求和实现的目的"。[7]

从中国目前所处的国际处境和情势来看,国际法的教学要特别围绕中国对外关系的发展来进行,紧密围绕我国面临的内外问题展开各个教学环节,特别要注意追踪一些热点、焦点问题,如钓鱼岛问题、南海问题、中印边界问题等,使学习国际法有更为直观、亲近、鲜活的感受。让学生带着对国际关系的认知和国际时局的关注进入国际法学习,带着对中国未来发展的忧患去思考,通过理论学习和实际事件的结合建立国际法知识体系,形成自己独立的见解,目的在于培养了解中国国情,熟知中国立场和态度,坚定维护中国国家利益的法律人。

2. 教学要特别围绕与中国相关的案例和实例展开。案例和实例教学是国际法教学中的通常手段,也是提升教学效果的途径之一。国际法中的案例,能够显示出国际法的实际运行状态,可以看出国际法的逻辑模式,也可以窥见一定时期国际关系状况。国际关系中的实例,主要是各国外交工作实践中的事例,是国际法在国际关系中适用的体现,毕竟国际法的规则和具体运行很大程度上取决于国家间国际交往的实践。案例和实例教学目的在于让学生形成国际法基本认知和国际法思维方式,进而锻炼国际法应用能力。

当今中国对外关系微妙而复杂,作为新兴大国面临各种风险和挑战,在国

---

〔7〕 梁西、宋连斌:《法学教育方法论》,武汉大学出版社2009年版,第7~8页。

际法教学中特别要注意和引用与中国相关的案例和实例,不仅从国际法角度分析问题,还要明确中国的立场和态度。例如,南海仲裁案,就是国际法教学中一个极好案例,也是一个典型的实例。起始于2013年1月的南海仲裁案,从菲律宾外交部向我国外交部发出照会时起,中国就郑重声明"不接受、不参与"菲律宾提起的强制仲裁案。到2016年7月12日,南海仲裁案作出所谓的"最终裁决",中国明确表示"不承认、不执行"。从2013年到2016年,南海仲裁案被西方媒体不断炒作,在裁决出来后更是表现出对中国"不承认、不执行"的讨伐之姿。为什么我国坚持"不接受、不参与、不承认、不执行",不仅需要深入分析该仲裁庭的由来,还要探讨海洋法公约的相关规定及我国作为缔约国依照公约规定作出的排除性声明之合法性,进而明确中国立场的正当性。同时,需要让学生了解我国政府针对该案的众多声明、立场文件、白皮书等,还需要从国际关系角度指出南海仲裁案的实质是披着法律外衣的政治博弈,让学生领会到该案背后的利益诉求和政治企图。希望通过对该案的学习和研究,学生能真切领会国际法规则与实践的互动,体会中国崛起道路上的艰难险阻,认识到中国国际法学界针对南海仲裁案所作出声势浩大的声讨是在发出中国声音,是在实际维护国家利益,还要认识到在未来还会出现围绕中国的"法律战"。这是国际法教学与国际实践的结合,特别是与中国国际法实践的结合。

3. 专门设计一些与中国相关的专题研究,作为国际法课堂学习之外的拓展和深入,为学生进一步学习国际法提供动力。众所周知,国际法课时有限,如何在有限课时之外引导学生更为深入地学习,形成主动思考的习惯,课下的专题研究是一个途径。设计专题研究目的在于以问题为导向,引领学生进一步学习国际法,并在学习和研究过程中去思考和讨论,去拓展视野和思维,从而对国际法的相关领域建立综合的认知。同时还训练了学生的资料查阅能力、逻辑思维能力、口头表达能力及写作能力。当然,专题研究还是要围绕中国相关问题而展开,设计多个与中国相关的专题,让学生以分小组形式展开学习和研究。以引渡为例,在课堂学习之外,结合中国现在反腐败的现实和进展,可以设置中国打击贪腐和国际刑事司法合作专题。根据我国近年来打击贪腐,追逃追赃的情况,由小组学生查找资料,共同学习和讨论,以PPT展示研究成果,并写出研究报告。以该专题研究为核心,通过研究和学习,让学生掌握除引渡这种方式之外,在中国追逃追赃的道路上还有其他方式配合以实现打击贪腐。同时学生可以进一步了解《联合国反腐败公约》和《联合国打击跨国有组织犯罪公约》，可以了解我国打击贪腐的进展，特别是境外追逃“猎狐”和“天网”等行动的成果（如杨秀珠案、黄海勇案、贺俭案等），还可以了解我国目前通过多项引渡条约和刑事司法协助条约初步建立了覆盖全球主要国家的追逃追赃法律网络，以及中美执法合作联合联络小组、中加司法执法合作等综合性司法执法合作机制，从而多角度认识反腐败之国内法与国际法的配合及国际刑事司法合作，最终达到拓展书本知识、与实际相结合的目的。

4. 国际法教学要重视中国视角。众所周知，中国是较晚融入国际社会的国家，所以一直以来国际法理论和规则体系都缺乏中国视角。而目前的国际法规则体系，仍然是以西方国家的价值和利益为主导的，主要反映的是它们的国家利益和价值理念，对于中国而言，现在、包括未来的一定时期里在国际法的诸多领域，我们还是既有规则的被动接受者。

但是近年来我国已经不断深入地积极参与国际规则的制定，在诸多领域发挥的作用有目共睹。例如，2015 年积极参与气候变化《巴黎协定》谈判，在我国的推动下建立了相对宽松灵活的减排机制。2016 年 9 月 3 日，我国率先批准了《巴黎协定》，并于杭州 G20 期间与美国一起举行了交存批准书活动。同年 11 月 4 日，在《巴黎协定》生效后，我国又继续深入参与气候变化马拉喀什会议，积极做好《巴黎协定》实施细则的后续谈判。此外，我国还积极参与涉及网络、深海、极地、外层空间等各领域国际规则的谈判制定进程：推进联合国打击网络犯罪国际合作进程，参与塔林手册 2.0；参与国家管辖范围外海域生物多样性预委会谈判进程；参与北冰洋公海渔业谈判；参与外空活动长期可持续进程；等等。

在国际法教学中重视引导学生关注中国参与的国际规则制定进程，关注中国的立场和态度，关注中国参与全球治理所做的努力，关注中国话语权的建构，让学生知晓我国国际法的实践和进步，领会“国家与国际法的正向互动，国家能够引领或追随国际法沿着公认的理性与进步的方向发展，国家在此过程中有效地表达自身的倾向和主张，也能充分利用国际法律机制来解决与本国相关的问题。此时，国家能比较好地维护自身的利益，也易于在国际社会树立较好的形象”。[8]

---

[8] 何志鹏：《国际法与大国崛起》，载《吉林大学社会科学学报》2017 年第 1 期。

党的十九大报告指出:“继续发挥负责任大国作用,积极参与全球治理,贡献中国智慧和力量。”诚然,当今中国参与国际事务是在既有规则体系下去表达中国的主张和意图的,而要引领全球治理,推动构建人类命运共同体,就必须引导未来国际规则的制定和发展。无论是现在还是将来,国际法都是中国实现国家利益,提升国际形象,致力于成为国际体系的参与者、维护者和建设者的必要手段。而要善用国际法规则和理念,将中国主张国际法化表述出来,熟悉国际法、深谙国际关系变化和了解国际社会未来发展的国际法人才必不可少,国际法教学思路的转变正是着眼于契合我国国际法人才培养需求,促进中国国际法人才储备而进行的探索。

对提高海商法教学效果的思考

唐海燕*

【摘　要】海商法历史悠久，具有较强的国际性、专业性和技术性。在我国海洋强国战略实施背景下，培养高素质的海商海事法律人才尤为重要。但是，当前海商法教学中存在一些不足和局限，教学效果不尽理想。本文认为，通过加强海商法师资队伍建设，改善海商法实践教学现状等措施，可以提高海商法教学效果，从而使学生更好地了解和掌握海商法相关知识。

【关键词】海商法；教学效果；实践教学

一、海商法教学的重要性

海商法的历史非常悠久，是随着航海贸易的兴起与发展而产生和发展起来的。它是调整特定的海上运输关系和船舶关系的法律规范的总称。[1]

纵观世界大国的崛起，都与海运发达密切相关。古希腊凭借着发达的航运业，在地中海及周边地区称雄一时。15 世纪末，葡萄牙和西班牙展开了海洋争霸，宣告了一个新的主要由民族国家主导的海洋秩序时代的来临。此后的荷兰、英国等大国的崛起无一不与海运业的发达有关。海上活动、航运业对一个国家如此重要，因而，就需要从制度层面上来确保并促进海运业的长足发展。其中，在法律制度方面，海商法的重要性就不言而喻了。在这样的背景下，各国

---

* 唐海燕，西南民族大学法学院教师。

〔1〕 司玉琢：《海商法》，法律出版社 2007 年版，第 3 页。

都相继制定了本国的海商法，它是促进本国海运经济发展的重要工具。如1651年，英国颁布的《航海法案》明确宣布，航海业是谋求其国家福利与安全最重要的手段，为增加英国航运和鼓励航海，规定只有英国船只才能承运英国本土及其殖民地的货物进出口。这一法案极大刺激了英国航运业的发展。

当前，我国作为世界最大货物出口贸易国，海运承担了90%以上的进出口贸易运量。[2] 2015年，我国港口完成货物吞吐量127.5亿吨，集装箱吞吐量2.12亿标准箱，连续多年位居世界第一；在世界港口货物吞吐量和集装箱吞吐量排名前十位中，中国大陆港口分别占了7席和6席，宁波舟山港、上海港分别位居世界第一；截至"十二五"末，我国拥有海运船队运力规模达1.6亿载重吨，位居世界第三。[3] 截至2015年年底，我国注册船员超过137万人，总量位居世界第一。[4]

由此可见，我国是一个名副其实的航运大国，航运经济得到了长足发展，在这样的背景下，为促进"一带一路"、海洋强国建设，应加强培养高素质的海商海事相关人才。其中，海商法律人才的培养是非常重要的一个方面。海商法教学是培养海商法律人才的一个重要路径，这就要求我们应重视海商法的教学，提高海商法的教学效果，从而提升学生的学习能力和实践能力，培养出具有较高素质的海商法律人才，以推动我国海运经济更好地发展。

二、海商法教学中面临的问题

（一）对海商法课程缺乏必要的重视

1985年，我国高校第一个海商法专业开始招生，经过30多年的发展，当前海商法教学取得了丰硕的成果。当然，海商法课程在不同学校的教学体系中所处地位不尽相同，在大连海事大学和上海海事大学等海事大学，海商法作为其特色，在法学专业规划中突出海商法的特点，海商法在教学中受到格外重视，在课程体系中占有很大权重；但在普通综合性大学和政法院校，受到各种主客观

---

〔2〕《2017年中国航海日公告》，载《中国海事》2017年第8期。

〔3〕新华社：《我国拥有海运船队运力规模1.6亿载重吨　位居世界第三》，载新华网：http://finance.sina.com.cn/stock/t/2016-07-11/doc-ifxtwchx8488316.shtml，最后访问日期：2018年6月29日。

〔4〕齐慧：《我国注册船员超过137万人　总量居世界第一》，载凤凰网：http://finance.ifeng.com/a/20160706/14565415_0.shtml，最后访问日期：2018年6月29日。

条件的制约，海商法教学虽然未被忽视，但也达不到该有的重视程度。[5]

在我国，本科阶段就开设海商法专业并进行课程设置的并不多见。在本科阶段开设了海商法课程的院校，大多数是将其作为选修课来设置，课时安排一般在36学时以内。这样的课时安排，只能对海商法的基础理论进行简要介绍，一些难点知识无法深入讲解和探讨，甚至有一些内容没有足够的时间来涉及。这种安排对于本科学生初步了解海商法的概况及主要的基本制度是可行的，但要进行更深层次的知识学习和掌握，学生就只能通过将来的研究生教育或工作实践来实现。

（二）师资力量相对薄弱

在非航海类院校，海商法的师资力量相对薄弱，主要体现在：一是专门从事海商法教学的教师数量相对较少，大多数学校仅有1~2名教师从事海商法的教学工作；二是在这些院校，专门从事海商法教学的教师很少具有海商法专业知识背景，大多数教师主要是从事国际法、国际经济法和民法学的教学和研究工作。这种状态与对海商法的重视程度以及海商法课程设置是紧密相关的。

而在海事大学，海商法的师资团队是非常齐备的。例如，上海海事大学海商法团队拥有一支精干的教学梯队，目前成员共14人，在职教授7人，已经取得和正在攻读博士学位的11人，90%以上有海外进修、访问的经历。[6] 可见，非航海类院校与海事大学在海商法的师资力量对比上，悬殊巨大，力量薄弱。

（三）涉海学科支持的匮乏和实践教学的不足

非航海类院校，特别是综合性大学，其法学学科内部的相互支持对于学生掌握和理解海商法知识有极大的帮助。因为，海商法与合同法、保险法、担保法、侵权法等学科密切相关，例如，船舶物权需要以物权法知识为基础，理解海上保险需要有一定的保险法知识为背景等。而这些学科在法学院课程设计上自成体系，师资队伍雄厚。学生通过对这些知识的学习和掌握，可以为此后海商法的学习打下较好的专业基础。这种法学学科内部的相互支撑是非航海类院校，尤其是综合性大学的一大优势。

---

〔5〕 张辉：《综合性大学海商法课程教学的挑战与回应》，载《航海教育研究》2015年第4期。

〔6〕 吉娜：《传承海商精神，培养卓越海事法律人才——上海海事大学法学院海商法教学团队》，载《时代金融》2016年第8期。

但是，海商法具有较强的技术性，它调整的对象主要是海上运输关系和船舶关系，而这必然涉及船舶的结构、性能、驾驶；船员的资格、培训；货物的配载、装卸、保管等技术性问题。对这些知识的了解和掌握有助于更好地理解海商法中的相关概念和制度。而这些在非航海类院校就缺乏相关学科的支持，难以在理论上给予学生相应的知识积淀。

在海商法的实践教学方面，除了个别海事院校建立了相应的实习基地，如上海海事大学法学院与各司法机关、航运企业共建了20余个实习基地，让学生在各种法律实务实践中历练成长外，〔7〕绝大多数非航海类院校，特别是位于非沿海城市的相关院校，由于客观条件的限制，与航运企业、航运主管部门以及海事法院的联系并不紧密，不能很好地为学生提供良好的实践教学环境，在海商法教学中主要还是侧重于传统的理论学习，这难以满足当前我国对海商海事法律人才的需求。

（四）学生缺乏学习主动性和积极性

总的来讲，在非航海类院校，学生对于海商法的学习缺乏主动性和积极性，兴趣不浓。导致这一现象的原因主要有：其一，如前所述，海商法是一个较小的分支学科，在课程设置上并未引起足够重视，主要是以选修课的形式出现，学生自然对其不会有足够的关注；其二，海商法具有较强的技术性和专业性，经常涉及相关的航运术语，在非航海类院校，通常没有其他航运课程为基础，学生也缺乏了解航运知识的途径和实践机会，导致他们对海商法的学习感受是晦涩难懂，从而失去学习兴趣；其三，目前许多学生对中国的海域、海洋经济的发展并不了解，对我国的海洋强国战略不熟悉，关注度不够，视野相对狭窄。在将来的就业选择上很少考虑与海商、海事相关的职业，所以，在校学习期间，注意力更多投入了他们相对熟悉，并且是当前社会关注度相对较高的学科，如民法、刑法、证券法等，他们在这些课程的学习上，投入了更多的精力。基于上述原因，学生对海商法的学习兴趣不浓，从而缺乏相应的学习主动性和积极性。对一个事物，缺乏兴趣并且没有学习的主动性，当然学习效果也就不尽如人意了。

---

〔7〕 吉娜：《传承海商精神，培养卓越海事法律人才——上海海事大学法学院海商法教学团队》，载《时代金融》2016年第8期。

三、提高海商法教学效果的建议

（一）正确认识海商法的学科地位，明确培养目标

航运经济的发展，离不开相关制度对其保驾护航，在诸多制度中，法律制度是非常重要的一个方面，而调整运输关系和船舶关系的海商法尤为重要。因此，我们一方面要加强完善海商立法工作，另一方面要大力培养具有国际视野、精通海商、海事法律规则的人才。海商法教学承担了培养高素质海商海事法律人才的主要任务，从而应重视海商法的教学。

国外及香港、我国台湾地区本科阶段有法学教育的院校，部分院校在本科阶段有针对海商法方向的专门课程设置，但在研究生教育阶段，基本上普遍设置有专门的海商法专业，并有详尽的课程设置及学分要求。现在，内地仅有大连海事大学、上海海事大学、集美大学等少数院校的法学院在本科阶段区分海商法方向，并设置与海商法相关的课程及内容。而国内的法学院基本上没有在研究生层面专门设置海商法方向的。[8]

海商法作为一个较小的分支学科，长期以来并未受到较多关注，但随着我国海洋强国战略和"一带一路"的实施，其学科地位的重要性将会并应该得到进一步的提高。因而，我们首先要明确海商法教学的培养目标，从而制订相应的培养方案并进行相应的人才培养。航海类院校有得天独厚的地理优势、学科支撑优势等，因而是海商海事法律人才的主要培养基地。而大多数非航海类院校侧重的是法律通才的培养，因而在海商法教学上，培养学生对海商法基本知识的掌握以及学习兴趣是其主要任务。在这样的培养目标指导下，一般的非航海类院校将海商法作为专业选修课来设置也是合理的，但在课时安排上应进行适当调整，将 36 学时增加为 54 学时更为合适，这样更有利于教师对海商法难点知识的深入讲解，使学生能更进一步掌握海商法相关知识，提高他们分析问题和解决问题的能力。

（二）加强海商法的师资队伍建设

海商法的教学中，教师起到了主导作用，教师不仅要向学生传授基本的海商法知识，还要引导学生关注海商法前沿问题，因而教师专业知识和专业水平

---

〔8〕 郭萍：《中外高校海商法课程设置的比较研究》，载《航海教育研究》2016 年第 2 期。

的高低将直接影响海商法的教学效果。所以,加强海商法的师资队伍建设尤为重要。加强海商法师资队伍的建设,主要从以下两方面着手:一方面,非航海类院校的法学院应适当引进具有海商法专业背景的教师。当前许多院校讲授海商法的教师都不具有海商法专业背景,如果对海商法没有系统、深入地学习和研究,在海商法教学过程中,就很难将海商法的相关制度讲透彻。因此,适当引进具有海商法专业知识背景的人才,充实海商法教师队伍,对于提高海商法教学效果是极有帮助的,而近几年来,海商法专业的硕士和博士研究生的培养数量不断增加,这为人才引进创造了条件。另一方面,针对现在已经担任海商法教学任务的教师,学校以及学院应创造条件,对相关教师进行有计划的培训和交流,例如,组织相关教师到海事法院、航运公司、港口等单位进行相关调研活动,从而丰富教师的专业知识和提高专业水平。

(三)改善实践教学环境,提高学生的学习兴趣

海商法与航运实务密切相关,要提升学生对海商法的学习兴趣以及帮助学生更好地理解相关海商法律制度,加强海商法的实践教学是一个非常重要的方法。

首先,条件允许的院校,可以组织学生到航运公司、港口等实务部门进行参观。通过参观,使学生对相关问题具有直观的认知,如码头、泊位、集装箱、驳船、货物的装卸工具等,从而激发学生的学习兴趣。

其次,寒暑假的实习活动,学校或学院应联系一些海事法院、海事仲裁委员会以及从事海事业务的律师事务所,帮助学生到这些单位进行相应的实习。通过在这些单位的实习,学生能够更进一步了解海商法的重要性以及海商法在实务中的具体应用,使“海商法离我太远,学了没什么用”的观念得以改变。

再次,在海商法的教学过程中,也可以邀请实务部门的人士来做专题讲授。从事海商法律实务工作的律师、法官以及航运企业等部门的法务工作人员,他们不仅具有很丰富的实践经验,相当一部分人还具有较强的理论知识,邀请他们来进行专题讲授,是理论与实践相结合的一个很好的方式。

最后,应运用多媒体教学工具以及案例教学等手段来提升教学效果,激发学生的学习热情。多媒体教学工具的运用对于丰富教学内容是有极大帮助的。例如,在讲授“船舶”这部分内容时,就可以借助多媒体教学工具进行图片展示,让学生更好地理解船舶的分类、船员的分类等内容。在讲授“引航”问题时,可

以进行视频播放，让学生直观地了解什么是引航，引航员主要起什么作用等。在海商法教学中，案例教学法的运用尤为重要，在讲授“海上货物运输合同”“船舶碰撞”“共同海损”“海上保险合同”等内容时，引入案例，组织学生对案例进行讨论和分析，不仅能增强他们的学习兴趣，更能锻炼他们运用知识解决问题的能力。

总的来讲，我国大多数院校都在不同程度上开设了海商法课程，具有了一定的普遍性，而且也有不少院校认识到了这一学科的重要性，并逐步加大了对海商法的投入。当前，在一些客观条件仍然受限的情况下，我们要创新教学理念和方法，提高海商法专业建设，改善海商法教学效果，为国家航运强国事业的发展，培养出更多、更好的海商海事法律人才。

将情景教学法运用于公司法教学中，提高公司法教学质量

——西南民族大学深化公司法教学改革的探讨

刘群芳*

【摘　要】公司法是一门实践性极强的法律，其教学就更应注重对学生实践经验的培养。传统的填鸭式讲授法不能发展学生对公司法律制度的应用能力，不能满足当下商业社会对公司法方向的从业人员着重考察其法律应用能力的要求，因此进行公司法教学的改革就成为必然之需。笔者认为，情景教学法是公司法教学应该采用的教学方法，也是进行公司法教学改革的重要方向。

【关键词】情景教学法；模拟情景；模拟法律事务

美国著名的联邦大法官霍姆斯曾经说过："法律的生命并非逻辑，而是经验。"〔1〕因此，法学教育的关键是要培养学生积累法律事务的经验，所以法学教育改革的关键点就在于推展实例研习的教学方法。而公司法是一门实践性极强的法律，其教学就更应注重对学生实践经验的培养。传统的填鸭式讲授法不能发展学生对公司法律制度的应用能力，不能满足当下商业社会对公司法方向着重考查学生法律应用能力的要求，因此进行公司法教学的改革就成为必然之需。

---

* 刘群芳，西南民族大学法学院副教授。

〔1〕［英］霍姆斯：《普通法》，冉昊、姚中秋译，中国政法大学出版社2006年版，第1页。

笔者多年从事公司法教学工作，深感传统的讲授法的缺陷，无法满足培养学生处理公司实际法律事务的需要，无法让学生真正积累今后从事公司实际法律事务工作应有的经验，因此，公司法教学应该进行改革或者说改革势在必行。现在，学界对此的研究并不多，既有的研究也大都集中在探讨案例分析法对于公司法教学改革的必要，而对于情景教学法却鲜有研讨，本文拟对此进行一些探讨，以期对公司法教学改革有所裨益。

一、应用情景教学法，是培养应用型法律实用人才的应然选择

(一)什么是情景教学法

情景教学法又称为情景模拟教学法，是在案例教学法的基础上派生出来的一种极具实践性和可操作性的教学方法。[2] 它是在假设(模拟)的情景中进行教学：教师在教学时要先根据教学内容设计一种模拟法律事务情景以及模拟的目标和要求，让学生通过将自己置身于某种模拟情景中，并按照模拟的目标和要求完成具体的实施方案，找到解决所设计的相关法律问题的方法。也就是教师通过创设虚拟的法律职业场景，使学生的认知与情感被置于特定的法律情景中，并和特定实际事务结合起来，让学生的逻辑思维与形象思维巧妙地在特定情景中结合起来，从而调动学生的学习兴趣，并激发学生的学习积极性和主动性。

(二)情景教学法的特点

与传统的讲授法和案例教学法相比较，情景教学法具有以下特点：

1. 情景教学法以培养学生的团队合作精神和实务动手能力为目标，比传统的案例教学法更注重学生实际能力的培训。

2. 教学手段方面，情景教学法更注重充分激发学生的学习兴趣，以调动学生的学习主动性。

从教育心理学的角度看，置身于哪怕是虚拟的实际职业场景中，能使人特别是受教育者(学生)感同身受，将自己的认知与情感结合起来，从而表现出对预定场景预设目标的极大兴趣，从而调动起学生对模拟法律事务的学习兴趣，进而发挥出更大的学习积极性和主动性。情景教学法就是很注重激发学生的

---

〔2〕 万金朝：《公司法课程应用型教学改革初探》，载《广州广播电视大学学报》2005 年第 3 期。

学习主动性，让学生主动参与到模拟的法律事务和情景中，自己扮演相应的角色，从事相应的法律事务。

3. 在实际教学过程中，情景教学法通过提供贴近现实的模拟情景进行教学，以学生身临其境的体验式学习，即学生身临其境地进入角色中感同身受地进行相应的法律事务活动，主动为解决相应问题想办法，找措施，提升学生处理法律事务的实际能力。

4. 在每个教学环节都强调要加强师生互动，从而培养学生与人沟通的能力。

（三）情景教学法与传统的讲授法、案例教学法的比较

传统的讲授法只有教师讲授知识，确实存在不能调动学生的学习主动性和积极性的问题，在整个教学过程中，都是教师传授知识，学生被动接受知识，学生对教学的参与度低，课堂的活跃度也不高。〔3〕 这些弊端几乎有目共睹，因此，多年来社会呼吁要对此进行改革，采用新的教学方法进行教学。

一般认为案例教学法或研讨式教学法成为法学教学改革时最经常用到的教学改革方法。所谓案例教学法或案例研讨式教学法，就是在教学中采用实务中实际发生的实际案例或教师自编的案例来分析涉及的法律问题，阐释相关法律知识，从而使学生掌握相关的法律知识，这样的教学方法也就是以案说法的模式，比起传统的讲授法已经有了改进，即在案例教学法中，学生的参与度提高了很多。〔4〕 但是，案例教学法也存在不少弊端或者说是误区：比如，在教学时，教师往往只是把案例作为一种讲解内容，选择或设计案例时也存在忽视案例在实际中真实情景或背景的问题，甚至常常人为剔除或简化案例所涉及的背景、细节乃至编造虚假背景细节。其实实质上还是教师全程灌输案例及知识，学生被动接受案例及涉及的知识，在接受案例教学进行了案例分析后，学生还是无法运用到实际案件处理中去，存在所谓考试时案例题目会做，但真正实际面临同类案件时还是不会处理的问题。这说明理论和实际是脱节的，没有能够培养学生的实际技能或者说学生处理实际法律问题的能力很差。

---

〔3〕 张景峰：《公司法本科课程标准化学习教学探讨》，载《经济法与社会发展》2009 年第 10 期。

〔4〕 朱海英：《保障开放教学选修课教学过程质量的创新性策略分析——以公司法课程为例》，载《南京广播电视大学学报》2009 年第 4 期。

二、情景教学法在当前公司法教学中面临的困难

(一)课时短缺的困难

现在公司法教学运用情景教学法首先遇到的一个问题就是课时安排的困境:运用情景教学法需要占用较多的时间来进行,而现在我们的公司法教学,作为专业选修课按照学分制的课时分配,公司法每周只有 2 课时,这样的课时对于内容众多的公司法教学来说,很难安排出情景教学的充足时间。

(二)情景设计的困难

在进行情景教学时,最重要的教学环节就是对情景的设计。情景设计得好不好,直接关系着情景教学成功与否,所以,情景设计好坏对于公司法情景教学的成败至关重要。在实际教学过程中,情景设计却存在很大的困难,甚至可以说是困境,首先,课时限制导致很多的教学内容都不能设计为情景教学,因此,设计情景时必须要有取舍,选取一些公司商务情景,而放弃另外一些进行设计。所以,到底选取哪些公司面临的法律事务作为公司法情景教学的情景是需要认真选择的——本文第三部分笔者对可以选取作为情景教学的公司事务做了思考性探讨。其次,选定了一定的公司法律事务作为情景教学的情景后,还需要认真进行情景的设计——模拟实务中的公司事务的情景,毕竟是虚拟的情景而不是真实的情景,很可能会出现一些不真实的情景,怎么让这些虚拟事务看起来更真实,让学生能体会到真实的情景是存在困难的,需要教师花费大量的时间去思考和设计。

(三)学生配合的困难

要进行好情景教学,还需要得到学生的配合,如何让学生配合好教师的设计情景是公司法情景教学能否成功的又一个关键因素。实际上,学生对公司法律事务的理解即对教师所设计的法律事务的认识和理解是其能否有效配合的重要因素,如何让学生理解教师所设计的公司事务情景,是需要教师和学生事先花功夫、花精力去做功课的,即课前的准备必不可少。但现在,不少学生课前不愿意花时间去准备,即使教师反复要求也有不少学生偷懒,这样一来就缺少学生的配合,因此导致情景教学运用起来未能取得更好的效果。

三、情景教学法在公司法教学中的运用及建议

根据我在公司法教学课堂的随机调查，不少学生反映出对采取模拟情景进行案例研讨的情景式教学的浓厚兴趣，希望可以采取这种教学方法，但担心时间不够，因为课时很少；也有部分学生认为太麻烦，主要是认为课前要准备的东西太多，自己没有那么多时间去准备；也有学生认为模拟角色似演戏，不真实，不严肃，很难有好的教学效果。对此，笔者认为，我们可以从以下几个方面进行情景教学法在公司法教学中的运用：

（一）应对公司法的内容有所选择地运用情景教学法，选择一些特别适合的内容设计情景进行情景教学

笔者认为，公司法的内容很多，不可能将公司法所涉及的所有内容都用来进行情景教学，而应该有所选择地选取一些适合进行模拟训练的内容。情景教学法可在公司设立这个环节以及股东商讨公司章程的制定和修改环节，还有公司召开股东会、董事会以及公司面临股权收购、兼并等重大事件中，对这些非讼事件所面临的情景进行模拟设计，以培养学生更具体的公司法专业思维。具体来说，公司法的内容可以从以下几个方面运用情景教学法进行模拟教学：

1. 公司设立环节，模拟公司发起人各方的商务谈判。

让学生置身于发起人投资协议、公司章程的商讨等实际情景中去深入了解公司法所设计的公司设立实际运作状况，他们就可以有更加具体和贴切的理解。

2. 模拟为公司起草（修改）公司章程。

3. 模拟为公司重大事项提供法律服务，为所涉及的公司及各方当事人出具法律意见书。

公司重组、公司合并分立、收购兼并、清算等重大事项。

这些重大事项中，需要专业的法律服务，我们在公司法教学中，可以模拟公司出现了面临收购兼并，需要重组，或出现了合并、分立、解散，需要清算这些情形，让我们的教学置身于这样的情景中去，由学生分别充当不同当事人的法律服务人员，为其提供法律服务，出具法律意见，写出符合要求的专业法律意见书。

4. 模拟公司召开股东会、董事会的情景，使学生熟悉公司股东会、董事会召

开的具体要求。

5. 模拟公司诉讼，为公司所涉及的纠纷解决提供专业法律服务。

(二)运用情景教学法应注意的几个特别问题

1. 在公司法教学中运用情景教学法时教师要特别注意具体环节的把握。[5]一般来说，模拟情景教学时应由以下几个环节组成：

(1)制定模拟场景、设计相关法律事件(案件)。

(2)提供基本背景信息，包括各角色的相关信息，甚至细节。

(3)分配角色：分配并确定学生在教学情景中的具体角色及其相应的任务。

(4)要求学生课前准备：学生根据自己的角色任务自己编写相应的“角色剧本”，即学生根据角色任务完成自己角色应该准备的法律文书或法律资料(如各种证明案件事实的证据材料)。

(5)教师指导，教师要时时给予学生指导，解答学生在准备角色任务剧本时遇到的疑难，主要是涉及的法律问题。

(6)实际操作，教师和学生一起将已经准备好的模拟法律事务落实处理，即进入实际操作阶段。

(7)总结，实际操作结束以后，教师要引导学生进行总结，主要是针对实际操作阶段存在的问题或取得的成绩进行总结。

(8)教师点评，教师对学生的模拟法律事务中的表现进行点评，对存在的问题提出改进意见，对好的方面给予表扬。

2. 在公司法教学中运用情景教学法时教师要特别注意课时的安排问题。

笔者认为，好的公司法教学不仅仅是课堂教学，除了课堂教学这个主要环节以外，公司法教学还应有课前预习准备、课后专项练习、专题案例讨论等环节。情景教学法需要花费更多的时间，而现在公司法的课堂教学的课时每周只有2学时，是远远不够的，因此，在课时安排方面需要做仔细安排，分配好课堂的时间与课后的时间。大量的准备工作不能放在课堂上而只能是在课前或课后，课堂上的指导虽然是主要环节，但不能占用太多课时，因此，教师要巧妙安排课时。

---

[5] 何赛强：《司法考试背景下公司法教学改革探讨——以邵阳学院为例》，载《法制与经济》2006年第5期。

3. 注意情景设计的细节问题。

在情景设计的时候,要特别注意设计情景涉及的细节问题。比如,在模拟股东会或董事会召开的情景教学中,就要特别注意会议召开的一些细节问题的设计,比如会议召开日期的确定方面,要注意避开周六、周日以及节假日,要注意通知的时限问题以及通知发出的形式问题,股东或董事的姓名不能写错,还有会议记录的细节问题,尤其是涉及表决权的时候,要特别注意区分股东持有股份的种类,对没有表决权的特别股是不可以计入表决权中的,另外,涉及股东会或董事会的会议记录签名的问题,也要注意细节,包括要告知签名以及不签名的法律后果、责任承担等。

4. 注意模拟角色的任务分配问题。

情景设计出来以后,还需要给学生分配模拟的角色任务。做好角色的分配工作以及对角色任务的分配安排也是情景教学能否成功的关键环节。这也需要教师花费精力来分配好模拟角色。具体来说,哪个学生适合承担哪个角色,该角色的任务这个学生是否可以胜任等都需要教师和学生多沟通协调,甚至可以让学生提前进行演练,看看自己是否能够胜任分配给自己的模拟角色。

结　语

总之,情景教学法就是在公司法教学过程中,设计模拟公司法律事务,并让学生在模拟的法律事务情景中扮演角色,从事相应的法律事务,完成角色的法律工作,这样让学生身临其境地体会相应法律事务的处理方法,从而更好地学习相应的法律知识,并培养处理相应实际法律问题的能力,这样的教学方法更适应现代商业社会对公司法方向法律从业人员着重考察其法律应用能力的要求,满足公司实务中的实际需要。

外国法制史教学改革探析

姚　艳*

【摘　要】外国法制史是法学专业的基础学科，为学生学习其他部门法学奠定了基础。然而，近年由于受到法学本科教育应用性的倾斜、学生知识结构的缺陷、教材过于抽象、教学手段比较单一和课程评价体系的不太合理等因素的影响，教学效果不甚理想，不能完全实现教学目的。基于这些问题，结合自己的授课经验和探索，提出了一些改进建议，希望能让学生爱上这门课程，并有所收获。

【关键词】外国法制史；教学改革；研讨式教学模式

外国法制史是法学专业的基础学科，研究世界上各种不同类型的、具有代表性的法律制度的历史沿革、基本内容、表现形式、本质、主要特点、相互关系及其发展规律。法律学科体系可以分为理论法学、部门法学和法律史学。在法律学科体系中，外国法制史同各个部分法学是历史与现实、一般与特殊的关系。虽然每个法律部门都有自己的专史，但是各专史彼此间是孤立的，无法推出共性。然而，外国法制史可以揭示它们彼此之间的影响和联系，从而为各个法律部门专史的研究，理出一条基本线索。此外，外国法制史也为理论法学的研究提供了丰富的、具体的史实依据。学习外国法制史不仅可以开阔视野，打好扎实的法律基础知识，培养法律思维，还有利于学习、借鉴外国先进的法制成果，增进国际交流，服务于我国的法制建设。然而，受到实用主义和功利主义的冲

* 姚艳，西南民族大学法学院教师，法学博士。

击,外国法制史受到冷落,学生的学习热情和兴趣也不大,这与外国法制史的学科重要性形成了鲜明对比。分析外国法制史教学困境,提出改进方法就显得很有意义了。

一、外国法制史教学所面临的困境

(一)本科法学教育对应用性的倾斜,致使外国法制史课程被轻视

由于受到实用功利主义学术思想的影响,我国传统文化中“学以致用”观念的浸染,外国法制史课程因缺乏实用性,并不被重视。通过法考考试,是绝大多数法学专业学生的目标,然而,外国法制史的内容所占法考考试的分值也就三四分。占法考考试分值比重大的学科是民法学、刑法学、诉讼法学等应用法学课程。这就会诱导学生认为应用法学是重要的,是值得认真学习的,而像外国法制史这样的课程就不重要,即便不学,不懂,也就是丢几分的问题,没必要在这门课上耗费过多的精力。因此,现实情况就是学生不愿意选修外国法制史,即便为了学分,选择了这门课程,也不会认真学习,主动思考,无法实现开设这门课程的目的。

法学学科是实践性很强的学科,但从毕业生就业单位回馈的意见可以看出,他们认为毕业生的实践能力普遍较弱,因此,各个法学教学单位都开始重视实践教学,增加涉及实践教学课程的课时,但是也随之减少了理论法学和法律史学的课时,甚至有的学校将外国法制史课程从专业必修课改为了专业选修课。习近平总书记在考察中国政法大学时强调:“法学教育要处理好知识教学和实践教学的关系。”因此,如何平衡两者,使学生能够同等对待应用法学和理论法学、法律史学就十分重要。在学生的心目中,必修课、学分多的课程就是重点课程,是必须掌握的,反之就是可学可不学的。因此,学校在学科建设中也应注意学生的这个学习倾向,避免学生因轻视理论法学和法律史学,而没有打好法学基础,出现法律思维能力较差和论文写作能力较低等现象。

(二)学生知识结构的缺陷影响外国法制史课程学习的效果

由于外国法制史这门课程所讲授的内容时间跨度特别大,要从公元前3500年一直介绍到现代,空间范围也很广,包含除了中国以外的很多其他国家,涵盖的内容丰富,不仅要介绍法律制度是什么,还要解释为什么,需要掌握其产生的宏大背景。此外,这门课程所涉及的典籍资料也非常多,尤其是近现代部分的

课程内容。因此,作为法学与史学的交叉学科,这门课程对学生的知识结构要求较高,需要学生具有丰富的文化内涵和历史积淀,需要具有各部门法律的实践感性认识和世界历史知识,需要具备较好的理论思维能力。

鉴于外国法制史课程对学生知识结构的高要求,因此,授课对象一般是大三的学生,他们已经修完了法理学、中国法制史和一些部门法学,具有了一些法律基础和法律思维方式。然而,法学专业是文理兼收,理科学生不修历史,文科学生为了升学,更愿意学习"主科"。作为"副科"的历史,由于教材抽象枯燥,授课方法单一,致使许多学生对学习历史兴趣缺失。由此可知,法学专业学生的历史知识比较有限,尤其是世界史知识更为贫乏。在授课过程中,提到"光荣革命""英法百年战争""威廉入侵英国"等著名世界历史事件,学生一脸茫然。世界史知识的贫乏,使其难以理解法律制度产生的原因,难以理解此制度与彼制度的差异合理性,难以总结规律和理解规律。此外,学生在比较、归纳等方面的理论思维能力也比较有限,例如,在学习违宪审查相关内容时,让其比较美国联邦最高法院的违宪审查权、法国宪法委员会的违宪审查权和德国宪法法院的违宪审查权时,要求他们自己思考概括,做出比较分析,很多人感到不知从何处着手。

(三)教材内容缺乏吸引力,加大授课难度

多年教授外国法制史课程,也几易教材,内容和编排虽然更加合理,但是仍有一些地方不尽如人意,有待改进。一是"以古鉴今"的内容太少。尤其是介绍奴隶制法制和封建法制部分。由于这部分法制内容,距今时间较久,学生难以理解其规定的合理性,因此,也无法理解其在整个法律制度史中的价值。在学习的过程中,常常抱有猎奇心态,只有奇特的规定才能引起学生注意,反而冲淡了寻找规律和反思现实的目的。此外,在主要法律制度内容的介绍方面,基本就是平均分配,均抽象总结,点到即可。这种体例安排,虽然顾及了面,但是没有突出重点,学生对某个国家的法制或者法系的制度安排没有深刻印象。因此,现有外国法制史教材没有重点突出这些法律制度与现今法律制度之间的关联,尤其是对我国法制建设的借鉴意义和内容,致使学生觉得该门课程无用。二是关于外国法律制度的"现实"部分比较单薄。外国法制史不仅要研究过去,也要研究现实部分。尤其是近现代法部分,都是按照国别来介绍,其法律制度也要涉及现代内容,但是有关现代内容部分过于笼统,只是介绍抽象出来的特点，打击了学生学习的热情。例如，学生对英美法系的诉讼程序都比较有兴趣，但是教材仅简单介绍其基本特点，根本没有介绍具体操作，学生还是不明白英美法系的诉讼程序优劣点以及与我国诉讼程序的差异主要体现在哪些方面。三是教材仅粗略介绍世界历史上各种法律制度，很少探讨为什么在那样的历史发展阶段、那样的客观条件下会出现那样的法律制度或法律现象，其发展规律是什么。例如，英国民法中判断契约是否有效的对价制度，在大陆法系中是找不到对应词汇和操作的。然而，教材只是笼统地介绍了对价的定义和主要的几个对价原则，并没有介绍对价制度产生的背景，也没有介绍不同对价原则产生的原因和主要适用的领域以及现今影响等。教材的这种粗略介绍难以引起学生的兴趣，只会使其觉得枯燥，难以理解。

（四）教学手段落后，课程评价体系不合理，难以激发学生学习兴趣

学习外国法制史不在于能记住多少历史事件发生的时间和地点，而是要通过对历史事件的掌握来摸索出法律发展的规律，为未来法律发展提供借鉴之道。然而，外国法制史课程的教学主要侧重基础性与常识性知识的介绍，教学中以教师讲授为主，学生处于被动学习的状态，缺少师生互动，缺乏对学生的启迪和引导，忽视了对学生法律情操的陶冶和对学生法律思维的培养。知识灌输式的教学方法、课程评价过于重视甄别和筛选功能，导致学生缺乏对问题的怀疑和批判精神，从而也缺乏知识创新能力。虽然，近些年随着网络运用的普及，许多老师也开始运用多媒体教学，但是由于操作技术有限，多媒体屏幕仅仅发挥了过去的黑板功能而已，无法激起学生的兴趣，难以激发学生的好奇心和求知欲，学生逃课现象也很严重，与教育理念背道而驰。

二、改进外国法制史教学效果的方法

（一）提高外国法制史的学科地位，合理安排授课资源

经济全球化也带来了法律全球化的趋势，各国法律制度的发展也需要借鉴他国的有益经验，盲目封闭的法制建设是不可取的。要想获得外国先进的法律发展经验，必须要对外国法制发展情况进行研究和学习。此外，我国的法学专业学生不像英美法系国家的学生，要求取得其他学位之后才可以攻读法学专业。我国的法学专业学生一般就是高中毕业生，普遍缺乏足够的人文知识教育，这就更加凸显了学习外国法制史的重要性。

为了凸显外国法制史课程的重要性，为了课程体系的完整性，为了师生的有效互动，建议外国法制史课程的课时设置为每周 3 学时，3 学分，专业必修课或通识选修课。一是因为学生有因学分差异而分“主课”“副课”的想法，学分调整为 3 个学分，容易引起学生的重视。如果能将外国法制史设置为专业必修课，更能引起学生的关注，逃课现象也会减少。二是因为外国法制史所涉及的内容很繁杂，不算绪论，都有 17 章的内容需要介绍。而一般大学行课时间也就 17 周，代表着至少 1 周要介绍完 1 章的法律制度。为了课程体系的完整性，章节内容不能随意大幅丢弃。即便古代和中世纪法制是以综合性的方式介绍，但也各有特点，即便突出重点，也需要引申，与现实结合。此外，近现代法部分资料相对充足，需要分析它们的发展脉络，需要比较不同国家或者法系具体制度的优劣。每周 2 个学时明显不够。三是填鸭式的教学方式已经引起了学生的反感，必须增加课堂上的师生互动，调动学生独立思考，主动学习的能力。不论是课堂问答还是课堂讨论都需要时间才能展开。因此，外国法制史的教学至少应该每周 3 个学时。

鉴于外国法制史课程的重要性以及交叉学科的特点，该门课程不仅可以设置为法学专业的必修课，还可以设置为通识选修课。专业教育和通识教育并不是完全隔离的，“中外大学的通识课程基本上覆盖所有的知识领域。这反映出通识教育的一个基本目标——让学生通过对构成人类知识体系的基本学科知识的学习，弥补或减少他们因专业学习所可能带来的在知识、能力、思维和方法等方面的局限性”。[1] 在我国素质教育和培养复合型人才的目标指引下，高等院校本科教育课程设置的一种模式为建立跨学科通选课体系，在最基本的知识领域为学生提供多学科交叉综合的精品课程。当然，一旦外国法制史课程被设置为通识选修课，随着授课对象的增多，师资力量也必须随之增多增强，课程的内容设置也应有所变化，教学方法和教材也应完善，这是一个逐步摸索并完善的过程。

（二）加强外国法制史课程教材建设，增强其以古鉴今，以例说法的作用

“工欲善其事，必先利其器。”外国法制史课程教学效果的好坏与其教材的

---

〔1〕 陈小红、马乐诚：《通识课程内容的探讨以知识分类理论为依据》，载《复旦教育论坛》2008 年第 3 期。

水平高低有密切的联系。目前,我国外国法制史课程本科教学使用的教材主要是林榕年、叶秋华主编的《外国法制史》(第3版)(中国人民大学出版社1999年版和2007年版)、《外国法制史》(第2版)(中国人民大学出版社2003年版和2008年版)、由嵘主编的《外国法制史》(第3版)(北京大学出版社2007年版)等,这些教材都是由国内从事外国法制史教学研究的知名学者共同编写,代表了国内外国法制史的最高水平。然而,通过近年的教学实践,笔者发现有限的学时(通常为34学时)与外国法制史教材丰富的内容之间矛盾突出。此外,这些教材一个共有的特征就是抽象性高,相对于本科生而言理解起来比较费力,难怪学生会说:"外国法制史,想说爱你不容易。"教材中所引用的史料、涉及的故事或者案例太少,很难激发学生阅读的兴趣,即便硬着头皮阅读了,也会发现难以理解。兴趣是学习的动力,因此,在编教材的时候,除了考虑其体系完整性、理论性外,不一定非要每章都按照所有权制度、债权制度、婚姻家庭继承制度、诉讼制度等分类均等介绍,但应对教材内容进行重新整合与精心取舍。通过重新整合以重构教学体系,使教材的头绪更集中、主题更突出,更好地体现发展的时序性和整体性。通过合理取舍以强化主干知识,突出重点,把握核心,以取得高效、优质的教学效果。

在操作方法上,可以以案例的形式引出相关法律制度,也可以通过历史小故事或者著名历史事件等引出代表性的法律制度。这种编写方式生动具体,便于学生理解基础知识并激发其求知欲。朱力宇主编的《法理学原理和案例教程》(中国人民大学出版社2013年版)就是以案例的形式引出法理学的相关理论和法律的基本范畴,生动具体,很受学生欢迎。外国法制史课程的教材也可以仿照这种方式编订一本《外国法制史原理和案例教程》,或者专门编订外国法制史案例汇编作为教学的参考资料。当然,案例的选择需谨慎,要具有真实性、关联性、目的性、典型性和多元性等,让学生体会到外国法制史课程的学习不仅具有理论意义也有很大的实践指导意义。例如,在介绍美国法的时候,不用像现有教材一样,分制度抽象总结,而可以借助美国著名的辛普森案件展开。通过辛普森案件将涉及的美国宪法、刑法、民法、刑事诉讼法、民事诉讼法、司法制度(主要是陪审制和律师制)等方面的知识点逐一分析,了解其内涵和具体操作。再如,通过苏格拉底之死来探讨雅典民主制产生的原因,价值、局限性和对现今民主法治的影响等;通过布朗戈诉国家案、卡多案等理解法国特有的双轨制司法体系，理解大陆法系代表性国家——法国的判例法形成原因及具体运作；通过日本的“杀害尊亲属加重处罚”规定违宪判决来理解日本宪法、刑法、传统的家族制度等的关系，等等。因此，历史长河中留给我们了大量发人深省的案例，这就需要由研究外国法制史的专家来筛选案例并定期更新案例，将案例与外国法制史研究成果相联系，将案例与我国法治建设相联系，做到以例引法，发挥以古启今的作用。

（三）改革外国法制史教学方法，引入研讨式教学模式

“我国的法学教育传统的演讲式教学法源于大陆法系模式，教学目的是提供理论基础，是法律科学研究，而不是法律职业训练；教学法上强调教员的系统讲授，旨在向学生传授知识；法律规则比较注重抽象，教育内容和教材也注重对较抽象的概念和原理加以阐释和分类。”〔2〕这种教学法注重讲授教材知识和教师个人学术观点，以教师为主导，师生之间的交流与互动较少，以灌输知识为主。因此，教学过程很难促使学生主动思考，课下自觉学习。长此以往，学生很容易丧失学习的兴趣和乐趣，这也是为什么大学生出勤率普遍不高的一个原因。此外，这种以教师为主导的灌输式教学法，导致学生教学过程参与度不高，为了顺利拿到学分，只要掌握老师讲授的重难点即可，即只知其然而不知其所以然，降低了钻研和创新的能力。

外国法制史课程教学方法长期延续着传统的演讲式教学法，自然也具有了该方法存在的一些弊端。研讨式教学模式可以有效克服这些弊端。研讨式教学模式是一种通过多种教学手段与方法，以培养学生自主学习能力、辨析能力和运用能力为目的的教学模式。〔3〕其核心是围绕问题展开教学，“研究”即教师依据具体教学内容，依照教学目的提出富有思考性的问题或者布置具有启发性的命题，由学生自主思考、搜集和分析资料，得出初步的认识，再由教师点评、归纳、总结和提出可继续研究的路径和方法。“讨论”则以学生为中心，让学生主动参与到教学过程中，启发学生独立思考，分析研究问题，充分发挥学生的能动性，引导学生对所学的知识和研究课题产生兴趣，变被动地接受为主动地学

〔2〕沈宗灵：《比较法研究》，北京大学出版社1998年版，第183页。

〔3〕北京大学哲学系外国哲学史教研室编译：《古希腊罗马哲学》，三联书店出版社1957年版，第175页。

习,从而在"授人以鱼"的同时更实现"授人以渔"的教育目的。与传统模式相比,它的引入对外国法制史的教学改革具有重要的意义。

笔者在教授外国法制史这门课的过程中,就尝试过这种教学模式,有收获也发现了一些不足。这门课是选修课,授课对象是大三的学生。我在教授导论的时候,就已经大致告诉了同学们这门课的学习目的,学习方法,主要讲授的内容,让他们对这门课有个总体认识。之后,给出一些命题,如分离日耳曼法赎罪金与赔偿金的意义及对我国法治的影响,雅典民主制的积极影响及局限性对我国民主法治建设的意义,美国联邦最高法院、法国宪法委员会、德国宪法法院的违宪审查运作对我国违宪审查制度的启示,法国民法典和德国民法典对我国制定民法典的启示,等等。之所以要给学生们命题,是因为这门课对学生的知识结构要求太高,内容庞杂,让他们自己寻找讨论点有些困难。给出的命题要有深度、广度和现实意义,这样才利于调动学生的学习兴趣,利于学生在命题内发挥其主动性,寻找灵感。也正是由于命题的深度和广度的要求,靠学生单打独斗是完成不了的,因此,在授课的过程中引入"团队互动学习法"就很有必要了。由同学们根据自己的兴趣组建团队,选择命题,团队内成员分工合作,如查找文献、制作 PPT、负责讲解等。当每个团队分享完他们的观点后,由其他同学和老师对其讲解内容发问,他们解答,其他同学也可就其中观点形成讨论,最终由老师点评。为了防止同学们不提问,一般也会要求团队就所讲授的内容提出一两个问题,以供大家思考讨论。通过这种方式的教学,学生的思路会更广,也会发现外国法制史课程也是具有实用性的。但是在实践的过程中也发现了一些问题,同学们只有分工,合作性不强。个人只负责自己那一部分,甚至于出现讲解的同学对文稿和 PPT 一点也不熟悉,即便照念,也会出错,更不要说引申了,很少有同学能脱稿拓展。如何加强团队合作是今后需要探索的重要方面。

课程的评价体系一般重结果,忽视过程,这恰恰是本末倒置。有的同学平时旷课,或者不认真听课,考前突击也能及格,甚至能拿到比较高的分数。这是因为大学考试不是淘汰赛,里面有比重比较高的识记题,他们通过突击背诵就能过关,但是对问题的真正含义和具体应用根本一知半解。针对这种情况,我们采用研讨式教学模式,让学生主动参与进来,并且加大过程成绩在总成绩的比重,通过加分激励环节,让同学们认真对待分享的命题,例如可以对团队分享中的内容部分、PPT 制作部分、回答提问部分等分别计分。此外,对于那些非团队成员，但参与问题讨论的同学也加分，这样就调动了所有人的学习热情。至于期末考试也没有必要非是闭卷考试的形式，以自己感兴趣的问题写论文，将论文作为考核方式反而更加合理。这样不仅有利于其独立思考，而且也为大四写毕业论文奠定了基础。我们很大一部分大四学生都不会写毕业论文，不论是形式方面还是选题论证方面都很弱，这说明平时练的太少，看的太少，连在哪里搜集资料都不知道，就知道在百度里面乱搜索。我们一些课程的考核如果是论文形式，老师就可以教导他们如何选题，如何论证，论文的格式要求都有哪些，通过平时的这些练习，大四写毕业论文的时候也不会手足无措了。

在教学手段方面，外国法制史还可以充分利用多媒体教学，为学生提供理解法律制度的时代背景资料。在网上搜集相关视频，通过视频剪辑手段，链接到所讲的内容部分，既生动又有说服力。

总体而言，我国大多数高校都开设了外国法制史课程，有的学校的这门课程还是省级、国家级优秀团队课程，还有很多我们可以学习的经验，希望国家今后能多组织这门课程的大学教师培训活动，增强师资力量，提高教学效果。

保险法教学中案例教学的运用

周　梅*

【摘　要】保险法是实践色彩很强的一门法学课程。各大高校开设保险法课程的一个重要目的就在于,为市场培养实务型、应用型的保险法律人才,以满足社会对专业保险法律服务、解决与保险有关的法律纠纷的需求。保险法教学应当与保险法本身的特点及保险法课程的目的相适应,坚持以学生为主体、实践为导向的思路,广泛运用案例教学的方式,帮助学生更好地掌握保险法的基础理论知识,提高学生的实践能力。

【关键词】保险法;课程;案例教学;实践

一、传统教学方法的困境与保险法案例教学的必要性

(一)传统法学教学方法在保险法教学中的困境

自20世纪80年代案例教学法引入中国以来,它在中国的法学教育领域得到了一定程度的运用,但不可否认的是,案例教学法始终没有在中国法学教育中占据主导地位,绝大多数法学课程(包括保险法)的教学仍然以传统教学方法为主,很多时候案例教学法仅仅是对传统教学方法的一种补充或者点缀。

传统的教学方法,简单来讲就是一种课堂讲授的方法,即教师将间接知识告知、解释或者证明给学生[1],类似于古人所说的"传道、授业、解惑"的模式。

---

* 周梅,西南民族大学法学院副教授。

〔1〕 郭忠兴:《案例教学过程优化研究》,载《中国大学教学》2010年第1期。

在这种教学模式下，知识的传播基本上是单向的，即由教师到学生，而且教师是整个教学活动的核心，处于主导地位，学生往往是被动地接受知识[2]。中国的法学传统教学模式的形成，在很大程度上受到中国法学基本理念的影响，中国的法学界一直都非常重视法学基础理论的研究，在这种理念的指引之下，法学教育很自然地就会将传授理论知识、培养理论研究人才作为其基本导向。不可否认，传统的法学教学方法为中国法学界培养了一大批优秀的理论人才，为中国本土法学的发展与繁荣储备了力量，而且它在一些高度理论化的法学基础学科的教学中的地位至今仍是无可取代的。但是，传统教学方法也存在过于强调理论、不重视实践的弊端，这使得传统教学方法下培养出来的学生实践能力欠缺，运用法学理论分析解决实际问题的能力较弱，这一问题在保险法这门法学学科上体现得更为明显。

在中国，保险法是一门新兴的法学课程，它伴随着中国保险业的发展而兴起。改革开放至今，保险已经渗透到社会生活的方方面面——小到家庭个人的生活出行，大到国家的重大工程项目建设——都已经无法离开各种各样的保险，这也推动了社会对保险法律人才和专业保险法律服务需求的扩张，面对这一客观情况，许多高校法学院都开设了保险法课程。但在保险法教学过程中，传统的教学方法却遭遇了现实的困境：无论是从学生的整体考核结果来看，还是从社会需求方的反馈来看，传统教学模式下的保险法教学效果都不尽如人意。这一情况的出现，很大程度上与保险法本身的特性有关。众所周知，保险法是非常强调实践和运用的一门学科，其产生与发展始终是与保险业的实践联系在一起的，保险法的很多理论直接来源于保险业的实践；同样地，保险法很多理论的提出也都是为了解决保险业实践中出现的问题。因此保险业实践的变化会很快地反映到保险法上：首先，保险业实践的变化会对保险相关的实体法律规范及政策产生影响，推动了保险法律、法规、规章制度及政策的修改与订立；其次，保险业实践的变化也会对保险法学术研究产生影响，促使学者们对原有理论进行修正或者提出新的理论，总而言之，与其他法学学科相比，保险法的实践性显著，且带有很强的解决实际问题的目的性。也正是源于此，传统的教学方法在遇到保险法时会显得力有不逮：首先，传统教学方法下教师教授给学

〔2〕 郭忠兴：《案例教学过程优化研究》，载《中国大学教学》2010年第1期。

生的大部分都是抽象的理论知识，虽然这些知识来源于实践，但是一旦它从实际中被抽象出来，便在某种程度上与实践相分离，从而具有了一定的稳定性，因此其更新速度有些时候无法与新的保险实践相适应；其次，传统的教学方法遵循的大致是一种从一般到特殊的逻辑方法，学生获取的是经过高度概括的一般性知识，学生如果想将这些知识运用到现实的案件中，那么他们必须做一个从一般到特殊的转换，也就是逻辑上所说的推理的过程，显然这就对学生的逻辑推理能力提出了很高的要求，从经验的角度看，相比从一般到特殊的推理方法，从特殊到一般的归纳方法显然更能被学生所接受。

（二）保险法案例教学的必要性

传统教学方法在保险法教学过程中面临的困境是我们运用案例教学法的一个客观条件，同时它也是一个外部条件，抛开这一条件不谈，单从案例教学法本身的特质来看，它在保险法教学过程中也有着独特的优势。

首先，案例教学通过模拟真实情境的方式，将现实世界中具有典型性的保险法案例在课堂上再现，让学生可以近距离观察到案件的细节，甚至直接进入案件当中，扮演案件中的角色，这样就给了学生非常直观的体验和感受。在教师的引导下，学生会自然而然地对案件复杂的、深层次的以及富有争议的问题产生兴趣，进而会自主地去思考这些问题的解决之道，在寻找答案的过程中，学生会自觉地去搜寻资料、获取信息，并对收集到的资料和信息进行分析和解读，然后整合加工，形成自己的知识。换句话说，在保险法案例教学中，教师不再是知识的主要来源，学生自己成为知识的主要渠道，就是在这一过程中，学生完成了从知识的被动接受者到知识的主动获取者的转变，这种转变的意义就在于，学生对知识有了更加直观和具体的认识，因而他们对知识的掌握和理解往往也更加深刻和牢靠。

其次，保险法案例教学对学生实践能力的培养也有独到作用。由于案例教学模拟了真实的情境，学生在讨论案例的过程中很自然地就会从“实务中如何看待和解决这个问题”这个角度出发进行思考，加上教师对实务知识的补充介绍，可以让学生对保险法律实务建立起初步的认识，培养学生理论联系实际的思维习惯，同时使学生学到保险法律实务中的一些经验和技巧，提高学生的实践操作能力。

最后，保险法案例教学对学生综合素质的提升也有所裨益。在案例讨论的过程中,难免会出现意见分歧和不同观点,在解决意见分歧的过程中,学生的综合素质能够得到很大的提升。为了处理好意见和冲突,学生必须学习倾听与沟通的技巧;同时,为了阐发自己的观点和反驳他人的观点,学生还要掌握一定的语言表达能力;此外,在面对不同观点时,学生还要学会群体思维与自省思维,学会向反对者学习,吸取其观点中有用的部分来发展自己的观点,同时也要学会对自己的观点进行反思与自省,随时修正自己的观点,使之更加合理与全面。从某种层面上讲,保险法案例教学给学生带来的综合素质的提升比它对学生专业知识和实践技能等方面的提升更有意义。

二、保险法案例教学的课堂运用

(一)保险法案例教学的原则

案例教学对保险法教学而言虽有诸多好处,但如何在保险法教学实践中运用案例教学法,目前还没有一个通行的做法。在此,笔者结合自身保险法教学的经验,简单谈一下保险法案例教学的一些原则。

笔者认为,首先,保险法案例教学的运用首要原则在于真实的案例与真实的情境。这一原则与案例教学本身的性质有关,案例教学法有两个核心:一是真实的案例;二是进行讨论[3],真实的案例与假想的案例不同,它有着更加丰富的细节和更加复杂的法律关系,因此真实案例中可以讨论的问题更多,可以讨论的角度也更加多元,现实世界的情形很少像教科书所设想的那么标准和理想,这也是保险法律实务中的难点所在。因此教师在进行保险法案例教学时要提前进行整体规划,认真做好教案。具体来说:在筛选案例时要尽量选用实务中真实存在的案例,这些案例可以来源于教师亲自参与过的案子,也可以是一些典型的司法案例;在设计讨论问题时,也要注重模拟真实的情境,可以从当事人、律师、法官等不同的角度设计问题,让学生体会保险法律实务中不同参与者思维方法的差异,增强学生对保险法律实务的认识。

其次,要坚持以学生为主体的原则。案例教学在很大程度上是学生的自主学习,因此必须要突出学生在课堂上的主体地位,让学生在课堂上有充分的表达观点和进行讨论的机会;而教师除了要做好前期准备之外,还要充当好引导

---

〔3〕 施玮:《保险法教学中案例分析法的运用》,载《改革与开放》2015 年第 23 期。

者与组织者的角色，在学生进行讨论的时候适时地予以引导，对疑难点、争议焦点及时进行总结，在讨论结束之后进行总结评析，从宏观上把握教学进度，确保案例讨论能够有序进行。

最后，保险法案例教学要坚持突出中心问题原则。一个值得被讨论的典型案例必然有一个与众不同的中心问题，教师在设计讨论时，应当始终围绕这个中心问题来展开，教师尤其要注意设计问题的技巧，设计出来的问题既要突出重点，给学生大方向的导引，又要给学生留下足够可以深入挖掘的空间。

（二）保险法案例教学课堂运用举例

为了更加直观地说明案例教学法在保险法教学中的实际运用，笔者结合自身教学经验，试举一例来展示保险法案例教学的过程：

1. 案例选择。

案情简介：2006 年 3 月，包先生为其购买于 1993 年的轿车购买了车损险，保险公司以该车的新车购置价确定保险金额为 40 万元。保险合同载明：在保险期间内，被保险人或其允许的合格驾驶员在使用保险车辆过程中，因碰撞、倾覆等原因造成保险车辆损失，保险人按保险合同的规定负责赔偿；保险车辆发生全部损失后，如果保险金额高于出险当时的实际价值，按出险时的实际价值计算赔偿；保险车辆发生部分损失时，按照实际修复费用赔偿。在保险条款释义部分载明：实际价值是指同类型车辆市场新车购置价减去该车已使用期限折旧金额后的价格，9 座以下非营运车（含轿车）按月折旧率 6% 计算；全部损失是指保险车辆整体损毁，或保险车辆的修复费用达到或超过出现当时的实际价值，保险人推定全损。半年后，包先生指定的驾驶员驾驶汽车时不慎撞上护栏，造成车辆损失。经保险公司查勘定损，出具了机动车定损报告，报告确认该车辆的实际修复费用为 96,736 元，同时载明：经保险公司、修理厂、车方三方协商，完全同意按以上核定价格修理。该报告还特别约定：本公司查勘受理，损失确认不代表最终的赔付承诺。但在包先生修理汽车后，要求保险公司赔付时，保险公司却指出，折旧后该车的实际价值只有 6400 元，依据“保险金额高于出险当时的实际价值，按出险时的实际价值计算赔偿”的约定，保险公司只应赔付

6400 元。包先生遂将保险公司告上法院。[4]

在案例的筛选上,笔者综合考虑了教学进度、学生整体的知识掌握程度以及案件复杂度等因素,选取了现实中一个较为复杂、争议较大的案例,并以此案例中原、被告双方的争议焦点为中心,围绕双方争议背后的保险法理论知识设计案例教学方案。

2. 问题设计。

因为本案主要涉及财产保险中保险金计算方面的知识,为了加强学生对保险价值、保险金额、保险金、定值保险、不定值保险以及推定全损等相关概念的辨析,以及最大诚信原则的理解,加深学生对保险法律实务的直观认识,提高学生运用保险法理论知识解决实际问题的能力,笔者设计了以下问题:

(1)本案涉及的保险合同是定值保险合同还是不定值保险合同?定值保险的认定标准是什么?

(2)如果你是原、被告一方诉讼代理人,你将如何发表代理意见?请任选一方,简要撰写代理词。

(3)如果你是法官的话,你会如何处理本案?请归纳双方争议焦点,拟出判决结果,说明判决理由。

(4)请总结财产保险中保险金计算的注意事项及最大诚信原则的适用要点?

在作以上问题设计时,笔者从模拟真实情境、围绕中心问题等原则出发,力图让学生体会保险法案件处理过程不同参与者的差异,培养学生的发散性思维,同时使学生学到保险法律实务中的一些实用技巧。

3. 分组讨论。

在完成问题设计之后,为了锻炼学生的团队合作能力,笔者按照实际情况对学生进行了分组,要求学生在正式讨论之前,提前做好准备,准备的内容包括搜集相关资料、进行组内讨论、整合小组成员意见、推选发言人等。在准备的过程中,笔者要求小组成员内部自行确定分工,及时沟通、相互配合。

在小组准备完成之后,笔者随机抽取了若干个小组以课堂授课的形式对其

---

〔4〕 限于行文篇幅,笔者对所选案例作了简化和概括,案例详见颜修、闵长岭在《中国保险报》2008 年 2 月 18 日发表的案例《按新车购置标准为车交投保,保险公司多赔 9 万元》。

准备成果进行展示,在展示的过程中,其他同学就其疑惑之处向展示小组发问,展示小组进行解答;在展示完成之后,其他小组就有分歧的部分发表自己的意见。

以某一小组的展示为例,该小组在回答第一个问题时,认为本案涉及的保险合同是定值保险合同,理由是保险合同双方当事人在保险合同中约定了新车购置价,意味着他们对确定的保险车辆的保险价值作了事先的约定,并以此确定了保险金额为40万元,该小组的这一观点遭到了一些小组的质疑:保险合同中对新车购置价的约定能不能必然地与保险价值等同起来?再者说,即便保险合同中约定了保险价值,是不是就一定意味着该合同构成了定值保险合同?有的小组直接提出了反对意见,反对理由是:合同中所提到的新车购置价只是为确定保险金额40万元的一个参考,实际上该合同并没有预先确定保险车辆价值,因此该合同不是定值保险合同;此外,定值保险合同所适用的范围一般是古玩、字画等不容易确定保险价值的财产,相对而言车辆有较为客观和统一的估价方法,因此车辆保险没有适用定值保险的必要和基础;而且,在中国保险业监督管理委员会2000年2月所颁布的《机动车辆保险条款》中明确规定:“本保险合同为不定值保险合同。”因为对本案保险合同性质的认定直接影响到最终保险金的计算,因此进行展示的小组对定值保险的认定标准问题进行了回应,并与反对者就这一问题进行了辩论,进行展示的小组认为:保监会的规定仅仅只有宏观的指导作用,在具体保险合同中双方当事人可以约定合同为定值保险合同。在回答第二个问题时,进行展示的小组选择作为原告的代理人发表了代理词,其主要观点是该合同是定值保险合同,如果将该合同认定为不定值保险合同对于投保人来说是非常不公平的,因为保险人在投保时按新车购置价收取保险费的规定将导致保费费率更高,证明保险公司是将合同作为定值保险合同来处理的,否则保险公司应该按不定值保险下更低的费率收取保费;而在出险理赔时保险公司又企图将合同视为不定值保险合同,以此来达到少付保险金的目的,可以看出保险公司对同一份保险合同的态度是前后矛盾的,而这种矛盾直接损害了投保人的利益,因此法院应当将该保险合同认定为定值保险合同,并按其规则计算保险金;其他小组认为进行展示的小组认定本案保险合同为定值保险合同的理由不够充分,甚至有些牵强。进行展示的小组对第三个问题的回答承接了其对第二个问题的回答,只不过从法院的角度进行了阐述,作出了有利于原告的判决，并在判决中运用保险法最大诚信原则进行说理。最后，进行展示的小组对本案涉及的知识点进行了总结，回答了第四个问题。其他小组在进行展示的小组回答问题的过程中进行了发问或者补充，在关键争议点上，笔者组织了辩论。

4. 总结评析。

在小组讨论完毕之后，笔者对进行展示的小组以及其他小组的观点进行了总结和评论，指出了其分析得当与有所偏颇之处，并对定值保险的认定、最大诚信原则的内涵等重要的保险法知识进行梳理，介绍了相关问题在保险法律实务中的认定技巧及一些保险法律文书的写作技巧。通过这种形式，学生对保险法理论知识有了更加深刻的思考和认识，同时在模拟真实实务环境下，学生对保险法律实务有了更加直观的印象。

三、保险法案例教学中存在的问题及其改进

从学生的反馈与考评结果来看，案例教学法相较于传统的教学方法确实能较大地提升保险法教学的实效。但在保险法案例教学的过程中，笔者也发现了一些问题，而这些问题的存在可能会制约案例教学法对保险法教学效果的进一步提升，从另一个角度来看，对这些问题的解决又是改进现行保险法案例教学，进一步发挥案例教学独特作用的关键所在。

在笔者看来，目前开展保险法案例教学最主要的困难在于，它对学生的能力有较高的要求，现实中部分学生的能力还无法达到完全开展案例教学的要求。案例教学虽然注重实践性，但它仍旧是以基础的理论知识作为前提和依托的，这就决定了学生必须对相关基础理论知识有较为扎实的掌握，可以说案例教学法本身预设的条件就是学生的知识储备和理论能力已经达到了一定的水准，如果不能满足这一预设条件，那么案例教学的开展必然会受到掣肘，其效果也会受影响。保险法案例教学对学生的基础理论能力要求相对而言可能更为苛刻，它不仅要求学生对《保险法》及相关法律、法规、政策有一定的了解，还要求学生较为扎实地掌握了民法、合同法、公司法、侵权责任法等其他法学学科的基础知识。在学生这些能力都已经具备的情况下，保险法案例教学的流程会比较顺畅，但在实际的保险法案例教学过程中，笔者发现部分学生的能力比较欠缺，导致其在进行课堂案例讨论时可能会偏离问题的核心，转而讨论一些无关

紧要的边缘问题,甚至会纠结于一些不成为问题的基础理论知识,这样一来不仅达不到应有的教学效果,反而可能会对整体的教学进度产生影响。解决这一问题的根本途径在于全面提高学生的综合能力,但这毕竟是一个长期的过程,总结实践的经验,笔者认为,较为现实可行办法是教师在案例讨论之前对案例中涉及的基础知识进行提示和导入,要求学生参照自身情况,对尚不熟悉的知识提前进行学习,或者在进行正式的案例讨论之前,教师花时间对这些知识进行梳理和讲解,以便为接下来的案例讨论奠定基础。同时,在案例教学的过程中,教师也要充当好指引者的角色,不仅要有针对性地选择案例,引导学生去思考、去争辩、去作出决策和选择,去解决案例中的特定问题,引导学生探寻案例中各种复杂的情形及其背后隐含的各种因素和发展变化的多种可能性[5],而且要在学生的讨论严重偏离重点与主题时予以适当引导,把握好案例讨论自主性与案例讨论针对性之间的动态平衡。

除此之外,在传统的教学模式下,部分学生已经习惯于将自己置于“听讲者”的位置,因此如何转变这种长久以来形成的思维惯性也成为保险法案例教学中不得不面临的一个问题。案例教学法核心理念是以学习者为中心,因此,真正有效的案例教学,始终应当以学生为主导,这与传统的以教师为中心的课堂教学模式是截然不同的。在实际教学过程中,笔者发现有一部分学生还没有适应这种角色的转变,在参与案例讨论时主动性与积极性不足,问题意识较为欠缺,很少主动去发现问题、解决问题,他们仅仅是在教师总结归纳环节才参与进来。保险法案例教学对于学生而言,主要有两方面的作用:一是通过案例分析与讨论的过程,让学生对保险法律实务有更加感性和直观的认识,培养学生的保险法法律实务能力;二是让学生在发现问题、解决问题的过程中对问题背后的保险法理论知识有更加深刻的理解和掌握,学生在分析与讨论环节的缺位,则会极大地削弱这两方面的作用,即使他们认真参与了最后的总结归纳环节,他们所获得的知识深度与广度也远不及全过程参与的学生。为了解决这一问题,教师可以采用分组对抗的手段,将学生划分成不同的小组,每个小组都要准备案例,最终抽取小组以“课堂授课”的方式对其讨论成果进行展示,其余小组则根据展示中可能存在的问题或者展示中尚未涉及的问题,向讲课小组发

---

〔5〕 朱文:《案例教学方法研究》,载《西南民族大学学报(人文社科版)》2003 年第 10 期。

问，讲课小组对发问作答，如果存在意见分歧，教师可以引导双方开展适度的辩论，在双方观点阐发较为充分时，教师进行总结和评析，对其中涉及的理论知识进行讲解，并对所争论问题的看法进行介绍。通过这种办法，可以较为有效地调动学生参与案例讨论的积极性，以保证保险法案例教学的整体效果。

指导性案例制度背景下的法学案例教学

吴德成*

【摘　要】建立完善指导性案例制度是人民法院《"二五"改革纲要》确定的重要任务，最高人民法院颁布的《关于案例指导工作的规定》及《〈关于案例指导工作的规定〉实施细则》明确要求"同类后案裁判文书中的裁判理由应当引述指导性案例"。在指导性案例参照适用过程中，法官面临着事实识别和法律识别的问题，这也是法学案例教学面临的新课题。一方面，指导性案例为法学案例教学提供了权威的活教材，是发挥指导性案例制度"丰富和发展法学理论"作用的载体。另一方面，通过对指导性案例的教学研究，培养法科学生案例识别和案例的事实和法律识别能力，是沟通"法学界"与"法律界"的桥梁。在具体的案例教学过程中，首先，应当查找、识别同类法律争议涉及的指导性案例和具有指导性作用案例，优先选择指导性案例，同时兼顾具有指导性作用的案例。其次，在指导性案例教学过程中，灵活运用演绎式案例教学法，培养学生掌握在裁判要点中事实识别和法律识别能力，准确理解裁判要点体现的普遍适用的法律规则或原则。最后，具有指导性案例的教学应有批判态度，主要采用归纳式案例教学法，通过列表比较的方法，辅之理论分析、归纳和总结，引导学生在类似的公报案例或典型案例中发现具有指导性案例品质的案例，力求实现发现和丰富指导性案例的更高目标。

* 吴德成，西南民族大学法学院副教授。

【关键词】指导性案例;具有指导作用的案例;识别能力;演绎式案例教学法;归纳式案例教学法

在2005年最高人民法院发布的《人民法院第二个五年改革纲要》(以下简称《“二五”改革纲要》)第13项中提出:建立和完善案例指导制度,重视指导性案例在统一法律适用标准、指导下级法院审判工作、丰富和发展法学理论等方面的作用。最高人民法院制定关于案例指导制度的规范性文件,规定指导性案例的编选标准、编选程序、发布方式、指导规则等。2010年11月26日最高人民法院发布的《关于案例指导工作的规定》(以下简称《规定》)将此制度的名称确定为“指导性案例”,《规定》对指导性案例的遴选、审定机制,发表范围,参照适用的指导力进行了具体规定。2015年6月2日最高人民法院发布的《〈关于案例指导工作的规定〉实施细则》进一步规定了指导性案例发布的基本格式,指导性案例参照适用的具体要求(包括法官应查阅指导性案例、在裁判理由中援引指导性案例)。在指导性案例参照适用过程中,法官面临着事实识别和法律识别的问题。基于法律界与法学界的互动关系,在法学案例教学过程中相应地面临着“指导性案例”与“具有指导作用案例”如何识别与选择,如何培养学生识别案例的事实和法律的能力,具体教学活动过程中,是选择归纳式案例教学法还是演绎式案例教学法等问题。笔者认为,对于指导性案例制度背景下案例教学的任务、模式进行再认识,有利于这些问题的解决,具有重要作用。

一、法学案例教学应当优先选择指导性案例作为活教材,兼顾具有指导作用的案例

目前,我国既有指导性案例,又有具有指导作用的案例,形成了各种选编、发布主体,不同结构形式,不同效力层次的案例形态。既有理论界编选的《刑事法判解》《商事案例判解》,又有实务界编写的《民商审判指导与参考》《刑事辩护名案选》。既有最高人民法院通过《人民法院报》发布的公报案例(这些案例既有经过最高人民法院审判委员会讨论通过的指导性案例,又有未经最高人民法院审判委员会讨论通过的其他公报案例),还有地方人民法院(高级人民法院和中级人民法院)官网公布的典型案例。前述所有案例,从应用价值上都可以

分为两类:一类可以称为"指导性案例";另一类可以称为"具有指导作用的案例"[1]。指导性案例是指公安、检察机关和人民法院依照建立案例指导制度的相关规定,依照规定程序、在规定媒介上公布的,具有参照适用效力的案例。就人民法院而言,指导性案例专指依照最高人民法院《关于案例指导工作的规定》程序选编、经最高人民法院审判委员会讨论通过,在人民法院报发布具有参照适用效力的案例。具有指导作用的案例则是单位或个人编写的对于理论研究或者司法实践具有指导价值的案例,也可以称为民间版的指导性案例。[2] 鉴于我国的案例形态的多样性,为讨论的方便,同时也考虑到案例对后案裁判指导效力的关系,本文探讨的案例专指人民法院编选、公布的各类判例。这包括人民法院指导性案例(以下简称指导性案例),最高人民法院公报案例(以下简称公报案例,为论述的简便,本文所指公报案例仅指最高人民法院公报发布的除指导性案例外的其他案例),高级人民法院和中级人民法院公布的典型案例(以下简称典型案例)。这些案例对后案裁判指导效力呈现出由强到弱的趋势。

基于我国目前案例种类繁多、形态多样的现状,在法学案例教学中,教师首先面临的是案例识别与选择的问题。考虑到案例的权威性以及指导价值的大小,案例教学所选案例应当首选指导性案例,其次是公报案例,再次是高级人民法院的典型案例,最后才是中级人民法院的典型案例。指导性案例和公报案例,均由最高人民法院选编,均以最高人民法院公报发布,两者的差异在于指导性案例还需通过最高人民法院审判委员会讨论通过,指导性案例具有参照适用效力,而公报案例与典型案例一样属于具有指导作用的案例,具有参考价值而不具有强制参照适用价值。

我们还应认识到,指导性案例的确定需经上报、遴选、最高人民法院审判委员会讨论通过的法定程序,其来源于公报案例和典型案例,它与公报案例、典型案例具有良性互动机制。因此,在强调指导性案例在案例教学中案例选择的优先地位的同时,还应充分认识到公报案例、典型案例在案例教学中进行研讨的独特价值。通过类似公报案例、典型案例的比较讨论,我们或许可以发现某些案例的某个裁判要点体现了同类案件裁判应当普遍适用的法律规则、原则或精

---

〔1〕 胡云腾:《一个大法官与案例的38年情缘》,载《民主与法制》2017年第20期。

〔2〕 胡云腾:《一个大法官与案例的38年情缘》,载《民主与法制》2017年第20期。

神,具有成为指导性案例的品质,我们可以依照法定程序将公报案例、典型案例升级为指导性案例,为指导性案例的发现和丰富作出法学理论界的贡献。

二、在指导性案例教学过程中,灵活运用演绎式案例教学法,引导学生运用案例事实识别和法律识别的方法,掌握指导性案例体现的同类案件裁判应当普遍适用的法律规则、原则或精神

指导性案例是认定事实证据的模范,是正确适用法律的模范,是展示法官正确行使自由裁量权的模范案例,[3] 它当然应当成为法科学生学习的活教材。指导性案例又是有权解释法律的案例,具有强制指导作用。全国法院在审理与指导性案例类似的案件时,应当参照适用,法官在审理同类后案中应当将指导性案例作为裁判说理依据引用。一般认为,指导性案例制度的运行模式是:抽象(法律规范)—具体(指导性案例)—具体(同类后案)。有学者指出,案例指导制度已经确定,最高人民法院应该抓紧对地方各级人民法院的法官进行案例指导方面的训练,训练如何进行法律识别,如何进行案例识别,教会法官运用案例的技巧。[4] 笔者认为,这既是对法官的要求,又是对法科学生培养的要求。

一般而言,对于教材理论的教学,我们通常采用演绎式案例教学方法。演绎式案例教学法是一种由概括到具体的方法,先为学生搭起抽象概念或理论,再用事实解释概念或理论,或应用这些概念或理论来解决具体问题。[5] 这种教学方式使学生对教师的依赖性较强,学生通过这种方式学到的法律知识比较容易遗忘。传统的演绎教学方式注重的是知识的传授而不是技能的培养,其中教师的讲解过多,学生的积极参与较少。指导性案例是法学案例教学的活教材,这表明它既有理论教材的基本属性,又具有审判实践经验的独特性。因此,在指导性案例教学过程中,必须遵循灵活的演绎式案例教学方法。基本要求是:在“教师讲解—案例说明—学生论证”的环节中,教师扮演组织者和问题提出者的角色,学生作为参与主体,是问题分析者和解决方案提供者和论证者,克服传统演绎式案例教学法学生被动学习的弊端,实现学生全面了解案例,准确理解

---

〔3〕 胡云腾:《一个大法官与案例的38年情缘》,载《民主与法制》2017年第20期。

〔4〕 刘作翔:《中国案例指导制度的最新进展及其问题》,载《东方法学》2015年第3期。

〔5〕 张艳:《浅析国内大学法学教育中的案例教学法之不足与对策——从哈佛大学“公正:该如何做是好”一课说起》,载《学理论杂志》2013年第21期。

和掌握指导性案例的裁判规则要点的目的。具体而言：首先，引导学生对裁判规则涉及概念、范畴、要件、规范的学习，但不能拘泥于演绎式案例教学方法，应当引导学生在“教材理论—法律条文—裁判规则”之间来回穿梭思考，明白审判实践究竟采纳何种理论学说，法律条文如何具体运用，法律漏洞如何弥补。其次，引导学生运用指导性案例事实识别和法律识别的方法论，突出学生技能的培养。就事实识别而言，引导学生了解案件背景，以时间为序、以诉讼当事人（参与人）为主体分类梳理案件事实的进展，归纳争议事实及证据。就法律识别而言，引导学生从法律（法规）体系、法律规范逻辑构成、溯及力、文义解释等角度分析法律适用的争议，从法律原则、精神的角度评价法律适用的正当性，思考如何适当地进行法律漏洞的弥补。最后，引导学生基于指导性案例的裁判要点，归纳总结出指导性案例体现的同类案件裁判应当普遍适用的法律规则、原则或精神，这是指导性案例具有参照适用价值的根本原因所在，也是指导性案例的灵魂。有学者指出：只有指导性案例的裁判要点，所列举的内容，才可以成为指导全国法院审理类似案件时的参照。如果一个指导性案例中有若干个指导要点，但裁判要点中只归纳一个，那就说明最高人民法院只认可这一个裁判要点具有普遍指导意义，其他不具有普遍指导意义。所以，指导性案例的指导意义，仅以裁判要点的归纳为限。〔6〕

三、在具有指导价值的案例教学过程中，主要采用归纳式案例教学法，通过列表比较的方法，辅之理论分析、归纳和总结，引导学生在类似的公报案例或典型案例中发现具有指导性案例品质的案例，力求实现发现和丰富指导性案例的更高目标

前文已经论及，具有指导作用的案例（指公报案例和典型案例）不同于指导性案例，公报案例和典型案例不具有强制指导作用。究其原因，一方面，这些公报案例和典型案例裁判要点体现的法律规则或原则不具有指导性案例裁判要点应当具有的普遍适用性，对这些公报案例和典型案例的教学应有批判学习的态度，力求让学生认识到其裁判要点的不足。另一方面，这些公报案例和典型案例中的模范案例，囿于指导性案例遴选、审定工作滞后等因素，尚未被发现升

---

〔6〕 胡云腾：《一个大法官与案例的38年情缘》，载《民主与法制》2017年第20期。

级为指导性案例，对于这其中的模范案例，在案例教学过程中应当特别重视对其裁判要点体现的法律规则或原则普遍适用性的论证分析，以实现在公报案例和典型案例中发现指导性案例的更高目标。为此，在公报案例和典型案例教学过程中，应当主要采用归纳式案例教学方法。归纳式案例教学法，先给学生一些具体事实，让学生从归纳这些事实中得出相关概念或理论。[7] 基本要求是：教师先引导学生从案例材料入手，以列表比较的方法，展示类似案例在事实识别、法律识别的观点，比较彼此间的异同，再结合相关理论观点归纳总结出类似案例普遍适用的法律规则或原则。为进一步阐述笔者的主张，下面以两件公报案例的教学活动的开展进行举例说明。

步骤一：案例的查找与识别

关于违反《公司法》第16条第1～2款的规定，公司法定代表人或其他高级管理人员以公司名义对外提供担保及相应担保合同的效力等问题，既是纠纷多发领域，也是司法实践中的疑难问题。有关此类纠纷的裁判，目前没有相关指导性案例，但最高人民法院公报先后发布了两件公报案例：一是中建材集团进出口公司诉北京大地恒通经贸有限公司、北京天元盛唐投资有限公司、天宝盛世科技发展（北京）有限公司、江苏银大科技有限公司、四川宜宾俄欧工程发展有限公司进出口代理合同纠纷案（以下简称2011公报案例[8]）。二是招商银行股份有限公司大连东港支行与大连振邦氟涂料股份有限公司、大连振邦集有限公司借款合同纠纷案（以下简称2015公报案例[9]）。

步骤二：引导学生研读两件公报案例的【事实认定】和【裁判摘要】，列表展示两件公报案例事实识别和法律识别，比较其中的差异

两件公报案例均涉及公司法定代表人越权（违反公司章程限制性规定）对外提供担保的担保合同效力判断问题，而且均认为"《公司法》第16条的规定，是关于公司内部控制管理的规定，不应以此作为评价合同效力的依据"。但二者确立的裁判规则在适用时，其事实识别、法律识别方面均有差异，具体

[7] 张艳：《浅析国内大学法学教育中的案例教学法之不足与对策——从哈佛大学"公正：该如何做是好"一课说起》，载《学理论杂志》2013年第21期。

[8] 《最高人民法院公报》2011年第2期，北京市高级人民法院（2009）高民终字第1730号民事判决书。

[9] 《最高人民法院公报》2015年第2期，最高人民法院（2012）民提字第156号民事判决书。

如下(表 18－1):

表 18－1 2011 公报案例和 2015 公报案例的事实识别和法律识别

公报案例 种类	2011 公报案例	2015 公报案例
事实识别	1. 银大公司法定代表人在承诺书复印件上签字。	1. 担保协议签署人是公司法定代表人,并盖有公司公章。
	2. 有限责任公司。	2. 股份有限公司。
	3. 对公司股东或实际控制人以外的他人提供一般担保。	3. 对公司股东提供关联担保。
	4. 没有担保的股东会决议。	4. 有担保的股东会决议,但决议上印章虚假。
法律识别	1.《民法总则》第 61 条,法定代表人以法人名义从事的民事活动,其法律后果由法人承担;《合同法》第 32 条,合同经签字或盖章后生效。	1. 相对人基于签署人的法定代表人身份,并盖有公章的事实,可以相信签署人是"以公司名义"履行职务行为。
	2. 最高人民法院《关于适用〈中华人民共和国合同法〉若干问题的解释(一)》(以下简称《合同法》解释(一))规定,合同违反效力强制性规定方为无效,而《公司法》第 16 条的规定是内部管理性规定,不能作为认定担保协议无效的依据。	2. 违反《公司法》第 16 条的规定,担保协议并不当然无效,若公司法定代表人构成表见代理的,由公司承担担保责任。
	3. 公司章程不具有对世效力,相对人对章程中有关担保的限制没有注意、审查义务,应推定相对人是善意第三人。	3. 公司法定代表人订立抵押合同的行为超越代表权,相对人以其对相关股东会决议履行了形式审查义务,主张法定代表人构成表见代表的,由公司承担担保责任。

步骤三:问题的提出

通过两件公报案例的事实识别和法律识别差异的比较,围绕类似案例裁判应普遍遵循的法律规则或原则这一核心问题,教师可以分别提出如下相关问题,引导学生进行思考。

1. "公司法定代表人越权对外提供担保"需以"法定代表人以公司名义对外提供担保,履行职务"为前提。若以个人名义对外提供担保,与职务行为没有关联，应认定为法定代表人的个人行为，没有讨论是否越权的可能。有关公司法定代表人签署担保协议行为是职务行为的判断标准，究竟应以2011公报案例确定的“法定代表人签字”为标准，还是以2015公报案例确定的“法定代表人签字+形式意义上的公司盖章”为标准？

2. 公司法定代表人越权对外提供担保的合同效力判断规则是否因公司是封闭性有限责任公司，还是开放性的股份有限公司而有所区别？

3. 公司法定代表人越权对外提供担保的合同效力判断规则是否因提供的担保是一般担保，还是关联担保而有所区别？

4. 公司法定代表人越权对外提供担保的合同效力，是参照2011公报案例“推定有效”，还是参照2015公报案例“相对人已证明，公司法定代表人构成表见代理，对公司发生担保效力”？

步骤四：引导学生查找相关理论依据，提出问题解决方案

前述问题的解决，笔者认为，应当对《公司法》第16条包含的法理进行分析解释，对该条文适用涉及的“公司”主体与一般的自然人的社会角色定位进行区分，对涉及的《民法总则》《合同法》《公司法》进行法律体系考察。通过对相关文献资料的检索，我们可以发现，最高人民法院民二庭周伦军法官撰写的论文《公司对外提供担保的合同效力判断规则》（以下简称《合同效力判断规则》）已经就这些问题进行了较为详尽的理论探析。结合《合同效力判断规则》的相关主张，可以引导学生提出如下问题解决方案（表18－2）。

表18－2　结合相关理论依据推导解决方案

项目	《合同效力判断规则》观点〔10〕	解决方案（笔者主张）
法理主张	1. 坚持法律体系解释方法，以《公司法》第16条（代表权限制）为起点，以《民法总则》第61条（职务行为）和《合同法》第48（无权代理）、49、50条（表见代理）为辅助依据，从法人责任、代表人意思表示归属两方面进行解释。	1. 从我国民商法体系来看，《民法总则》—《合同法》—《公司法》是普通法与特别法的关系，依照“特别法优于普通法”规则，该类争议应当首先考虑《公司法》的适用，而不能简单认为《公司法》第16条是内部性管理性规范而排除其适用。

〔10〕　周伦军：《公司对外提供担保的合同效力判断规则》，载《法律适用》2014年第8期。

续表

项目	《合同效力判断规则》观点	解决方案(笔者主张)
法理主张	2.《公司法》第16条的规定是代表权的法定限制,罗马法格言"不知法律不免责",相对人对此有注意义务。	2.公司是特殊的商事主体,需承担社会责任,其利益相关人包括:股东、债权人、消费者甚至社区,不能简单地认为,公司对法定代表人越权担保承担责任后,公司所有利益相关人因此受到利益损害均可通过"归入权"制度得到弥补。
	3.相对人恶意(知道或者应当知道对外担保超越权限),不对法人发生效力,理由是"法律不宜保护恶意之人"。	
事实识别	1.法院一般都是按照是否以公司的名义,公章是否真实等形式标准来审查法定代表人的行为是否为职务行为。	1.协议签署人具有法定代表人身份,协议应盖有公章(真实性不论)。
	2.在考虑越权担保行为的事实构成方面,不应将封闭公司还是公众公司作为分类的基础。	2.公司法定代表人越权对外提供担保的合同判断规则,不因是有限责任公司还是股份有限公司而有所区别。
	3.在考虑越权担保行为的事实构成方面,不应将一般担保还是关联担保作为分类的基础。	3.公司法定代表人越权对外提供担保的合同判断规则,不因是一般担保还是关联担保而有所区别。
法律识别	1.《公司法》第16条是《公司法》总则的规定,不是分则有关有限责任公司或股份有限公司的专门性规定。	1.有限责任公司和股份有限公司对外担保的决策程序均应遵守《公司法》第16条的规定。
	2.《公司法》第16条第2款仅就为关联方中的实际控制人和股东提供担保作出了必须经股东(大)会决议的规定,对于为其他的关联方提供担保,解释上应当认为须适用第16条第1款的规定,由章程决定相应的决议机构。	2.《公司法》第16条第1款是一般规定,第2款是特别规定但其特殊性仅限于决策机构的特别规定,这两款均规定对外担保均需决议机构【法定的决议机构(股东会)或章程规定的其他决议机构】作出决议。
	3.《公司法》第16条是公司对外担保代表权的法定限制而非约定限制。法定限制,交易相对人的善意需要自己举证证明;而约定限制,交易相对人的善意是被依法推定的。	3.形式审查公司担保的有关决议是相对人应尽的注意义务,相对人应证明自己善意且无过失。

续表

项目	《合同效力判断规则》观点	解决方案(笔者主张)
法律识别	4. 相对人善意时,按照《合同法》第 50 条的规定,担保合同对公司发生法律效力;相对人为恶意时,公司代表人越权提供担保的行为类推适用《合同法》第 48 条的规定,其行为效力待定。	4. 公司法定代表人越权对外提供担保,债权人主张并证明构成表见代理的,公司承担担保责任;若不构成表见代理且公司未追认的,由行为人承担担保责任。

步骤五:引导学生尝试进行类似案件裁判应当普遍适用的法律规则或原则的归纳总结

在问题解决方案基础上,结合《合同效力判断规则》一文的理论成果,我们可以将类似案件普遍适用的法律规则或原则归纳、总结如下:

公司法定代表人越权对外提供担保,债权人主张并证明构成表见代理的,公司承担担保责任。若不构成表见代理且公司未追认的,由行为人承担担保责任。

步骤六:引导学生对两件公报案例进行评价,尝试作出谁是具有指导性案例品质的模范案例的正确选择

若从《合同效力判断规则》一文的主要观点出发,对两件指导性案例进行评判,我们不难发现,两件指导性案例在法律体系解释方面是有缺陷的。2011 指导性案例明确"违反《公司法》第 16 条内部性管理规定,担保合同并不当然无效,可推定有效",2015 指导性案例则明确"违反《公司法》第 16 条内部性管理规定,债权人主张并证明构成表见代理,担保合同方能有效",《合同效力判断规则》进一步明确"违反《公司法》第 16 条内部性管理规定,未构成表见代理且未被公司追认,担保合同对公司不发生效力,只对行为人发生效力"。至此,关于"公司法定代表人越权对外提供担保的合同效力"的判断涉及的主要问题(是有效,无效,还是效力待定? 是对公司有效,还是对行为人有效? 是公司承担担保责任,还是行为人承担担保责任?)才有了比较明晰的答案。

通过两件公报案例的对比学习,我们还发现,2011 公报案例裁判认为"公司对外担保代表权的限制是约定限制,应推定相对人善意,担保合同推定有效"的观点不是普遍适用的法律规则;2015 公报案例裁判规则是对 2011 公报案例裁判规则的修正和完善,2015 公报案例才是具有指导性案例品质的模范案例。

高等院校大班教学效果有效提升的方法探析

韩玉斌*

【摘　要】高等院校大班教学师生互动性差，学生学习动能不足。任课老师可以通过非正式交流、走动式教学和形成性评价来营造良好课堂教学氛围，还可以通过帮助学生建立正向学习情感来激发他们的学习热情。在课堂管理方面，旷课扣分标准之于出勤率，探究式教学之于课堂精神状态，问题的关联度之于课堂讨论氛围等，都是行之有效的技巧。

【关键词】大班教学；课堂氛围；学习兴趣；课堂管理；有效性

西方发达国家的高等院校普遍采用小班教学，[1]而我国高校设置精英化与高等教育大众化的矛盾决定了高等教育资源必然十分短缺，很多高校在将来很长一段时间里不得不安排大班教学。全国高等院校的大班教学都程度不一地存在教学方法单一、课堂秩序较差、学生学习动能不足、师生互动较少等问题，[2]从不同方面影响着课堂教学效果。鉴于大班教学在高等院校里还将长期存在，因而我们所能做的不是抱怨与回避，而是积极寻求好的技巧和策略来提高课堂教学的有效性。笔者结合多年来的大班教学经验总结了一些技巧，抛砖引玉，以求同人们分享更多有效方法。

---

* 韩玉斌，西南民族大学法学院副教授，法学博士，主要研究方向为民商法。

〔1〕 曹永昕、刘华：《从美国高校班级规模看我国高校大班课堂教学存在的现实意义》，载《河北大学成人教育学院学报》2006 年第 2 期。

〔2〕 王德才：《高校大班教学的问题及其解决对策》，载《教育研究与实验》2009 年第 4 期。

一、营造大班教学良好氛围的方法

有很多老师抱怨近些年来大学生的学习积极性在逐年下降，这虽然可以部分地归责于年轻一代的成长经历，但是高校师生关系疏远也在一定程度上影响着大学生的学习热情。老师不应只把自己定位于教书匠，还应努力成为学生的精神导引，[3]让大学生们能够在宽松愉悦的氛围里激发其学习热情。但是大班所用教室的面积都很大，这在客观上决定了课堂上老师与学生的空间距离相对较远，为了营造良好的学习氛围，笔者认为可以通过采取以下措施来拉近老师与学生之间的空间距离和心理距离。

（一）与学生进行非正式交流

现在大多数高等院校都建有新校区，虽然学校都会安排通勤车等交通工具，但是老师们一般都是在临近上课铃响的时候才进入教室的，下课后也会急着赶车回家，除了课间有限的几分钟以外，学生们很少有机会与老师交流，师生之间无法建立良好的互动关系。如果老师们能够在上课前早到几分钟，就有机会与同学们沟通交流，谈论的事情可以无所不包，从个人情况到校园生活，从课程学习到周末兼职，都可以成为师生们交流的主题。通过课前交流，学生们会在内心里认可老师，他们学习的主动性和课堂上的认真度都会显著提高，即便是那些学习兴趣不高的困难学生，老师和该生交流后其旷课的次数也会明显下降。

（二）记住学生的姓名

高校老师普遍存有教学任务多、科研压力大和生活负担重的感觉，为了自身的生存和发展，老师们需要花费更多的时间和精力忙碌课堂之外的事情，师生之间无法建立起学徒式的亲密关系，但是学生们对于接近老师的渴望并不因此减少，许多学生仅仅因为任课老师能够记住他的名字就要激动很久，因此任课老师记住学生的姓名也能有效地提高他们的学习积极性。记住学生的姓名不仅是一种教学技巧，也是教师职业道德的要求，美国在其《优秀教师行为守则》中就明确要求老师应当记住学生的姓名。[4] 记住学生姓名的最好方法就

---

〔3〕 肖甦：《苏霍姆林斯基的教师理念及其启示》，载《教育研究》2004 年第 8 期。

〔4〕 张桂春：《国外教师职业道德建设的经验及启示》，载《教育科学》2001 年第 1 期。

是点名，任课老师一般经过数次点名之后就能大致掌握该班的基本信息和每位学生的基本情况。不过对于大班教学来说，经常点名会占用大量的上课时间，为了解决这个问题，老师们还可以采取其他方法来加强学生与任课老师之间的联络，课堂提问、课间抽查、课堂讨论等方式都有助于拉近师生之间的距离。老师们还可以把学生根据其学习的积极性划分为强、中、弱三类，课堂提问时尽量照顾到具有不同学习积极性的学生，不要让部分同学产生被老师遗忘的感觉。

（三）适当采用走动式教学

传统教学理念是填鸭式的，任课教师和学生之间是知识授予与被授予的关系，而后现代的教学理念则是师生之间平等对话并分享知识，有学者将这种平等话语权背景下的对话、共商模式称为主体间性管理。[5] 当高校教学理念从教师治理转向师生共享之后，走动式管理就应提上议事日程。走动式管理是对传统精英式管理的大胆变革，[6]虽然它不是真正的互动式管理，但是在我们充分信赖学生的自我学习能动性之前，这种教学管理方法不失为当前的最佳选择。老师在大班教学中引入走动式课堂管理模式，相较于老师站在讲台上甚至坐在教桌后面，可以大幅度提高课堂教学的生动性，倾听、询问、讨论等都可在走动中完成。不仅如此，老师在走动的过程中还能及时发现学生的情绪、心理等状况，或者给予鼓励，或者给予建议，学生也会因为心存感激而更加努力学习。

（四）全面适用形成性评价

高等院校都有自己独特的教学评价体系，无论其具体方式方法如何，大致都可划分为形成性评价和终结性评价两类。终结性评价仅凭期末考试或者考查而对学生的课程学习情况进行总结，既不能全面评价学生的学习效果，也无过程控制，很难激发学生的学习兴趣，[7]如果遇有大班教学课堂更是一片死气沉沉，任课老师都会在教学中穿插一些形成性评价，引导学生进行能动性学习。为了实现“以评促学”的目标，高校老师会布置若干作业，以便强化课程学习，拓展课外知识并训练学生的实践能力。虽然形成性评价并非是一套系统完整的

---

〔5〕 贾利军等：《从主体性管理到主体间性管理——管理范式的后现代转型》，载《江苏社会科学》2010年第1期。

〔6〕 齐捧虎、范华：《“走动式”管理走向哪里？》，载《中外管理》2005年第9期。

〔7〕 谢晖：《“以评价促教学”的“形成性”评价模式——以法学专业实践类课程的教学评价为视角》，载《湖北文理学院学报》2015年第7期。

方法，但是课堂口头提问、课后书面作业以及老师的评论式点评都可大幅度提升学生学习的互动性。[8] 为了增强形成性评价的教学效果，老师们应当在最短的时间内批改完作业并及时反馈信息，这虽然会增加大班教学老师的工作量，但是此种做法可以激发学生们对平时作业进行二次思考。

二、激发大班学生学习兴趣的方法

兴趣是学习之母，而能真正提升学生学习兴趣的有效方法就是增强他们课堂学习的自我选择感和自我决定感。[9] 无论学生是否具有厌学情绪，选择感都能让学生产生“我要学习”的压力与责任，不管其内心是主动的还是被动的，至少具有选择感的学生们所表现出来的都是一种自我学习的态势。大班教学很容易令人枯燥乏味，任课老师如果能让学生们产生选择感，其教学任务就成功了一半。在教学实践中，每位老师各有自己的妙招，笔者建议老师们不妨尝试一下以下几种教学技巧。

（一）强调课程的重要性与实用性

几乎每位任课老师都会在每学期的第一节课指明所教课程的重要性，大班教学的老师们不妨加倍强调所讲课程的重要性和实用性。任课老师可以从该门课程的理论价值、学科体系、技能掌握和未来发展等角度，全方位地向学生讲述课程的重要意义。对于一般教学而言，老师在第一堂课强调了课程的重要性就已足够，但是对于大班教学来说，老师还要在整个学期的教学中不间断地利用各种机会详述本课程的学习意义，运用现实案例和技术范例等来解释本课程知识可以如何应用于现实生活，让学生能够直观地了解本课程对其学业、职业和生活的价值所在，学生们自然就会非常重视该门课程，并能够积极主动地配合老师完成各种教学任务。

（二）了解学生的真实想法

大班教学课堂管理要求很高，任课老师必须想尽办法打动学生，否则学生对于老师在讲台上“一言堂”式的努力可能会无动于衷。为了避免大班教学成

---

〔8〕［英］保罗·布莱克：《形成性评价及终结性评价：前景与问题——教师的角度》，樊涛译，载《考试研究》2012 年第 3 期。

〔9〕何旭明、陈向明：《学生的学习投入对学习兴趣的影响研究》，载《全球教育展望》2008 年第 3 期。

为任课老师的独角戏，老师应当了解学生对这门课程的感兴趣之处，掌握学生对该课程的希望和要求，进而调整课堂教学内容和教学方式方法，把教材知识转化成学生们愿意吸收的素材。对于选修课，老师们还有必要知道学生们选修该课程的原因，了解学生是盲目选择还是有的放矢，是为了混学分还是将目标瞄向毕业以后，从而有针对性地筛选授课内容。如果发现有学生表现异常，任课老师可以对其进行重点关注，了解该生遇到的困难或存在的问题，并进一步激励或协助他完成学习任务。

（三）帮助学生建立正向学习情感

大学生在学习过程中会体验到与学业、课程、成就等直接相关的各种情感，这里面既有愉悦、成功、自信等正向学习情感，〔10〕也有浮躁、焦虑、怀疑、倦怠等负面学习情绪。〔11〕 正向学习情感既能创设温馨的交互性学习氛围，也能促进积极的自主性学习氛围，〔12〕这对于大班教学来说都弥足珍贵。为了让学生们的学习富有情感并充满理想，任课老师应当让学生产生自我效能感，以课堂表扬、提问鼓励和作业赞美等成就导向方法来培育学生自主学习的兴趣与激情。任课老师还可以在课程规划中加入学生们感兴趣的话题，增强学生们的学习参与感。

（四）根据学生能力激发其探索热情

无论是专业必修课还是选修课，大班教学的老师在布置平时作业和期末考试时，应当同时安排较为简单的题目和有一定难度的问题，让同学们感觉到教学活动具有挑战性但没有威胁性，经过努力都能完成任务，使不同程度的学生都能体验到学习成就的喜悦。为了进一步激发学生的好奇心，老师在布置作业时不应当限制学生的思考与探索，而是应当鼓励学生进行自我分析并提出自我的解决方案。虽然同学们通过其发散式思维所得出的结论可能不够成熟，任课老师也应当予以鼓励并给出启发完善的思路，因为老师在大班教学中更加强调同学们的学习热情，而不是掌握知识的多少。

---

〔10〕 陈宁：《大学生学习情感现状调查及教育启示》，载《黑龙江高教研究》2012 年第 11 期。

〔11〕 陈晓燕：《大学生学习情绪障碍成因与干预策略研究》，载《教育与教学研究》2013 年第 2 期。

〔12〕 封业琼等：《正向学习情感对地方院校校园学习氛围的影响》，载《钦州学院学报》2014 年第 6 期。

（五）灵活运用问题教学法

教育的成效依靠交往，[13]大班教学有效性的提升更要依赖于老师与学生之间的互动。为了提升师生互动质量，老师需要在课堂上通过生动的案例分析和幽默风趣的授课风格把死板的教材知识转化为活性的知识流动。在讲课过程中，老师可以灵活运用问题教学法，把书本上的知识转化为学生们自己的问题，在引起学生注意的同时也能激发他们的思考。任课老师可以交叉运用设问、反问以及自问自答等技巧培育学生的思维能力，老师在运用问题教学法的时候要控制好节奏，注意适时地停顿，为同学们预留充分的思考时间。老师可以根据同学们的表情反应来确定讲解分析的侧重点以及问题引申的广度和深度。此外，任课老师还可以通过必要的追问来帮助同学们消化吸收课堂教学内容。

三、加强大班教学课堂管理的方法

高校大班教学人多且杂，学生们很容易产生懈怠心理，坎特模式等行为主义教育理论重在矫正学生行为，[14]并不适合自律性较差的中国大学生，蜂群式管理[15]也并不适合每一位老师，任课老师如果能够预防或消解学生的问题行为那么其大班教学将更加有效。

（一）如何提高大班学生的出勤率

大学生逃课现象在所有高校都是一个令人头疼的问题，而大班教学的课堂上更是学生逃课的重灾区。影响大学生逃课的客观因素是复杂的，课程设置、考试制度、家庭背景和社会风气等，都可能是影响学生逃课的因子。[16] 对于学生逃课问题，虽然所有高校都制定了严格的规章制度和惩罚措施，但在实际操作中学校都会把学生缺课次数与其成绩的关系交由任课老师进行权衡，社会上也认为大学生作为成年人应当对自己的逃课行为承担责任。尽管如此，老师们还是常常为如何处理学生逃课问题而烦恼，笔者对此有一个办法较为行之有效。在每门课程的开学第一讲里，笔者都会在电子课件里或者黑板上明确列出

---

[13] ［美］亨利·克莱·林格伦：《课堂教育心理学》，章志光等译，云南人民出版社 1983 年版，第 1 页。

[14] 樊建华：《课堂管理的主要理论模式》，载《外国教育研究》1995 年第 3 期。

[15] 刘徽：《课堂管理隐喻转变：从全景监狱到蜂群》，载《当代教育科学》2004 年第 5 期。

[16] 魏丽、王春华：《影响大学生出勤率的客观因素验证性因子分析》，载《现代教育科学》2016 年第 7 期。

学生旷课扣分标准，提醒学生必须按照《学生手册》里载明的程序请假才能予以准假，并特别强调学生因处理社团日常事务而不到堂也会按旷课处理。旷课扣分标准明确以后会得以严格执行，开始会有不少学生因为分数过低而失去评奖学金的机会甚至补考或重修，经过一两个学期的坚持，待学生对老师打上了“不敢逃课”的标签以后其出勤率大为提升。

（二）如何改善大班学生课堂精神状态

凡是有过大班教学经历的老师都有着这样的感受，课堂教学都是自己在唱独角戏，即便花费很长时间准备的教学活动还是难以吸引学生的注意力。当老师在讲台上说得正投入时，却发现竟然有学生在打瞌睡；当老师提问学生进行案例分析时，却发现该生正在用耳机听音乐；当上课时间都已经过了一半，还会有学生大摇大摆地走进教室。究竟问题出在哪里呢？是老师教学投入不足吗？还是老师教学不在状态呢？其实导致发生这些情况的核心问题是学生缺乏主动学习的动力，这就意味着老师在大班教学中的重要任务就是要研究如何激发学生的热情，除了问题教学法以外，探究式教学和讨论式教学都会比老师在课堂上单纯讲解要好很多。探究式教学是老师以教材为基础进行诱导启发，学生以外部世界和实际生活为参照物进行自主学习与合作讨论，学生在各种试错活动中把专业知识用于解决实际问题，[17]最终达到掌握知识并能学以致用的目的。鉴于高校老师教学任务繁重且课堂教学时间有限的现实，每学期组织一次探究式教学较为合适。

（三）如何督促学生按时完成作业

为了弥补课堂教学的有限性，布置课外作业就成了高等院校大班教学必不可少的教学环节。无论任课老师如何强调课外作业的重要性，总是有一些同学以各种借口缓交作业甚至不交作业，据统计，只有66.4%的大学生能够按时完成作业。[18] 常言道，分分分，学生的命根，这对于当今的大学生来说依然有效，如果老师能够把平时作业与期末成绩联系起来，学生的课外作业按时完成率会大幅提高。笔者的具体做法是，在开学第一堂课里先跟同学们讲清楚考勤、课堂表现、平时作业和期末考试等在本课程总成绩中各占多少百分比，然后强调

---

〔17〕 姚山季、钱存华：《高校探究式教学改革：实施障碍与超越路径》，载《江苏高教》2015 年第 1 期。

〔18〕 都沙等：《重庆市高校学生作业现状调查》，载《重庆大学学报（社会科学版）》2001 年第 4 期。

平时布置的作业不是强制性的，都由学生自愿选做，但是每位学生最多只能选做5次，每次作业都要在下一次上课之前上交方才有效，老师会亲自批改所有的作业，并从中抽取分数最高的4次来计算每位学生的作业成绩。在课外作业教学环节里，任课老师必须亲自批阅学生作业，否则学生因为缺少反馈而影响完成作业的质量。

（四）如何避免老师提问无人应答的尴尬局面

大班教学能够让学生获得一种无人认识自己的匿名安全感，同学们往往会觉得没必要在课堂上努力表现自己，再加上跟任课老师的空间距离较远，更不会主动站起来回答老师所提出来的问题。课堂教学是一种老师和学生之间双向交流的互动过程，老师所提问题与学生的关联程度直接决定着学生参与问题讨论的积极程度，为此，老师不妨每隔几周向每位学生收集问题，然后把学生所提问题编排到课堂教学中去，老师也可以根据大学生日常生活和他们老家的情况组织问题，如此带着问题安排教学，同学们参与课堂讨论与问题回答的气氛也就活跃起来。

结　语

大班教学是高等教育资源短缺的必然结果，老师们应当放下抱怨而积极寻求具有可操作性的办法来提高教学的有效性。在营造课堂教学良好氛围方面，记住学生的姓名、与学生进行非正式交流、采用走动式教学等，都有助于拉近老师与学生之间的空间距离和心理距离。兴趣是学习之母，而能真正提升学生学习兴趣的有效方法就是增强他们课堂学习的自我选择感和自我决定感，由此，问题教学法和探究式教学法等能够有效激发学习兴趣的方法和技巧，也就成为大班教学的必然选择。学习是一种师生之间的互动过程，只有努力让学生成为学习的主体，大班教学的有效性才能真正得以实现。

混合式教学法在法学实验教学中的应用

杨永钊*

【摘　要】传统的法学实验实践教学，从属于理论课教学，课时少，能讲授的实验内容也较少，需要运用的教学手段比较单一，教学效果不太理想。在教学实践中采用混合式教学法，使得学生积极性充分调动，仪器和场地利用率进一步提高，则能够取得更好的教学效果。

【关键词】混合式教学法；法学实验教学；应用

一、法学实验教学与法学实验室

所谓法学实验，就是指法科学生在教师的指导下在校内所进行的验证法律科学理论或假设以及对学生进行法律职业技能应用训练的教学活动。法学实验教学的目的是让学生熟悉律师事务所、法院、检察院等单位的法律实务操作程序和技能，培养他们的法律职业素养。法学实验室是围绕法学实验教学、科研或实务应用的方案设计，利用专项资金建设，通过软硬件设备购置和相应配套的环境装修建设起来的专门场地。

近十年来，我国法制建设及科技水平都得到快速的发展，社会对高素质人才的需求急剧增加，高等院校法学教育培养的不仅仅是理论扎实的法学研究人才，更要注意培养具有法律操作技能的法律应用人才。目前，越来越多的高校法学专业在理论教学课程之外，专门增设了法学实验实践教学环节，通过在校内开展模拟法庭、出校门到司法实务部门实习、开展法律咨询等，都在一定程度

---

* 杨永钊，西南民族大学法学院教师。

上提高了法科学生的职业技能。

但传统的法学实验实践教学,从属于理论课教学,课时少,能讲授的实验内容也较少,需要运用的教学手段比较单一,教学效果不太理想。如果教师在教授法学理论知识的同时,设计具有可操作性的实验互动内容,并让学生亲自动手操作实践,学生会更容易加深对理论知识的理解。这就需要具备一定硬件、软件和环境条件的场地,来支撑上述互动实验式的教学方案的实施。于是,各个高校法学院纷纷建立其校内实验室,将校内实验教学也纳入到法学实践教学的大框架中。

一般认为,建设资金是建立法学实验室的先决条件,它是实验室建设工作的经济基础。当取得一定经费以后,硬件、软件、环境装修就有了资金保障,法学实验室可以初步建立。但是,初步建立并不意味着实验室就能良好运行,还需要扩充优良的师资,制定较为完善的实验教学方案,才能解决运行的问题。

以我院证据科学技术实验室为例,过去在传统的实验课教学中,本实验室只能开设6门基础实验,原理简单,用不了多么高级的仪器设备,这样显然不利于学科和实验室的发展。2016年,我们做了实验教学手段上的创新改革,不仅将课程知识面覆盖范围大幅提高,还能吸收学科前沿成果,学生学习兴趣和效率均有提高。我们将改革后的实验教学方法称为混合式实验教学法。

二、混合式实验教学法

所谓混合式教学法,英文名为 blending learning,就是要把传统学习方式的优势和在线学习(即 e - learning)的优势结合起来。也就是说,既要发挥教师引导、启发、监控教学过程的主导作用,又要充分体现学生作为学习过程主体的主动性、积极性与创造性。目前,国际教育技术界的共识是,只有将这二者结合起来,优势互补,才能获得最佳的学习效果[1]。此模式并不是一种全新的教学方法和理论,随着教育信息化的深入,其逐渐得到普遍关注。随着采用此模式进行教学的实践越来越多,其内涵也得到不断的扩充。

通过教学实践,笔者认为,混合式实验教学法具有以下内涵:

---

[1] 何克抗:《从 Blending Learning 看教育技术理论的新发展》,载《中小学信息技术教育》2004年第4期。

（一）混合多种教学理论

1. 布鲁姆的教育目标分类理论。

1956 年，布鲁姆主编出版了《教育目标分类学，教育目的分类法，手册Ⅰ：认知领域》（以下简称《手册》），提出了关于认知领域的教育目标分类体系，这是世界上第一个完备的教育目标分类体系。布鲁姆建构的教育目标分类体系属于一维分类，由知识、领会、应用、分析、综合、评价六个类别构成。其中，知识为基础、低阶目标，在其之上的五个类别被称为"能力与技能"、高阶目标。每个主要类别都包含一些亚类别，这些亚类别同样被假定为沿着一个从简单到复杂、从具体到抽象、从低阶到高阶的方向分布，构成了一个累积性层级结构。[2]

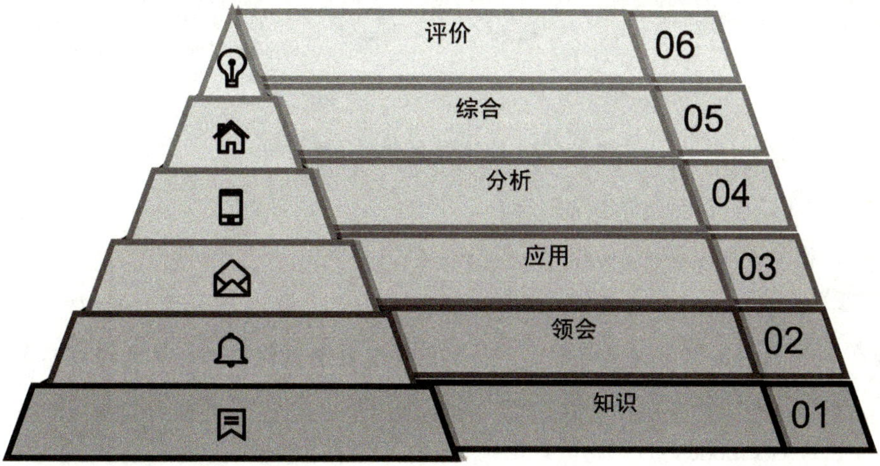

图 20－1　布鲁姆教学目标金字塔

2. BOPPPS 教学模型理论。

BOPPPS 教学模式以建构主义和交际法为理论依据，以有效教学设计著称，是一个强调学生参与和反馈的闭环教学过程模型，是北美国家诸多名校比较推崇的教学过程模型。该模型是一个能够帮助教师分解并分析教学过程、找出教学盲点、改善并提升教学成效的工具。BOPPPS 模型将课堂教学过程规划分为六个阶段（或元素）：导入（bridge－in）、目标（objective）、前测（pre－assessment）、参与式学习（participatory learning）、后测（post－assessment）、总结（sum-

〔2〕 赵康：《教育目标分类的发展与教育价值研究》，载《新课程（下）》2015 年第 1 期。

mary/closure),简称 BOPPS[3]。

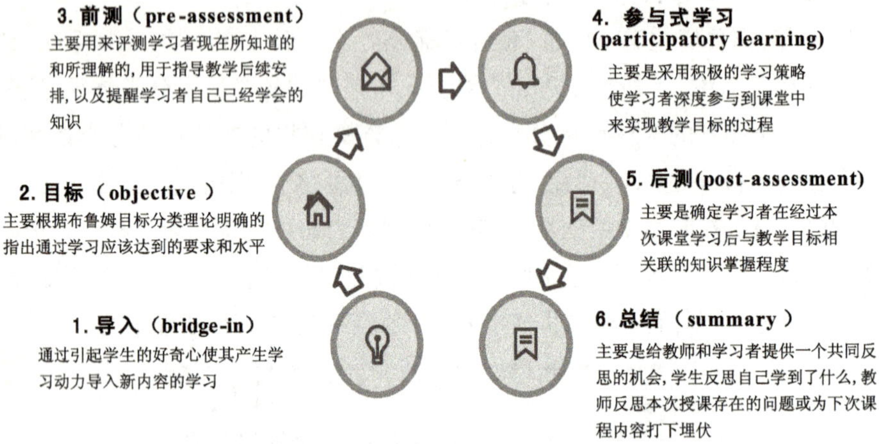

图 20－2 BOPPS 教学模型流程图

(二)混合多种教学组织形式

1. 微格教学(microteaching)。

一个有控制的实践系统,它使教师有可能集中解决某一特定的教学行为,或在有控制的条件下进行学习。它是建构在教学理论、视听理论和技术基础上,系统培训教学技能的方法。

2. 慕课(mooc)。

即大规模开放的在线课程(massive open online course),是新近涌现出来的一种在线课程开发模式。它不是简单的录课,而是将教师讲解、课件、测验、互动等环节有机结合起来,形成能够引导学生自主学习的在线视频课程。

3. 翻转课堂(flipped classroom)。

翻转课堂翻转的不仅仅是学习方式,它还翻转了学生的学习主动性,翻转了学生学习的合作性,翻转了教师的角色,从知识的传授者向学习合作者转变。在这个过程完成的是学习方式的变革,充分给予了学生主动学习的权利和时间[4]。

---

[3] 张建勋、朱琳:《基于 BOPPPS 模型的有效课堂教学设计》,载《职业技术教育》2016 年第 11 期。

[4] 刘建平、贾致荣:《基于翻转课堂的混合式学习模式探讨》,载《山东理工大学学报(社会科学版)》2016 年第 6 期。

完整意义上的“翻转课堂”,应该是由内在紧密联系的“正反合”三个环节构成,其中,“正”就是以教师为中心,“反”就是以学生为中心,“合”就是两个中心的融合,实现真正的教学相长。

(三)混合多种教学工具

混合制实验教学的实现离不开硬件的建设:专业实验仪器设备,是法学实验教学的核心硬件,可以采集不同层面的教学、案例、证据等方面的信息。一定数量的多媒体设备,可以对上述信息进行存储、整理和分析。用实物投影仪可以对纸本文件进行快速展示。此外,不同类别的显示设备可以将教师要同时表达的不同层面知识充分展现,如投影显示课件、液晶电视显示视频,另外还有屏幕显示数据图表、操作实况、教学实况等,从多种角度传递知识要点。为了方便教师深入学生,还要配备无线控制多媒体的输入设备,如激光翻页器、无线平板控制器等,占位可以不局限于讲台。不同机位的高清摄像头,可以将老师表情、学生听讲状态的实况录制下来。最后通过音响系统将教师的语音予以放大,并方便记录。除了以上放置于实验室的设备以外,还要有中控室能够管理以上各种设备的配合协调,需放置必要的服务器、交换机、防火墙、存储器等网络信息设备。根据设备的性能及存放条件,还要适当改造场地环境,让各种设备有效运行。不同功能的实验室配备的设备会有所不同,这里提到的仅仅是其中一种方案,具体建设时可以参考,但还要根据各校实际情况选配。

有了硬件设备还不行,还需要掌握一定的软件,才能有效使用上述设备,完成自己的教学方案。法学实验教学常用的软件有:Powerpoint 类课件制作软件、绘声绘影类对视频编辑软件、各种专业仪器的配套软件(如显微镜、文检仪等自带软件)、Photoshop 类图像处理软件、Autocad 类辅助制图软件、各种法学专业教学软件等。也就是说,要进行混合制实验教学,需根据不同的实验方案学习使用不同的软件,才能使仪器设备发挥出最大效用,学生才能感受到实验教学的价值。这对学生也提出了很高的要求,要想学会使用实验室仪器,首先要自学相关软件。通过硬件设备和软件的配合,开发许多能提高学生实务动手能力的实验方案,对其实务能力的提高是很有帮助的。

有了上述硬件和软件,完成实验室内的实验方案已不成问题,但如果还要考虑随时与学生交流互动、有效管理其实验过程与结果,就必须借助一定的网络平台,将课程内容的传授由课上延伸到课外。笔者在实验教学中使用的网络平台主要有:微信公众平台、慕课制作平台、法学实验教学管理平台等,通过多种教学工具的混合,实现综合性的实验教学目标。

三、法学实验教学中引入混合式教学的具体措施

在实际的实验教学中,笔者有如下进行混合式实验教学的具体措施(详见图 20-3):

1. 系统梳理知识点,形成分层次的教学目标体系,并进行课上课下知识点分类。由于本课程知识内容多,教学时间紧,课堂上无法覆盖全部知识点。如果要让学生了解完整的课程知识体系,就需对繁杂的知识点进行分类,课上只讲重点内容,而将某些基础性的、一般了解或由课堂上延伸的内容放到网络平台上,供学生预习复习。

2. 修订教学大纲和教案,完善实验项目体系。将实验项目分为必做实验和选做实验两类,必做实验为学科的基础性验证实验,成功率高,操作简单,适合多数人掌握,如胶卷冲洗、指纹采集与鉴定、脚印采集与测量等;然后,将一些有一定难度,对动手能力要求较高,不需要人人掌握的实验,开发成选做实验,供不同的兴趣小组选择设计,这样保证了课程在基础内容保持稳定的同时,每学期均有新进展,能够将课程内容与现实社会的科技水平保持同步,避免陷入简单重复的怪圈。

3. 对于课堂讲授内容,合理编排理论和实验讲授方式。首先,在课程导入阶段,通过相关影视剧片段或新闻建立直观印象,或者通过前测,对学生基础进行摸底;其次,用 10 多分钟时间讲解 PPT 课件,需要演示或自主实验时,提前准备好器材;再次,巡视各小组解答问题;最后,将实验结果汇总,进行比较、总结和评价。此外,在不同的课程中,还要设计互动讨论、汇报演讲等形式,需要备课时提前编排设计。

4. 对于课外学习,则应用互联网技术对课堂进行延伸。比如,应用微信群和 QQ 群提前通知预习内容,以及课堂讲授主题;利用微信公众平台,记录教学心得、研究发现与学生论文,并积累教学素材库;练习 mooc 制作技术,体会教学视频制作;开展各种各样的实验活动,如进行模拟现场勘查、实验课程直播等活动,拉近文科学生同理科实验的距离。

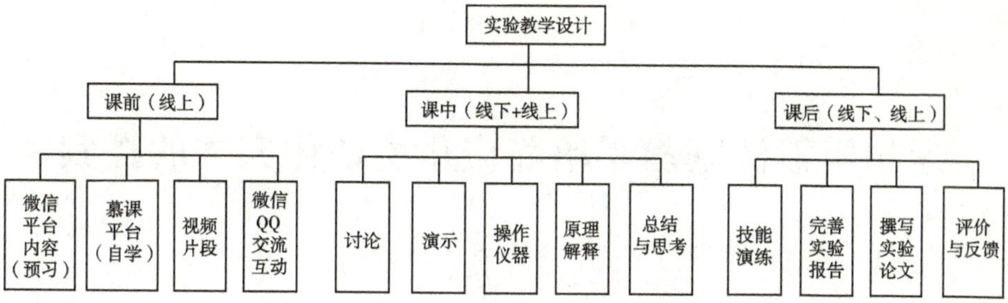

图 20－3　混合式实验教学方法教学设计结构

四、结论

通过上述混合法学实验教学，笔者体会到实验课程在以下几方面较以前有明显进步：课程知识点覆盖率大幅提高，实验室场地和设备利用率也有所增加；学生学习热情有所提高，在实验中产生许多问题，随时与教师提问交流，激发出浓厚的求知欲；通过混合式实验教学，调动了授课教师的各种能力，每学期都要学习接触新仪器新方法，及时关注学科动态，针对学生具体的问题进行研究解释，不断积累实验数据，有助于教研和科研成果的孵化。

运用模拟法庭教学培养应用型法律人才的探索

常　良*

【摘　要】模拟法庭课堂教学是平衡法学传统教学和实践性教学的重要的支撑点。课堂模拟法庭教学对于提高学生学习能力、科研与写作能力、法律实践应用能力意义重大，是培养应用型法律人才的良好途径。教师有义务设计好模拟法庭，这是模拟法庭方式培养应用型法律人才的关键。我国课堂模拟法庭教学中存在学生投入度不高、临场表达能力不足、逻辑思维能力有待加强及学生表演性有余实用性不足等问题需要解决。最后提出了完善课堂模拟法庭教学的改进措施。

【关键词】法学教育；课堂教学；模拟法庭；应用型人才培养

教育部、中央政法委员2011年发布了《关于实施卓越法律人才教育培养计划的若干意见》，确立了大学实施卓越法律人才教育培养计划的重点是培养应用型、复合型法律职业人才。2012年，西南民族大学等12所高校被上述两部门认定为西部基层法律人才教育培养基地。高校必须进行明确的目标定位，充分依托自身优资源[1]，毫无疑问，培养为适应西部基层部门的长治久安及跨越式发展的法律人才，是西南民族大学法学院的重要使命。

笔者之所以10多年法学课堂教学中坚持开展模拟法庭，是因为认知到法学课堂教学中开展模拟法庭切实可行。社会形成的辩论风气，对学生参与课堂模拟法庭辩论赛有着推波助澜的心理作用，要充分利用学生的成就动机开展模

---

* 常良，西南民族大学法学院教师。

〔1〕 蒋玲：《卓越法律人才的培养模式改革分析》，载《课程教育研究》2017年第45期。

拟法庭辩论赛。教育学家奥苏贝尔认为:学校情境中的成就动机,包括认知内驱力、自我提高的内驱力以及附属内驱力。学生对国际私法的好奇心是潜在的,只有经教师引导才能表现出来。一旦激发起学生自我提高的内驱力,他们就会积极主动参与模拟法庭辩论赛。另外,大学生辩证思维能力的发展为课堂模拟法庭辩论赛的开展提供了基础。

笔者把模拟法庭作为提升教学质量的工具,也作为培养学生应用法律能力的实训方式,与学生未来的职业生涯高度衔接。笔者通过10余年50多个班次的各种课程的模拟法庭训练,力图提高学生使用法学知识解决实际相关法律问题的技能,以及提高学生解决具体法律案件相关实务的技能,也为学生参加国内相关比赛奠定了基础,取得了较好的教学效果。

一、课堂模拟法庭教学是培养应用型法律人才的良好途径

教学质量的提升有赖于教学方法的改革。课堂教学中开展模拟法庭就是为培养西部基层应用型法律人才的着力点。笔者主要从事国际私法、国际经济法、知识产权法课程教学。以国际私法课程为例,它是法学本科阶段最难的一门课程,教学内容重理论缺乏司法实践,教学理论的抽象性不利于激发学生学习兴趣,有较大的学习难度。故笔者从事教学工作以来就认为模拟法庭是解决这些矛盾的重要措施。

在法学课程教学中开展模拟法庭很有必要,是培养应用型法律人才的良好途径。

(一)能提高学生的学习能力

首先,能提高学生的学习兴趣。国际私法等课程因其内容的抽象枯燥,在一定程度影响了学生的学习兴趣。孔子曰:“知之者不如好之者。”陶行知认为:“学生有了兴味,就肯用全副精神去做事,学与乐不可分。”事实证明,这种团体的模拟法庭辩论赛能寓教于乐,丰富了教学手段的运用。

其次,有利于提高学生的自学能力,提高教学质量。一次精彩的模拟法庭的专业辩论需要法学知识及相关知识作为储备,这些知识远远超出教学大纲的要求,除了法学知识还涉及哲学、逻辑、经济学等知识,学生处理资料能提高自学能力,以更有效地获得独立解决问题的能力。

(二)能提高学生的科研与写作能力

学生接触案件后必须对案件事实作出分析,进行判断。然后必须进行大量的法律检索,包括法律依据、理论文献、国内外相关案例,三种文献检索方式也有很大不同,对学生的要求也不同,学生通过这些实践,能提升检索资料能力。对案件事实、涉及的法律、辩论的技巧作出精准的研判,提升了学生的研究能力。事实上,学生们要很多次反复思考与争论后才能形成较为理想的判断,这一过程中的思考远远超过了课本知识的学习。

书状写作是法学专业学生的必备基本功,对学习生涯至关重要。法律文书不能自由想象,必须实事求是。法律书状的写作,内容方面包括事实陈述、适用的法律、辩论意见,框架结构的搭建,形式上要完整,注释要规范,很能锻炼学生的写作能力。事实上,很多学生通过课堂模拟法庭的起诉书、辩护词、判决书等文书的第一次模拟写作,感受到法学文书写作能力的重要性。

(三)能提高学生的法学知识实践应用能力

模拟法庭是培养法律人才走向专业的重要实践阶段,有利于学生的综合能力的训练与提升。

首先,可以提升学生的逻辑分析能力。大学生辩证思维发展迅速,他们通过学习和与社会接触,在逻辑学的基础上能理解特殊与一般、归纳与演绎、理论与实践的辩证关系[2]。法律重视逻辑的运用,法庭辩论对逻辑的现实需要促进了逻辑学的发展,逻辑是法庭辩论的内在要求,逻辑让法律变得生动有趣。笔者在教学中重视学生逻辑的运用,希望他们具有对具体问题进行具体逻辑分析的能力,具有严谨的逻辑分析方法,解决生活中的疑难法律争议。平时在课堂中也会让学生训练逻辑分析,让他们感受到逻辑的精妙,并认识到自己存在的问题,有利于他们的成长。

其次,能提高学生的法律辩论能力。我要求学生重视法律事实,俗话说事实胜于雄辩,必须要准确定性事实,这是开展法律辩论的基础。好的法庭辩论必须要在事实的基础上具有雄辩的技巧,必须要有自己的策略考虑。只有好的辩论能力才能实现有理、有节地表达,才能达到出其不意、有的放矢的效果。法庭辩论还必须做到专业表达,使用法言法语精确表达。我还要求学生表达要有

---

〔2〕 谢安邦主编:《高等教育学》,高等教育出版社2009年版,第182页。

节奏,让别人听清听懂。在课堂中经常训练学生法庭表达能力,正确熟练使用优美的辩论语言达到意欲表达的效果。

最后,能提升学生的法庭应变水平。模拟法庭中,经常发现学生不能很好应对法庭与对方的言论,这种缺乏训练的业余表现,在事后与学生分析时,常让他们觉得追悔莫及。法庭上,双方言语交锋场景瞬息万变,抓住对方的关键事实、法律或逻辑错误,就可能轻松化解危机。学生要能及时发现对方错误,并有逻辑地追击,让对方不能自圆其说。经过这些训练,学生能提高法庭应变能力,为以后的实际运用积累经验,在执业活动中应对自如,处变不惊。

二、设计好课堂模拟法庭是培养应用型法律人才的关键

传统的法学教学以"教师为中心",教师的好坏成了学生学习效果的最大决定因素,但忽视能力、观念和创新精神的培养,在课程内容、教学组织形式、师资配备以及课程学生评价体系方面仍存在诸多问题[3],因此法学课教学必须从"以教师为中心"转变为"以学生为中心"。美国教育家杜威提出了"以学生为中心"的观念,学生是知识定义的主动建构者,是学习的主体,教师只是指导者和帮助者。大学法学课堂教育的核心应加强师生互动,模拟法庭辩论赛的全部过程,都应以学生自学为中心,教师做适度地参与,让学生的主观能动性得到最大的发挥,提高学生的学习效果,为培养应用型法律人才奠定基础。

笔者在模拟法庭活动中主要的工作是做好制度建设。

首先,教师应设计有意义的模拟法庭案例。笔者在确立模拟法庭辩论赛的案件时颇下了一番工夫。选题首先应是相关法律课程的重要内容,它对学生学习相关法律的精髓应有促进作用。所以,笔者在真实案件基础上,改编了适合模拟法庭的案件,都是围绕课程重点内容来设计。其次,模拟法庭的案件本身应使双方都有发挥空间,所以不能是很容易形成定论的案件,而应是法学界前沿的有争议的案件。这样设计出的案件对双方代理学生较为公平,都能占有相当的支持证据与依据,能充分发挥他们的主观能力性。模拟法庭实施的结果也证明了这种安排的有效性,在不同班级用同样的案件,因原被告学生双方的表现不同,充当原被告的学生胜负亦有不同。

---

〔3〕 韩俊英、沈慧:《模拟法庭实践教学存在的问题及其完善建议》,载《高教论坛》2018年第1期。

其次,教师要制定好模拟法庭辩论规则。无规矩不成方圆,良好的规则为成功的模拟法庭辩论提供了程序保证。模拟法庭规则应对参与的人员、次序、时间分配、陈词质量、评判规则等作出明确表述,以利于执行。模拟法庭规则应使学生充分公平参与到模拟法庭活动中来。

再次,教师要督导学生开展模拟法庭辩论前的准备工作。其一,教师应开展行之有效的辅导。以某涉外的国际私法的冲突法模拟法庭为例,笔者从以下几方面作出辅导:(1)模拟法庭辩论的理论基础方面,巴托鲁斯、萨维尼等许多学者支持冲突法在解决不同国家的私法冲突的重要作用;卡弗斯"优先选择"、柯里"政府利益分析理论"、克格尔"利益说"、弗郎西斯卡基斯"直接适用的法"等理论反对前者的观点。(2)案件的理论背景方面,一方可从"后发展理论",如亨廷顿等人的理论找依据,另一方可从以贝尔、托夫勒为代表的"后工业社会理论"方面找依据。(3)现实的冲突方面,冲突法在国际私法中的重要意义及不足。(4)案件定性的多元化,合同争议还是侵权争议,由双方自行确定。古人云:"为学患无效,疑则有进。""疑"是深入学习的"原动力",无"疑"则无"学的深与透"。学生的学习深化过程是一个解惑排难的过程。所以辅导只能点到为止,掌握好"度",不能越俎代庖。在学生准备过程中应与学生适度互动,并提供专业意见。其二,让学生观摩其他相类似的模拟法庭辩论赛,特别是国内影响力较大的模拟法庭,让其分析原、被告队伍的得失,提高感性知识,体会法庭辩论技巧,领悟法庭辩论之美。其三,应促使模拟法庭原、被告代理队员作好分工与磨合工作,模拟法庭是团体项目,它也要体现出一个团体的默契与配合。正如好的音乐,并不总是高潮部分,旋律必须流畅才显得和谐美妙。团体精神中体现出来的和谐是流动的整体美,少不了原、被告学生的合作与默契。最优秀的代理学生组成的队伍不一定会有最好的表现,而最和谐的代理团队往往能超常发挥,表现更为优秀。

最后,教师应引导并监督模拟法庭辩论赛的实施。教师应提前申请好合适的场地以利于学生在模拟法庭辩论时的发挥。笔者在开展国际私法团体辩论赛前针对学生的多少来申请适宜的教室,并且还应考虑到教室的桌椅必须能够自由搬动。

学生对于模拟法庭的经验不足,所以教师要用心引导学生熟悉模拟法庭的流程。

另外,教师可作为模拟法官参与。即使不参与辩论,仍应监控比赛的进行。教师应尊重辩论赛主席的指挥,但一旦出现意外情况时应从旁协助。

三、课堂模拟法庭教学需要解决的问题

因为受大陆法系重视理论教学传统的影响,中国高校现行开展课堂模拟法庭教学具有共性的问题。模拟法庭教学必须提高模拟法庭的庭审效果〔4〕。笔者在10余年50多个班次的课堂模拟法庭教学实践中,看到了学生们通过模拟法庭取得了很大的进步:(1)能够主动有效地检索到大量具有深度与广度的资料,并具有掌握运用资料的能力;(2)学生具有一定的团队精神,能相互沟通,有较一致的立场并能相互配合;(3)在模拟法庭辩论中能运用一定的辩论技巧;(4)可喜的是部分学生在代理中展现出法律与情理的深入辩护,能打动观众。然而,还是有以下共性的问题没有得到很好的解决。

1. 学生的投入度有待提高。

教学活动中学生是主体,要把教室还给学生,只有积极参与模拟法庭活动的学生才能得到能力的提升。遗憾的是,每一次模拟法庭都有一些学生不会积极主动参与进来。

如何让每一位学生充满自信地投入模拟法庭中来是个难题,笔者也找了原因。首先,课堂模拟法庭只是教学工作的一环,没有比赛经费,影响了部分学生的积极参与性。其次,因为学习任务重,学生在比赛的准备上面,时间投入也比较少。最后,案件的专业性让很多学生心生畏惧情绪。

2. 运用法律专业知识的临场表达能力有待提高。

鸟儿没有翅膀就不能在天空自由翱翔。学生在模拟法庭中现场表达能力不强,就不能很好地与对方沟通,无法获得法官的认可,不能获得应有的辩论效果。

首先,笔者感觉到的是学生法学基础知识不扎实。有的学生所学的法律知识没有学到位,掌握不全面,在模拟法庭辩论中不知道应当适用的法律或适用法律错误,不能给参与的其他学生准确、明晰的指引,让案件的结局有所偏颇。

其次,笔者感觉到的是学生临场表达能力有所不足。良好的沟通与表达能力是应用型法学专业人才的基本素质。法律语言的特殊性决定了进行法律论

---

〔4〕 白思:《法律教学中模拟法庭存在的问题与解决对策分析》,载《陕西教育(高教)》2018年第1期。

辩训练的必要性法律语言不同于生活语言,有的学生平时语言表达能力比较好,但在法律论辩时出现用词不准,甚至出现张冠李戴的现象。有的学生具有良好的法学素质,但正如茶壶里煮饺子,肚子有货嘴里却倒不出来。除此以外,还存在其他表达上的不足:学生看稿的次数较多;部分学生较为紧张,不善于提问,言辞表达不完整;双方交锋不足,抓不到对方错误;学生对资料的消化不充分,该表达的没表达出来,许多学生都感叹资料没用完。

3. 逻辑思维能力有待加强。

应用型法律人才必须具备良好的逻辑思维能力。有的学生受中国大学生辩论比赛的影响,缺乏法律论辩过程中特别强调的论辩的逻辑性、严谨性,不能做出有效的法律表达。

应用型法律人才必须具有良好的推理能力,从已知判断未知,有的学生不能积极寻找系列证据来检验和验证结论,不能用理性的标准作出合理性评价,不能通过缜密思考作出更好的判断。

应用型法律人才必须要有深厚的法律知识底蕴及社会经验,有的学生人生阅历及社会经验有限,不能运用生活常识来作法律推断,对案件的理解迷失了方向。

4. 表演性有余,实用性不足。

在模拟法庭的过程中,不仅要注重学生对法律理论知识的复述,还要注重培养学生的法律实践能力。

国内表演型的模拟法庭居多。往往是先找到一个完整的案卷材料作为剧本。学生重点在模拟法庭前理解剧本,然后按照剧本实施表演。或者是由教师作为导演,学生作为演员。模拟法庭虽然是学生作为主体,但主观发挥有限,只是形式上的表演。

笔者安排的模拟法庭都是追求代表学生的真实代入感,要求学生轻程序重实体,要求模拟法庭追求正确的裁判为目的。但还是发现,学生对案件掌握得不好,容易出现学生纠缠于细节,虽然有时能作出很好的具有感染力的情理辩护,但是与案件的审理重点无关,使模拟法庭的部分辩论沦为程式化的戏剧表演。

四、完善课堂模拟法庭教学的思考

因为大陆法系法学院系重视理论教学传统的影响,中国高校现行开展模拟法庭教学具有共性的问题。国内针对模拟法庭实验教学的多种优化途径仍在进行探索，我们必须实事求是，让伪教改从学校消失〔5〕。笔者在教学过程中对此问题进行了长久的思索，于此抛砖。

1. 增加模拟法庭在平时成绩中的比重，提高学生的参与积极性。

学生学期总评成绩中，课堂教学平时成绩占30%左右。对积极参与到课堂模拟法庭的学生，根据其表现给予平时成绩适当的额外加分，以表彰他们的辛苦付出，对其进行正面肯定是很合理的。

另外，还可以通过平时作业的形式，根据他们对案件的理解的高下给予不同的分值，从心理学的动机原则促使学生尽量多地参与到模拟法庭案件中。

2. 教师应多与学生沟通案件并交流法庭办案经验。

“冰冻三尺，非一日之寒。”笔者深切地感受到应用型法律人才培养的辛苦，提高学生分析案件的能力及提升法庭辩论经验的是很漫长的训练过程。

首先，教师必须要对学生充满信心，对于这些专业能力，没有人能生而知之。笔者认为，教师要与学生建立信任感，营造好的训练环境，让学生充满信心，敢于发挥，才能认识到学生的优缺点，进而有的放矢予以指导。

其次，教师必须要与学生多沟通案件，多交流法庭办案经验，并且还要多训练学生。要从基础做起，基础扎实才能建立高楼。教师平时要多下工夫，多与学生沟通，立体式地启发学生研究式地思考，让学生自己能独立集成案件的各部分，自己完善不足的知识与技能。甚至有时可以请相关实务工作人员参与，提高学生的法律实践能力〔6〕。

3. 教师应多引导学生克服表演性，增强实践性。

我国填鸭式教学对学生的影响很大，学生在模拟法庭过程中不自觉被动地收到心理暗示，模拟法庭中不能围绕案件本身进行专业辩论，更多的时候沦为表演。瑞士著名心理学家皮亚杰强调学习应以学生为中心，学习是学生积极主动建构认知的过程。教师不应“编剧”，不能强烈干预学生的主体认知活动，学生才是中心，教师只能是辅助或帮助角色。

---

〔5〕 刘阿涛:《让伪教改从学校消失》，载《教学与管理》2018年第5期。

〔6〕 刘期安、曹照洁:《英国模拟法庭的运用及其启示》，载《重庆文理学院学报(社会科学版)》2017年第5期。

教师在模拟法庭准备中,必须要帮助学生克服表演性。教师应帮助完成模拟现实场景的构建,特别是临界时让学生尽量感受知识运用的真实环境,比较真实的活动,让学生尽快进入角色。不能只重形式,轻内容。只有这样才能增强模拟法庭案件的对抗性,让学生在模拟法庭的审判活动中更好地发挥。

为了培养出实用型法律人才,教师必须对学生加强实践性训练。教师要让学生敢于表达,要达到能让学生在各种公共场所清晰、流畅地表达自己的观点。同时,还要表达得体,论点要突出,论据要充分,层次要清楚,不能啰唆烦琐、含混不清。教师应要求学生掌握基本的法庭辩论技巧,掌握排中律、统一律、不矛盾律及各种反驳方法,把握思维规律与推理能力,让学生的表达具有逻辑性。另外,教师还要强调学生运用法言法语的能力,语言要精练规范。教师还要注重学生针对问题作有效表达的能力,不能变成某些大学辩论那种胡说八道的风格。教师应重视学生的庭前诉讼材料的各种准备工作,要多学多看,善于运用别人经验,对案件的分析、法律的理解、逻辑的运用、文书的写作应予重视。

只有这样的实践训练,才能使学生以后在工作岗位上尽快适应法庭辩论,将相关法律知识通过专业表达表现出来,达到事半功倍的辩论效果。

笔者除了法学课堂开展模拟法庭以外,作为法学院教师有幸指导同学们参加了国内的模拟法庭比赛。“一雨普滋,千山秀色”,在模拟法庭中所有的努力都会有回报。笔者 6 次作为指导老师带领学生到北京清华大学参加“理律杯”全国高校模拟法庭竞赛。2012 年带领高昊、王涛、杨迪、祝远桃、刘亚萍等同学荣获第十届理律杯全国高校模拟法庭竞赛季军;2015 年带领温行健、雷嫘、徐丹、夏熙等同学进入第十三届理律杯全国高校模拟法庭竞赛的八强;2017 年带领陈沫、黄文宇、王若怡、李兰亭、奥登格日勒等同学完成了我校参加“理律杯”10 年来首次获得“最佳起诉状”奖的突破。另外,2016 年临时受命作为指导老师,带领代顺洪、马宇辰、罗皓、李舒帆等同学使我校首次闯入四川省模拟法庭竞赛的八强。

运用模拟法庭培养应用型法律人才的探索之路很漫长。我在教学中看到了学生付出的汗水,感受到了学生的成长,分享了他们成功的喜悦与失败的痛楚,也深深地体悟到在应用型人才培养道路上的艰辛,但我仍会矢志不渝,上下而求索。

对法律硕士(非法学)EMI 课程设计的初步探索

孙文心*

【摘　要】随着中国的迅速发展,双语学习与工作俨然已成为法律人的必备技能。而培养复合型实务型法律人才的法律硕士(非法学)对英语的要求也与日俱增。EMI(English Medium Instruction)即全英文教学成为法硕国际化的重要途径,也是法硕课程未来的重要组成部分。本文从法律硕士(非法学)生源特点出发,结合 EMI 课程的特征和优势,对法律硕士(非法学)的 EMI 课程设计进行了初步的探索。

【关键词】法律硕士(非法学);全英文教学;EMI;课程设计

2013 年,国家主席习近平首次提出共建"丝绸之路经济带"和共同建设 21 世纪"海上丝绸之路"的倡议,标志着我国迈进了国际化的新阶段。对于各大高校,这无疑是一个信号,我国对具有高水平外语能力的专业人才需求将在短时间内大幅增加,如何培养外语高水平的专业人才已经成为摆在高校面前的重要挑战。英语作为全球经济贸易的首选语言,无疑具有很高的实务价值,并且越来越多的学术资料以英语为出版语言,这对学生未来的学术道路,也是具有全面影响的。而我国多年来大力度推行英语基础教育,为高等教育的英语教学打下了坚实的基础。

早在 2001 年,教育部就提出要创造条件使用英语等外语进行公共课和专业课教学。其中,对金融、法律等专业,更是提出了 3 年内,外语教学课程达到

---

* 孙文心,西南交通大学公共管理与政法学院硕士研究生。

所开课程的5%~10%[1]。而近年来,国家加大了专业硕士培养力度,社会对复合型法律实务人才需求的大幅增加,使法律硕士(非法学)这一专业成为了热门的报考专业,报考人数逐年递增。由于法律硕士(非法学)的培养更加倾向于实务性,所以熟练运用英语进行工作和学习对该专业学生十分重要。而法律作为一种社会规范,法律的语言风格与日常用语存在巨大的差异,法律语言严肃且富有逻辑性,使法硕学生不仅需要具有较高的英文水平,同时还要提高以英语为载体的法学专业知识及本科专业知识。

本文拟通过简要分析法律硕士(非法学)学生的生源特点、学习能力,结合目前法硕课程设计现阶段所存在的问题,探讨 EMI 对非法学法硕学生的帮助,并对法律硕士 EMI 中所涉及的课程设计问题进行初步探索。

一、全日制法律硕士(非法学)的生源特征

全日制法律硕士(非法学)(下文简称非法学法硕)于 1995 年设立,仅招收本科专业为非法学专业的毕业生,旨在培养复合型专业实务人才。非法学法硕的跨专业生源一方面为培养复合型人才打下了坚实的基础,迎合了法律职业对综合素质的需求;另一方面也让法硕教学远复杂于其他专业的教学,不同的专业背景,薄弱的法学基础,与法学本科、法学法硕不同的培养目标,让法硕教育显得异常特殊。

根据教育部规定,非法学法硕初试需要参加全国统一法硕联考,复试由各招生单位单独组织考试。2003 年起非法学法硕初试科目确定为外国语(其中英语为英语一)、政治理论、专业综合课(含宪法、法理学、法制史)、专业基础课(含民法、刑法)4 门。这使非法学法硕学生在入学前就具备了一定的法律专业知识。但由于考核内容仅仅局限于法律专业知识本身,使得该考试无法评价学生所具有的学习能力。

其中英语一的评价标准为"高等院校非英语专业本科毕业生所能达到的及格或及格以上水平"。即语言知识方面能够熟练运用基本的语法知识和掌握约

---

[1] 教育部:《关于加强高等学校本科教学工作提高教学质量的若干意见》,载中华人民共和国教育部官网:http://old.moe.gov.cn//publicfiles/business/htmlfiles/moe/moe_309/200412/4682.html,最后访问日期:2017 年 12 月 20 日。

5500个左右的词汇;语言技能方面能够读懂选自各类书籍和报刊的不同类型的文字材料,能写不同类型的应用文以及一般描述性、叙述性、说明性或议论性的文章。由于考研英语一考试未设置听力和口语的相关题目,所以在大纲中并未有明确规定,听力和口语能力的衡量标准取决于各招生单位[2]。

而非法学法硕专业课的评价标准为“高等学校非法学专业本科毕业生能达到的及格或及格以上水平”。考生应能准确地再认或再现各学科,包括民法学、刑法学、宪法学、法理学及中国法制史的基本概念,基本知识和基本原理,能够运用法学知识及原理分析、解决实际问题并运用法律语言的能力。[3]

笔者以西南交通大学非法学法硕生源为例,统计了西南交通大学非法学法硕近3年的拟录取学生成绩,以3年的平均分来作为非法学法硕生源英语水平的基准。具体情况见表22-1:

表22-1 西南交通大学非法学法硕统招拟录取学生成绩统计[4]

西南交通大学全日制非法学法硕统招拟录取学生成绩统计 (不含各类推免、少数民族骨干、退役士兵等生源)			
年份	2017年	2016年	2015年
拟录取学生人数	14	6	4
英语一平均分(100分)	64.92	64.50	60.25
专业基础课平均分(150分)	107.71	105.5	96.25
专业综合课平均分(150分)	95.78	100.33	105
学生总人数	24		
3年平均分	英语:64.04	专业基础:105.25	专业综合:98.45

根据表22-1和考研大纲的相关要求,我们可以发现,西南交通大学非法学法硕的生源英语平均水平大体接近大纲中的基本要求,具备相当的英语能力

---

[2] 教育部考试中心:《2018年全国硕士研究生招生考试英语(一)考试大纲》,高等教育出版社2017年版,第1~3页。

[3] 教育部考试中心:《2018年全国硕士研究生招生考试法律硕士考试大纲》,高等教育出版社2017年版,第3~6页。

[4] 数据来源见西南交通大学研究生招生网:http://gs.swjtu.edu.cn/ws/rs,且该统计对象未包含推免生源及各类照顾对象,如少数民族高层次骨干计划、退役大学生士兵计划等。

和较大的词汇量。而法学专业知识方面,则具备了基本的民刑法学知识,初步了解法理学基础理论,宪法学知识和中国法制史的基本内容。这意味着,非法学法硕生源基本满足全英文授课的英语水平要求,对法学知识也有了一定的了解,能够接受相关法学专业内容的教学。但由于整体英语能力不高,除部分英语专业毕业生具有较高的英语水平外,本专业学生的英语水平无法满足法律专业对英语的要求。故笔者认为,法硕全英文授课应主要集中在两个方面:首先,使用全英文教学模式的课程应为专业基础课程;其次,授课方式应循序渐进,从学生现有基础出发,从英文输入到英文输出,即从阅读英文文献,适应英文课堂,到写作英文论文,使用英文演讲或小组讨论。

二、法硕课程设置的现状和问题

非法学法硕由于需要兼顾法学基础知识的教授和硕士研究生综合能力的培养,所以存在课程数量较多、课程内容较为基础、外语相关课程数量较少等问题。根据教育部最新的非法学法律硕士指导性培养方案,非法学法硕总学分不低于73 学分,课程设置不低于 53 学分,而其中与外语直接相关的课程仅有外语(3 学分)[5]。主要课程内容倾向于法律专业知识,如对各部门法的学习和法律写作等技能学习。而各大高校,一般也仅仅将双语授课课程或全英文授课课程局限于国际法学、国际经济法学、国际私法学等涉外课程。在目前的非法学法硕课程体系中,基本没有任何与学生本科专业相关的部分,而当学生面临就业时,多数用人单位又对学生本科专业保持了较高的关注[6],这使非法学法硕的跨专业优势无法体现。

总体来看,非法学法硕课程设置主要存在的问题集中在以下几个方面:首先,课程设置与法学本科课程高度重合。非法学法硕不论是从培养层面上来讲,还是从培养目标来讲都与法学本科有着非常大的区别。为了培养实务性硕士研究生,非法学法硕的理论课程应更加倾向于培养思维能力和学习能力,实

---

[5] 教育部:《法律硕士专业学位研究生指导性培养方案(适用于非法学专业毕业生)》,载中华人民共和国教育部官网:http://www.moe.edu.cn/s78/A22/A22_zcwj/201708/t20170821_311503.html,最后访问日期:2017 年 12 月 20 日。

[6] 徐存富、赵淼:《四川大学法律硕士研究生就业情况调查报告》,载《商品与质量》2010 年第 5 期。

践课程应着重培养法律职业技能。其次,缺少跨学科课程。非法学法硕的设立目标就是培养跨学科的复合型人才,然而在目前的培养模式中,经常出现毕业生的法学功底与法学硕士存在巨大差距,且本科专业的知识不仅没有和法律实践进行融合,反而在读研这几年中,遗忘殆尽。再次,非法学法硕课程重视法律专业知识,缺少法律思维能力训练。大学法学教育"不仅在于传授法律知识和方法,而且更在于培育法律精神和法治信仰,掌握法律思维方法和运用法律语言,等等[7]"。非法学法硕作为硕士研究生,读研期间的课程只是单纯对法律专业知识进行识记明显是不够的,且与法律职业资格考试的考试内容存在一定的重合。而作为法律工作者所必须具备的法律思维却缺乏相应的训练。最后,非法学法硕课程国际化进展较慢。在目前的课程体系中,除部分院校结合自身优势,开展了对课程国际化的探索外,主流培养方案中依旧缺乏系统化的国际化法律训练课程。

三、全英文教学对非法学法硕教学的现实意义

不可否认,英语目前是最为主流的国际通用语,而全英文教学正是使高等教育国际化的一个有效途径。有关 EMI(English Medium Instruction)教学的探索,近年来在各非英语国家都有着较高的关注度。在亚洲,EMI 模式大体可以分为两种:一种是前殖民化地区模式(如香港、新加坡、马来西亚等);另一种则是非殖民化地区模式(如中国、日本、韩国等)[8]。两者由于历史背景的不同,在文化、英语水平等方面呈现截然不同的特征。例如,英语是我国官方的第一外语,我国学生的英语学习一般从初中正式开始,部分学生对英语的学习开始得更早。然而,如上文所指出的,非法本法硕的英语水平却并不乐观。但多年统一的英语授课,依然为 EMI 实践奠定了一定的基础,且学生英语水平较为一致,这无疑对推行 EMI 是有所帮助的。

上文中所提到的非法学法硕课程设置中所存在的问题,EMI 都能在不同程

---

〔7〕 霍宪丹:《法律人才是建设法治国家的第一资源》,载何家弘、胡锦光主编:《法律人才与司法改革——中日法学家的对话》,中国检察出版社 2003 年版,第 37 页。

〔8〕 Wenli Tsou, Shin - Mei, *English as a Medium of Instruction in Higher Education.* Singapore. Springer, 2017, p. 20.

度上给予改善。首先,非法学法硕课程中设置一定的 EMI 模式的专业课有助于将非法学法硕与法学本科生在培养层次上进行一定区分。EMI 教学一般采用英文原版教材或材料,在提高学生英文水平的同时,由于教学内容本身的不同,有助于提高法硕学生的知识广度和深度。其次,EMI 有助于学生跨学科学习,本身 EMI 教学就是法学与英语学科的跨学科学习,同时由于法律实务的复杂化,法硕学生需从多个角度学习法律知识,例如,有意从事知识产权法相关工作的学生,理工科的相关知识在研究生阶段仍应是其学习的重要组成部分。EMI 所培养的英语学术能力,对于学生学习国际前沿知识是具有非常大的帮助的。再次,EMI 模式对培养法律思维有着相当的正面意义。培养法律思维的一个重要手段就是对经典案例的深度解析,而其中对真实发生的案例进行分析最为重要[9],英美国家作为判例法国家,其经典案例具有很高的分析价值。而分析案例的过程中,应尽量使用原始材料,减少翻译过程中对材料细节的影响。在中国台湾,法学院 EMI 教学中大量使用美国法院所出具的真实案例,对于我国内地高校来讲,这无疑是值得借鉴的。最后,国际化的非法学法硕毋庸置疑应该采用 EMI 模式。在早期 EMI 的教学实践中,最先使用 EMI 教学的基本都是各种内容与国际相关的课程,如国际贸易、国际经济法等。而随着经济全球化的发展,EMI 已不单纯局限于内容涉外的课程,传统国内法学使用 EMI 教学也有着很高的现实价值。不管是 EMI 课程教学方式的不同还是英文文献与中文文献不同的写作视角,都对提高学生国际化法律技能有很大的帮助。

四、对法律硕士(非法学)EMI 课程设计的初步探索

EMI 教学中,英文是作为专业知识的载体存在的。而制约 EMI 教学效果的主要是学习者的综合认知水平和英语能力,英语基础过于薄弱的学生,在 EMI 课程学习的过程中,会过多地将注意力放在英语本身上[10],而专业文献如果过于艰深,即使学生英语能力不错,也会遇到学习的“瓶颈”。所以,EMI 课程设计必须要结合学生实际的英文水平和专业基础能力。

---

〔9〕 邢娜:《论大学法学教育中法律思维的培养》,载《云南大学学报(法学版)》2015 年第 28 期。

〔10〕 李颖:《高校全英文教学效果的实证研究》,载《中国外语》2017 年第 14 期。

(一)EMI课程的语言要求

在本文的第一部分中,提到了西南交通大学非法学法硕学生的考研英语成绩,及格的平均分证明学生的英语水平已达到考研大纲基本要求。相对而言,非法学法硕学生能够熟练掌握英语语法知识,及5500左右的词汇,但缺乏法学专业词汇储备及专业文献的阅读能力。

根据语言学博士克拉申的输入假说(the input hypothesis)。在学习第二外语的过程中,单纯增加语言输入量是较为低效的,学习者需要的是可理解性输入(comprehensible input)的语言材料,只有这样学习者对语言材料的内在加工和接受机制才能真正运转。因此,非法本法硕EMI课程初期所使用的材料不应太难,应保证学生在查阅相关法律专业术语后,能对材料有所理解,也可适当提供双语材料让学生进行对照学习。并根据不同的学习方式,调整课程所涉及的词汇量,例如观看法学相关纪录片时,由于图像的帮助,学生可以理解生词量更多的内容;而如果是庭审录音,由于学生的听力词汇一般小于阅读词汇,则需调整难度,或者由老师引导学习。

(二)EMI课程的内容要求

非法学法硕入学时对国内法律基础知识已经有了一定的了解,但法律知识体系尚未形成,对法学基础理论也不够熟悉。在这种情况下,非法学法硕的EMI课程不应直接学习涉外内容,应将课程内容建立在学生已有的法学知识体系上,在学生利用母语学习过相关知识后,再引入英文内容。例如,非法学法硕联考中,未涉及国际经济法相关内容,如若从学生入学开始,便使用全英文讲授国际经济法,英语能力和基础知识的双重欠缺会使该EMI课程的效果大打折扣。有研究表明,学生使用非母语学习对其学习效果存在着一定的影响,EMI模式本身是会影响学生对学科内容的理解和掌握的。故非法学法硕的EMI课程在开始阶段应尽量选取学生有一定基础的科目,并随着学生学习的深入扩大课程内容范围。

(三)EMI课程的开设方式及内容设计

非法学法硕一般就读年限为3年,大部分学生会在前2学年完成所有课程的修习,EMI课程作为国际化课程的重要组成部分,应从第一学期开始,分阶段、分层次地开设不同内容的课程。

由于非法学法硕生源背景复杂,笔者认为,专业EMI课程应结合学生英语水平和个人意愿对学生分层次授课，例如开设不同难度 EMI 课程供学生选修，或在不同学期开设同一课程，为英语基础薄弱的学生留出缓冲的时间。尽可能集中水平一致的学生在同一时间修习 EMI 课程。

具体而言，EMI 课程可通过以下四个阶段进行开设和内容设计：

第一阶段：在中文专业基础课中引入部分英文文献并部分使用英文授课。研一上学期的学生一般处于本科生与研究生不同学习模式的过渡阶段，此时，非法学法硕学生一般会把注意力集中在对现行国内法律的掌握上。适当引入部分英文文献作为补充，并将传统课程的一部分内容使用全英文教学可以帮助学生适应 EMI 课程并养成阅读英文文献的习惯。

第二阶段：参考英文文献对国内法律的相关问题进行探讨。在法硕联考所涉及的科目，例如中国法制史课程中，由于学生已并非对其一无所知，可以适当阅读有关中国法制史问题的英文文献。阅读材料建立在已有的知识体系上，学生对中国历史的了解和通过考研复习对中国法制史的背诵都有助于降低非母语学习对掌握学科内容的影响，在提高学生学习兴趣的同时也可以增进学生理解相关问题的深度和广度。

第三阶段：针对同一问题使用中英文资料进行比较研究。在学生具有一定的英语能力和学术研究能力后，可以使用同一问题，中外不同数据库中的相关文献进行阅读探讨。一方面，对国内研究的了解有助于学生理解该问题；另一方面，通过对英文资料进行比较研究，对培养学生的思辨能力，逻辑思维都有很大的好处，有助于学生培养法律思维。

第四阶段：使用全英文讲授涉外法律内容。此处的涉外法律应做广义解释，包括国际法等相关涉外法律本身，也包括各学科的国际前沿问题，外国的相关法律条文等内容。在具有上述阶段的帮助后，此时对学生制定更高层次的培养目标，用英语学习，并从单纯的输入向输出转变，尝试用英文表达自身对专业知识的理解，并关注国际上的专业前沿问题，以及结合本科专业背景，对相关法律问题进行综合性思考，以达到跨学科国际化发展的目标。

法学专业学位研究生全英文教学模式的优化

——兼谈我国台湾地区实践的启示

石佳意[*]

【摘　要】近年来，各法学专业硕士培养单位在高层次涉外法律人才培养方面积极探索，已取得一定成效，但依然面临诸多难题，其中，对于具有重要地位和作用的全英文教学实践探索不足、理论研究有限。在"一带一路"战略背景下，首先阐述了全英文教学对法学专业硕士教育的重大意义。在此基础上，实证性分析了国内高校法学研究生教学，尤其是专业硕士培养全英文教学的概况和存在的主要问题。进而考察了我国台湾地区的研究生教学中相关实践探索及其启示。最后，针对我国当前专业硕士培养全英文教学中的主要问题，提出了进一步完善该教学模式的基本思路。

【关键词】全英文教学；高等教育国际化；涉外法律人才；法律硕士

随着"一带一路"倡议的提出，围绕推进"一带一路"、全面提升开放型经济水平而提供法律服务的需求也大量增加。在此背景下，培养应用型、复合型高层次涉外法律服务人才成为法学教育的重要使命之一。将法律专业学位研究生定位于应具备较为扎实的专业基础的应用型硕士研究生，并培养其为高层次涉外法律人才是当前法学教育的重要目标之一。一批拥有较强英文水平的法学专业学位研究生的出现将有效促进我国的法治道路的中国化和法律人才与

---

* 石佳意，西南交通大学公共管理与政法学院研究生。

服务的国际化。在微观法学教育实践层面上，全英文教学模式（EMI）是实现这一教学目标的重要手段。当前，我国实践中对研究生阶段EMI课程的开展和课堂教学的完善已经积累了一定的经验，但尚存在学生英语表达难开口、授课教师水平参差不齐等系列问题。既有教学研究对于涉外法律人才培养的研究主要集中在中小型特色院校的专门化培养模式[1]，以及普遍的“国内本科+国外硕士”模式。针对法学专业学位硕士研究生的全英文教学鲜有专门的研究。有鉴于此，本文拟针对专业硕士培养中的全英文教学做一个比较系统的研究，研究将特别集中于法律硕士的全英文教学资源的检索以及教师授课的具体模式等方面。鉴于我国台湾地区的法学研究生EMI已经取得了较为丰富的经验，且对大陆地区有可借鉴性，因此，本文将着力探究台湾地区EMI发展中的经验与优势以及因材施教的教学方法。由此，可为大陆地区完善专业硕士全英文教学提供更多的经验与启发。

一、法学专业学位研究生的EMI教学意义

（一）全英文教学的全球化趋势

随着经济全球化的不断发展和深入，高等教育国际化也成为了全球高等教育的必然趋势。目前，在以市场为导向的全球教育行业中，竞争压力过大，大学的发展需要通过激烈的竞争以提高市场占有率的方式来获得有限的资源。[2]高等教育的市场化正如普通的商业竞争一样，不仅需要争取本国内市场，也需要争取竞争形势更加严酷的国际市场。课堂中的全英文教学模式（EMI）正是在高等教育国际化的背景之下应运而生，并在全球范围内迅速发展。

全英文教学模式在全球范围内的兴起，首先，由于英语成为了通用程度最大的国际通用语言。这不仅体现在国际贸易中，也体现在国际学术发表中，英语作为学术通用语的发表作品越来越多。其次，在全球高等教育行业中，全英文教学模式可以提升大学的竞争优势。例如，大学的国际留学生和国际师资力

---

[1] 万猛：《卓越涉外法律人才专门化培养模式探析》，载《中国大学教学》2013年第2期。

[2] Wenli Tsou, Shin-Mei Kao, *English as a Medium of Instruction in Higher Education*, p. 3.

量这两项是 QS 世界大学排名[3]中国际化程度的项目评分中的重要指标，占总评分的 10%。而对国际留学生和教师来说，在其他国家进行学术研究和学习能否克服语言障碍是关键的问题，同样，当地人文环境对国外不同语言、不同文化背景的人的包容性也十分重要。英语作为国际通用程度最大的通用语，若采取全英文授课的模式则可以解决来自不同国家的教师、学生的课堂语言障碍问题，与此同时，本国学生也会因为与不同国家文化的学生、教师进行英语对话而使自己的语言能力受益。进而一所国内的本土大学在开展 EMI 所带来的附加价值包括使该大学成为一所国际化大学。因此，有效开展全英文教学模式(EMI)必然成为了高校吸引国际学生和教师的首要发展战略。

(二)“一带一路”背景下，涉外法律人才培养的需要

党的十八届四中全会对发展涉外法律服务业作出了重要部署，提出了明确要求。近年来，在党中央、国务院的领导下，我国涉外法律服务业发展较快，涉外法律服务队伍不断壮大，涉外服务领域日益拓展，服务质量逐步提升。但我国涉外法律服务业的国际竞争力还不强，高素质涉外法律服务人才还比较匮乏。

随着“一带一路”国家重大发展战略的提出，围绕推进“一带一路”、全面提升开放型经济水平而提供法律服务的需求也大量增加。时任国务院副总理汪洋提出，在与“一带一路”沿线有关国家和地区开展交流合作，为国际货物贸易、服务贸易、跨境电子商务、市场采购贸易以及新的商业形式和新一代信息技术、新能源、新材料等新兴产业发展的过程中需要大量的涉外法律人才提供专业的法律服务[4]。中国作为和平崛起的负责任大国，要在崛起后有效参与全球治理，必须要遵守国际规则，按照规则来办事，这就需要一大批具有国际视野、熟练运用英语、通晓国际规则、精通国际谈判，能够参与国际法律事务和维护国家利益的应用型、复合型的涉外法律人才[5]。EMI 能使本身具有法学专业知识

[3] QS 世界大学排名(QS World University Rankings)：由英国教育组织所发表的年度世界大学排名，是历史第二悠久的全球大学排名，第一次发布于 2004 年，每年 9 月会进行排名更新。

[4] 汪洋：《关于发展涉外法律服务业的意见》，载国务院司法部网站：http://www.gov.cn/xinwen/2017-01/09/content_5158080.htm。

[5] 参见张法连讲座报道《“一带一路”背景下 ESP 教学改革与涉外法律人才创新培养》(2017 年 11 月 7 日于西南交通大学)。

的人才迅速有效地提升英语水平，从而尽快成为涉外法律人才，为国家的战略服务。

（三）符合法学专业学位研究生的培养目标

在当前，我国国内与国际的经济发展都对打造应用型、复合型的涉外法律服务人才有着迫切需要。在此背景环境下，法律专业学位的硕士研究生，相对于本科生有着更为扎实的理论知识，不同于法学学术型研究生的应用型硕士精准定位，若拥有了较高的英文对话、翻译、阅读水平，经过打造成为涉外法律服务人才、服务于国家战略，则拥有了一条前景较为可观的就业之路，亦符合法学专业学位研究生的教育培养目标。在 EMI 环境下，一批拥有较强英文水平的法学专业学位研究生的出现有助于我国的法治道路中国化，有助于推动法学理论实践化，推动法律人才走向国际化。

二、研究生阶段开展 EMI 教学的现状及问题

（一）国内高校对 EMI 教学的实践与探索现状

2001 年教育部颁布了《关于加强高等学校本科教学工作提高教学质量的若干意见》该文件提出，要在金融、法律等适应中国加入 WTO 需要的专业开展使用英语等外语进行公共课和专业课教学。自此，许多高校在许多领域开展了全英文教学模式（EMI）的实践探索。例如，清华大学从开创国际化人才培养的创新模式出发建设了 13 个全英文硕士学位项目，目前已经建设了约 820 门公共英语课、通识英语课、全英语课和双语课，每学期开设有 200 多门 EMI 课程。[6]

同时，四川省内几所高校也分别开设了 EMI 课程，并对 EMI 教学的要求有了初步的探索。2017 年 1 月起，四川大学与英国文化教育协会合作，依托英国文化教育协会与牛津大学的研究与培训资源，以教师教学发展为导向，创新项目模式，开展了系统务实的四川大学第一期“全英语授课教师教学发展项目”。在半年的时间里，让老师得到了系统化、规范化的课堂教学实践培训，掌握了一些全英文教学授课的经验与方法。[7]

---

〔6〕 牟鹏：《全球化背景下高校全英文教学的现状及启示》，载《中国高校研究》2017 年第 9 期。

〔7〕 四川大学华西医院新闻：《我院教师参加四川大学全英语授课教师教学发展项目》。

另外,西南交通大学在老师自发开设全英文教学和双语教学课程多年之后,于2017年年初遴选了一批青年教师参加专门的培训,使得全英文教学发展进入新的阶段。[8] 在西南交大的法学专业学位研究生的培养方案中,每学年共有3门全英文授课项目,分别是TRIPS协议专题、诉讼法前沿以及国际贸易法专题,这3门课主要针对于当前我国在国际交往中实务中存在的热点问题,具有较高的应用价值,适合英语基础中等以上的同学选修。[9] 课堂中主要以同学做报告和相互讨论的形式为主,提高了同学的英语表达能力。在师资方面,负责全英文教学的教师是具有海外留学背景,拥有较高英语水平的老师,能够为同学提供较良好的语言学习环境,EMI授课教师会定期接受针对EMI教学的培训。

(二)学生的语言能力不足

我国大多数学生存在英语口语表达能力不足的问题,究其原因主要有两点:其一,语言学习环境。由于我们是在汉语环境中学习英语,学习生活中接触的是大量的汉语环境。而新加坡、马来西亚等国家是将英语作为官方语言和工作语言使用,普及面非常大,所以这些国家的学生英语口语能力提升很快。而在以往的英文教学中,我们鲜有开口进行英语交流的机会,没有良好的语言环境,口语能力势必薄弱。其二,发音不准,羞于表达。这是由于在初期英语学习中音标学习阶段,没有打好基础,养成良好的学习习惯。而在后期高中、大学的英语学习中多以做阅读、写作文等哑巴式英语学习为主,导致常见的即便认识单词也不会读的困境,进而出现不敢与人开口交流的问题。

而研究生阶段的同学已经经历了高考、大学英语四六级及研究生入学英语考试等一系列训练考试,基本拥有了一定的英语阅读能力,开展EMI教学的最大问题还是集中在同学的英语听力、口语表达能力上。在实践中,学生常常出现听不懂专业名词、碍于口语水平羞于表达、不敢开口提问的困境,导致全英文教学的目的无法实现。

---

[8] 西南交通大学教务处新闻公告:《关于对全英文教学教师进行专业发展培训的通知》,载西南交通大学教务处官网:http://jiaowu.swjtu.edu.cn/servlet/NewsView? NewsID=1865BDDF54440829。

[9] 载西南交通大学研究生院门户网站,研究生信息管理系统,法律专业硕士个人专业培养方案:http://gs.swjtu.edu.cn/ucenter/student/home/index。

为了解决这样的问题,许多国家的大学都尝试以安排硕士预科的方法来解决。例如,在土耳其开设全英文授课的大学规定,学生在进行 EMI 教学学习专业课之前,还需要先上 1 年的预科英语课程,打好语言基础[10]。在通过学年末的英语水平测试后,才可进行主要专业课的 EMI 教学课程学习。再如,英国大学的硕士预科十分普遍,其作为硕士学位课程前的一个桥梁课程,甚至具有为英国大学择优筛选和推荐学生的功能。硕士预科的时间为 3 个月到 1 年不等,是大学用来考核学生的学术和英语能力的标准,学生可以利用读硕士预科的机会,亲身感受海外大学课程是否适合自己的需求。近年来,国内一些大学也将国外的预科课程引入国内,如英国北方大学联合会(NCUK)的硕士预科课程开设在西南财经大学,原版引进 NCUK 的硕士预科,运用全英文教学模式(EMI),学生顺利完成预科后可免雅思直申 17 所英国大学就读硕士学位课程。[11]

(三)国内教师的法学课程 EMI 教学难度较大

在 EMI 教学实践中另一个重要问题是授课教师的全英文授课水平。全英文授课教师英语口语能力的差异会给教学效果带来显著影响,如教师在英语发音、流利程度、语音语调和方言口音上的问题会影响教学效果。在进行 EMI 专业课授课时对法学基本概念的解释和表达可能会导致学生对专业术语内涵理解的准确度降低,这些问题会极大影响学生对专业知识的掌握程度。牛津大学教育系 Dearden 教授[12]指出:"对 EMI 授课教师而言,将复杂的概念阐述清楚是最重要的能力之一。"不仅如此,相比中文授课,EMI 课堂教学过程的灵活性往往会降低,由于存在语言沟通上的障碍而与学生的互动大大减少。

法学作为一门理论性和实践性都比较强的学科,全英文教学对师资的要求相当高。进行 EMI 教学的教师须是英语水平高、专业知识过硬、拥有较多教学经验的复合型人才。其能将英语熟练运用于教学活动中,使学生能够真正参与到全英文教学的课堂中,所以进行全英文教学的授课教师英语口语表达能力一定要本领过硬。但目前存在的普遍现象是,由于任教于国内本土高校的教师平时授课只需要讲中文,进行英语交流的机会极少。再加上法律英语专业名词难

---

〔10〕 Wenli Tsou, Shin - Mei Kao, *English as a Medium of Instruction in Higher Education*, p. 4.

〔11〕 载西南财经大学出国留学预备学院,英国硕士预科中心:http://www.cdkaplan.com/。

〔12〕 Dearden J., *English as Medium of instuction—a Growing Global Penomenon.*

度较大，甚至母语为英语国家的人也难以掌握，让许多法学教师，特别是年龄较大的教师进行英语授课困难重重。

三、台湾地区的法学研究生 EMI 教学经验性研究

（一）台湾地区 EMI 教学的现状

在高等教育国际化趋势中，台湾地区的 EMI 教学也取得了较大进展。近年来开展 EMI 教学的大学和 EMI 课程数量逐渐增长。据统计，台湾地区的 161 所大学中在 2014 学年共有 141 所开设了共 24,077 门 EMI 教学课程。台湾地区高校开始逐渐重视 EMI 教学的原因，一方面由于台湾地区人口在 2020 年代起或将呈负增长状态，人口可能锐减 3 成。台湾地区的大学会受影响，可能导致岛内许多大学生源严重不足，所以考虑通过 EMI 来吸引更多的国际留学生。另一方面也是为了提升大学的国际排名、获取更多的国际高等教育市场份额来提高教学质量。如今，台湾地区行政当局推出了两项主要政策来鼓励大学吸收国际留学生：一是马英九提出将打造台湾地区成为亚太高等教育中心，提升文化软实力，在以 EMI 授课吸引留学生同时，对外传播中华传统文化。二是高等教育响应台湾当局的“新南向”政策，吸引东南亚地区的留学生。东南亚国家由于有地缘和部分血缘优势，加上此一地区又为台商投资重点，近年来成为台湾地区的国际留学生的主要生源地。例如，台湾科技大学一直开设国际商业管理硕士课程（IMBA），每年会招募 30 名来自不同国家不同地区的学生，建立起多元化的学习环境，全程以 EMI 授课，但其中有 7 成留学生都来自东南亚国家。如果这两项政策都能达到预期设想的效果，那台湾地区在 2020 年将会新增 12 万名的国际留学生。

而在具体实践中，台湾地区的高校与全球许多开展 EMI 教学的大学存在同样问题，即大多教师和学生对英语的熟练运用程度不够，导致在学习专业知识的 EMI 教学中出现较大阻碍，并且在课堂讨论环节中交流讨论问题十分困难。另外，尽管一些师生间可以进行全英文学习交流，但由于没有掌握足够的英语专业词汇，可能导致学习的深度和广度不够，学习的效率和质量会下降。因此台湾地区的学生和教师对待 EMI 的情绪十分矛盾，一方面来说 EMI 教学确实能迅速提升学生的英语水平并能够掌握部分专业知识，其重要性受到大家的肯

定。另一方面对 EMI 课堂讨论的深度和专业知识的精准把握程度还尚存疑惑。[13]

(二)台湾地区法学研究生的 EMI 教学有益经验

1. 有效运用真实案例教学。

在台湾地区的法学研究生 EMI 教学中,由于美国的法律法规整体结构十分庞杂,且法律术语大多较抽象、难理解,台湾地区的法学院教授在授课时一直善于运用美国最高法院判决的真实案例来帮助学生理解其内涵。对于有意向参与国际法律实践的学生来说,阅读理解美国法院的判决不仅有助于改善英语的熟练程度,同时也有益于他们学习美国法律中的专业知识。在台湾地区 EMI 教学的法律课程真实教学素材除了美国最高法院的判决之外,还有美国宪法、美国国会通过的法案、美国政府颁布的法令及国际条约、国际协定等。

2. 外文数据资料库的应用。

现如今网络科技十分发达,许多法律英文资料都可以在网上搜集下载。其中 Westlaw 数据库、LexisNexis 数据库是美国最大的两个法律出版信息检索的互联网数据库。在台湾地区的法学研究生 EMI 教学实践中,通常会介绍数据库的使用方法,以便于学生获取英文阅读资料进行课前阅读。通过 Westlaw 将先进的电子技术与全球范围资料库完美结合,拥有来自法律、法规、税务和会计信息出版商提供的丰富资源。用户可以通过 Westlaw 迅速地存取案例、法令法规、条约、商业资料等,同时通过布尔逻辑搜索引擎,可以检索数百万的法律文档。

3. 课堂教学模式的改革。

台湾地区的法学研究生教育主要分为以下三类:拥有法学学士学位或法学双学位的研究生、科际整合法律学研究所类研究生[14]以及在职研究生三种类型。[15]

以下将通过三个真实案例[16]来展示三种法学研究生需要研修的课程区别:

---

〔13〕 Wenli Tsou, Shin - Mei Kao, *English as a Medium of Instruction in Higher Education*, p. 11.

〔14〕 科际整合法律学研究所类研究生,类似于国内法律硕士(非法学)类研究生,本科为法学外的其他专业。

〔15〕 资料来源于台湾大学、台湾成功大学、台湾高雄大学法律系硕士研究生招生目录之整合。

〔16〕 Jason Tien, *Use of Authentic Mateials in Law School*, p. 121.

实例一:科际整合法律学研究所类全日制研究生的法律英语课。

在台北一所有名的私立大学中,法律英语是法学类研究生的必修课,其目的是提高法学类研究生的法律英语水平。2015 年第一学期开学共有 9 名研究生选择了这门课程。这 9 名同学有一些是法学本科毕业,还有许多本科来自金融、计算机、旅游等不同专业。为他们授课的教师是一位资历尚浅的年轻教师,但她获得了美国纽约大学的博士学位,并且通过了美国法律职业资格考试,英语水平较高。因为他们的法律专业基础各不相同、英语水平也参差不齐,所以这门课的主要授课方式以老师的讲课为主,每遇到专业名词老师就会将其翻译成中文,便于同学理解。教材是由台湾大学知名法学教授撰写的介绍美国司法体系的中文出版刊物,其中也插入了中英文对照的美国最高法院的经典案例。学生在课前几乎不必做任何准备,只需要在课上认真听讲,参加半期和期末考试并获通过即可。考试主要测验法律英语单词和句子的掌握情况,最后一道题是节选的美国法院判决中的段落,将其翻译成中文即可。从课后同学的反馈来看,因为教材简单易懂,老师的课堂教学内容十分基础,再加上会为同学进行中英文转换,课程没有太大压力。这样的课堂教学模式有益于同时不具备专业基础与较高英语水平的科际整合法律学研究所类的全日制研究生,可以让两种能力同时得到锻炼提升。

实例二:在职研究生的美国宪法课。

台湾南部的大学为研究生一年级的法学学生开设了 3 学分的 EMI 教学选修课——美国宪法。选修这门课的同学已经对美国宪法的制度原则有一定理解和基础。这门选修课在 2015 年下学期共有 8 名同学参加,他们都是在职研究生,本科都为非法学专业,没有法律学科专业基础。但他们的共同特点是英语水平较好,在日常工作中时常运用。这门课程的授课教师是对全英文法学课程教学有丰富经验的美国名校博士,口语也非常流利。她的授课方式是,让学生每周课前阅读 6 篇美国法学院的全英文教材中的法院判决,每节课随机抽取同学,给出 30 分钟用英语介绍一篇教材中的法院判决并谈谈自己的理解。结束后接受老师和同学的提问,最后由老师点评。成绩由平时阅读作业的完成情况以及期中、期末考试成绩共同决定。根据课后反馈,由于需要完成课前阅读作业,课上要接受老师提问,并用英语进行交流,大多数学生认为这门课程有一定的压力。然而这样的教学模式对于英语水平较好的在职研究生具有快速填补知识框架空白的作用。

实例三:法学本科类全日制研究生的美国刑法与刑事诉讼法。

美国刑法与刑事诉讼法是台湾南部大学的必修 EMI 法学课程,主要介绍美国刑事司法制度与美国的刑事诉讼程序,并将台湾地区刑事司法与其比较研究。这门课只为 17 名法学本科或双学位的全日制法学研究生开设,并且必须期末成绩达到 70 分才能通过,否则不能毕业。这些同学在本科阶段已经基本掌握了台湾地区的刑事司法制度,所以课程中主要目的是以英语为媒介学习美国的刑法与刑事诉讼法。授课教师是美国一流法学名校的博士,并且拥有多年教学经验。他的授课方式是以全部英文的美国最高法院发布的真实案卷为教材,与实例二一样,学生需要在课前阅读一份真实案例,并在课上用英语做案例分析报告,接受老师、同学提问,并增加了同学们课上相互讨论的环节。最后期末成绩不以考试为主,而是通过平时的课堂表现、课前阅读以及课后翻译作业的完成情况等多方面衡量。大部分人都认为这门课程压力非常大,因为课前的自学、课堂的报告以及与同学老师的交流都需要以英语为媒介,同时学生认为,如果在课堂上做案例报告时,没有充分的课前准备一旦出现卡壳状态会十分尴尬,所以都会认真地作准备。这种方法针对专业基础较好的研究生,有益于提升英语水平和拓展专业知识深度,除此之外自学能力也得到了很大的提高。

四、台湾地区法学研究生 EMI 教学经验对大陆专业硕士教学的启示

(一)EMI 教学的创新性探索

通过第三部分的分析可以总结出,台湾地区在法学研究生的全英文教学中主要有以下几大特点:

第一,运用美国法院发布的判决等真实素材进行生动教学,有助于学生理解枯燥的法条和复杂的法律制度框架,并传授外文数据资料库的使用方法,提高学生的自学能力。

第二,针对不同类型的研究生开展不同难易程度、学习深度的全英文教学课程。专业课运用全英文教学,可以快速高效地同时提升学生的英语水平和专业知识水平。

第三,EMI 课程根据学生英语水平和专业基础而分为以讲授台湾学者撰写的教材为主的授课方式和以美国法院判决的真实案例为主的讨论式教学两大

形式。

第四，将以往常见的以教师讲课为中心的中文课堂教学转变为以学生参与讨论发言为中心的EMI课堂教学，在此过程中，教师主要起引导讨论、解决同学的普遍疑惑为主的作用，而不再是纯粹以教师讲课为主。这样做可以提升同学的课堂参与度，更有助于他们掌握学习的内容。

实例一的科际整合法律学研究所类研究生与法律硕士（非法学）存在极大的共性，而实例三的法学研究生与法律硕士（法学）类生源情况基本一致，所以台湾地区的法学研究生全英文教学模式（EMI）对法律硕士的全英文教学有着一定的借鉴意义：

1. 真实案例的运用。

法学专业学位研究生的全英文教学实践中，同样应多运用真实案例来进行教学，例如中国裁判文书网、最高法发布的指导性案例乃至美国最高法院的判决等。通过一些真实案例来感受法律及司法制度的特点、了解立法背景，不仅有利于法律英语基础薄弱的学生进行法律专业词汇的积累，夯实法律英语的基础，同时也能在比较中外法律文化差异过程中，更好地掌握专业知识，接触法学的前沿。

2. 掌握外文数据库的使用方法。

如Westlaw外文数据库在台湾地区EMI教学中的运用对法学专业学位研究生的EMI教学也有很大的借鉴意义。现在高校的法学研究已经日趋国际化，但订购外文数据库的数量仍与世界众多一流名校存在一定差距，例如，在国内排名靠前的高校中虽然大部分都订购了普通法和大陆法的法律数据库，但从整体订购比例上来看，大陆法系的中文数据库所占比例较高。而在国际排名靠前的大学中订购法学专业类数据库相对多，较综合类数据库信息挖掘更具深度和针对性。整体来说，国内大学订购法律专业型数据在品种和数量上都较少，应用率也较低（见图23－1）。

学生运用外文数据库进行法律英文资料的搜集整理是进行EMI教学的重要一环，通过网络数据库查找法律英文资料并阅读，不仅能够提升学生的英文水平，同时也能提高其自学能力。

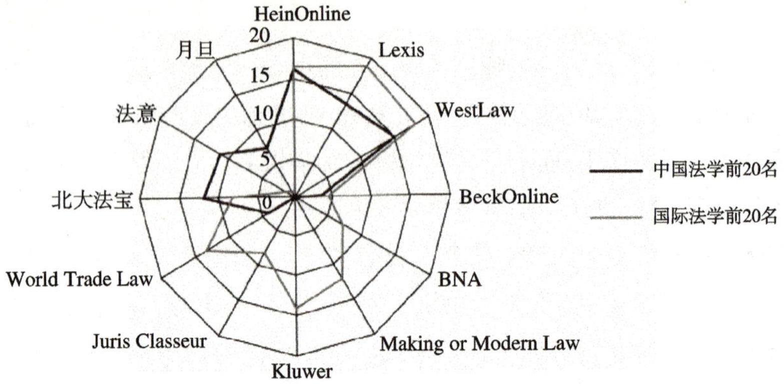

图 23－1 2012 年重点数据库国内外比较[17]

3. EMI 课堂教学模式的探索。

法学专业学位研究生的全英文教学模式（EMI）目前还处在初步探索阶段。据了解，在一些高校中即使开设全英文教学的课程，全英文教学也并未完全落实到位。以法律硕士（法学）研究生的专业基础，开展实例三中以学生做案例分析报告为主，课堂讨论为穿插的课堂教学模式，不仅有助于学生英语水平的提升，且对所学知识的深度和广度都可有所拓展。而对于法律知识基础较薄弱，英语水平与专业知识都尚待深入学习的法律硕士（非法学）来说，宜以类似于实例一中的教师授课讲解形式为主。在课堂上将英语的法学专业名词一一转换为中文并解释，帮助同学们理解枯燥的理论知识。

（二）学生语言能力的提升

在 EMI 授课中可以参考台湾地区的教学模式，即教师在课前布置一定量的英文阅读材料，在此过程中学生可以查阅学习生单词，提高词汇量。并在课上以全英文形式进行口头案例报告。之后与同学、老师用英文针对该案例进行交流，交流时既可以运用所学的生单词又能够了解其他同学对该案例的问题和看法，细化知识体系与语言水平提升目的能够同时达到。一旦课程严格按照全英文的教学模式进行，相信学生初期的语言障碍将在不久之后得到明显改善。特别是在真实案例的阅读中可以认识积累大量的法学类专业英语词汇，并在课后

[17] 图片来源于徐洁：《国内外高校引进法律数据库的比较及分析——基于法学专业排名前 20 的高校数据库资源数据》，载《法律文献信息与研究》2014 年第 4 期。

的翻译作业中得以运用,将十分有效地促进学生全英文教学目标的实现。

(三)对EMI教师的英语水平要求

从以往实践中累积的经验表明,在总结EMI的教学效果上,教师的授课经验是否丰富并不是最重要的因素。以上三个实例中,开设EMI课程的教师均是拥有海外留学背景、美国大学法学博士学位的高素质人才,共同特点是都能够同时熟练掌握英语与法学专业知识。EMI教师的挑选应以考察教师的英语表达能力即能否流利使用英语为主。

一名教师的教学效果与多种因素有关,如教学内容的难易程度、熟练程度等。而在全英文教学中又增加了对英语的把握,则更为复杂。进行EMI授课时,只有把专业知识用英语熟练而又精准地表达、呈现出来,为学生所理解,才能完成最基本的教学任务。法学专业学位研究生的EMI授课教师不仅应具备良好的英语水平,还应定期接受EMI课程的培训,增强英语的语言表达能力。在EMI授课教师水平参差不齐的情况下,将授课教师的EMI课程系统进行系统化、规范化培训,为学生提供有外语教学感染力的授课环境,才能达到EMI教学所追求的效果,培养出高素质的应用型、复合型涉外法律服务人才。

五、结语

由于高等教育全球化的趋势,全英文教学模式(EMI)在全球各高校中蔚然成风。"一带一路"国家重要倡议下,在我国政府、企业对外投资的法律风险防范、反倾销、反补贴类涉外法律争端等诸多领域中,涉外法律服务人才供不应求。全英文教学模式将本身具有扎实专业基础的法学专业学位研究生培养成具有较强英文水平的应用型、复合型法律人才,有效促进了法学理论的实践化,推动我国的高素质法律人才走向国际化市场。

我国台湾地区的EMI教学经验对法学专业学位研究生教学模式的改革,涉外法律人才的培养对大陆法律专业硕士培养模式都有借鉴意义,尤其是文献资料的检索方法以及因材施教的课堂教学模式。因此需要我们在进一步加强教学实践探索的同时,加强研究生培养模式与运行机制方面的进一步交流。

论法学专业学位研究生实践教学模式

——模拟法庭空心化的完善

李薇菡*

【摘　要】实践教学模式的设置初衷是培养面对新时代背景下社会所需的高层次实践应用型人才，但在具体的培养过程中，尤其是在法学专业研究生的实践教学环节，依然存在诸多的不足之处，从而导致培养的法学专业研究生质量与预期不符。本文旨在通过查阅相关文献资料，在结合美国法律专业硕士培养过程的相关经验的基础上，运用对比论证等方法，提出相对应的完善意见。

【关键词】法学专业学位研究生；实践教学；模拟法庭

引　言

在全球经济一体化的宏观背景下，社会经济得到快速的发展，各国对各专业人才的需求也与日俱增；与此同时，国际局势变幻莫测，各国之间的竞争也日趋激烈，而各国综合国力的竞争在本质上是高质量、高层次、高专业度的实践应用型人才的竞争。其中，法学专业作为一门以法律、法律现象以及其规律性为研究内容的科学，具有极高的专业性和社会实践性，在此背景下，法学专业硕士也应运而生。而以我国目前法学专业硕士的培养现状来看，其在培养模式、课程体系、教学方法、管理体制、实践教学模式以及职业素质和实务能力培养等方面都存在着亟待改进完善之处。本文以中国的法学专业硕士培养现状为立足

* 李薇菡，西南交通大学法律硕士研究生。

点,与美国的法学专业硕士培养模式相比较,结合比较论证等方法,试提出在我国法学专业硕士的实践教学模式过程中产生的模拟法庭空心化现象相对应的完善意见。

一、我国法学专业硕士概览

(一)重要概念界定

我国学位制度的类型根据不同的标准有不同的划分,通常被分为学术学位和专业学位。当前的学术界对后者的定义为:专业学位是相对于学术型学位而言的学位类型;其目的是培养具有扎实理论基础,并能够适应特定行业或职业实际工作需要的应用型高层次专门人才[1]。而法学专业硕士学位,被定义为:具有特定法律职业背景的专业学位,是为实际部门培养德才兼备的、适应社会主义市场经济和社会主义民主、法制建设需要的高层次的复合型、应用型法律专门人才[2]。需要明确的是,与法学相关的硕士分为两种:法学硕士与法律硕士,前者的培养目标是培养教学、学术型人才,偏重理论,譬如大学教师;而后者则偏重应用、实务,即所谓的"社会实践性""社会应用性",譬如律师。而本文所说的法学专业硕士,又被称为法律硕士,是指前述后者。其中,法律硕士又细分为法律硕士(法学)和法律硕士(非法学),前者的报考条件为已取得法学类专业本科学位的人员,而后者只能由取得其他专业本科学位的人员报考。

(二)我国法学专业硕士的历史发展

"文革"之后,百废待兴,随着改革开放的步伐,国家法制化进程也逐步加快,硕士研究生的规范化培养也被提上日程。《中华人民共和国学位条例》和《中华人民共和国学位条例暂行实施办法》在1980年和1981年先后通过并施行,这标志着我国开始了制度化、规范化培养研究生层次高素质人才的进程。

1. 萌芽阶段。

1984年,在清华大学等11所工科大学向教育部提交《关于培养工程类型硕士生的建议》之后的几年间,法律、金融、医学等专业也相继下达并颁布了关于

[1] 陶学文:《我国专业学位研究生培养模式及其创新研究》,载《高等教育研究》2013年第2期。

[2] 廖文婕:《我国专业学位研究生培养模式的系统结构研究》,华南理工大学法学专业2010年博士学位论文。

设置专业型研究生教育类别的通知和试行办法。自1981年到1989年的这一阶段,也被称为我国专业学位教育的萌芽阶段,其意义在于虽然在该阶段未能明确提出专业学位的概念,但其打破人才培养的单一模式,为专业学位正式登上历史舞台拉开了序幕。

2. 探索阶段。

1990年召开的国务院学位委员会第九次会议中,我国的第一个专业学位——工商管理硕士得以设置;在1992年的国务院学位委员会第十一次会议中,黄达等学位委员提出的"关于按专业授予专业学位证书的建议"被批准;在1995年国务院学位委员会第十三次会议依次通过的《关于设置法律专业硕士学位的报告》和《关于开展法律专业硕士学位学位试点工作的通知》使中国人民大学等8所院校成为首批试点单位。因此,自1990年到1995年的这一阶段,被称为我国专业学位教育的探索阶段。

3. 发展阶段。

(1)初步发展。

1996年,《专业学位设置审批暂行办法》在国务院学位委员会第十四次会议中审议通过,其表明我国专业学位研究生教育制度化发展的阶段已经到来;其后《关于加强和改进专业学位教育的若干意见》于1999年颁布,该文件的颁布进一步明确了专业学位的地位和作用,确立了专业学位的指导思想,是我国专业学位研究生教育的里程碑,可谓我国专业学位教育的初步发展阶段。

(2)快速发展。

2010年,教育部、国家发展改革委《关于下达2010年全国研究生招生计划的通知》(教发〔2010〕1号)、教育部办公厅《关于切实做好普通高校全日制硕士专业学位研究生资助工作的通知》(教财厅〔2010〕2号)、教育部办公厅《关于构建全日制专业学位研究生就业服务体系有关工作的通知》(教学厅〔2010〕3号)、《国家中长期教育改革和发展规划纲要(2010-2020年)》等文件依次向社会公布。这一阶段,是专业学位教育的快速发展阶段,也是日趋完善的阶段,各项政策和条例的颁布,不仅为专业学位教育提供了理论指导,也为其规范化、制度化、规模化发展提供了依据和保障[3]。

---

〔3〕 董丽敏:《中美专业学位研究生培养模式的比较研究》,江西师范大学2013年硕士学位论文。

（三）我国法学专业硕士的发展现状

学者郝晓明认为我国法学专业硕士培养现状存在六点不足，归纳起来主要有：(1)早期的培养方案在课程设置上缺乏实践环节，无法充分体现法律硕士的培养特色，致使法律硕士的培养过程缺乏应用性以及实践性，缺乏相应的特色与深度；(2)简单套用法学硕士的授课方法仍然是法律硕士培养过程中的常见现象，与此同时，具有丰富司法实践经验的师资力量的缺乏，在很大程度上降低了法律硕士的培养质量；(3)法律硕士包括法律（法学）硕士和法律（非法学）硕士，其中，后者的法律理论基础较为薄弱，法律理论体系一般还未很好建构，因此，2 年的学制过短，人才培养质量难以达到预期；(4)法律硕士的学位论文缺乏实践性，偏重理论，同时，学生的论文写作质量也还有待提高；(5)与立法、司法、行政执法部门的沟通和联系不足，学生缺乏相应接触法律实务的机会，从而导致实践能力的欠缺；(6)培养方式的不足导致法律硕士的法律职业素质和实践能力不足〔4〕。

综上所述，影响我国法学专业硕士的培养质量的主要因素在于培养过程中实践性教学环节的严重缺乏，具体可体现在：(1)课程设置和教学方法缺乏应用性；(2)师资力量上缺乏实践经验性；(3)法律硕士的论文选题简单套用法学硕士的论文选题，偏重理论，缺乏实践性；(4)培养过程缺乏与法律实务部门的联系沟通，从而导致学生的实务能力欠缺，以致影响法律硕士毕业进入工作岗位后对于业务能力的熟练掌握有一个相当长的“适应学习期”。

三、实践教学模式——模拟法庭概述

（一）模拟法庭的内涵

法律实践性教学的方式很多，譬如法律诊所、律所实习等，其中，一直被各院校法学院广泛采用的法律实践性教学方式之一便是模拟法庭。所谓模拟法庭，是指通过准备所需法律文书、分配模拟角色、分析具体案情、预备演练、正式开庭等环节模拟刑事、民事、行政审判以及仲裁的过程。模拟法庭的教学形式是由它的教学目的所决定的，学者吴西彬认为模拟法庭的培养目标应当是：适应法学专业培养目标，坚持法学教育与司法实践相结合，培养学生运用相关法

---

〔4〕 郝晓明：《法律硕士专业学位研究生培养的实践与探索》，载《法学家》2007 年第 6 期。

学知识分析和解决实际问题的能力,提高学生的专业技能和实践能力〔5〕。

(二)模拟法庭的发展

模拟法庭又被称为"模型法庭",翻译自"moot court",所以其实质上是一个外来词,其来源于通常设置于美国高校法学院的"moot court"。〔6〕19世纪70年代,哈佛大学开设模拟法庭,其设立目的是侧重培养法学院的学生对法律具体案件的整体把握能力,具体包含对案件事实的梳理、案件争议点的总结提炼、诉讼策略的制定与操作、辩护和代理意见的写作、辩论技巧等技能的培训和考核,这些能力的掌握对法学院学生的法律思维方式的构建以及专业素质的提升有极为重要的帮助。值得一提的是,早在14世纪的英国,冬季和夏季为法庭的休庭期间,因此,律师学院的学生在此期间除了听课之外的主要学习方式便是模拟法庭〔7〕。我国的法律实践性教学方式是伴随着我国研究生规范化培养进程而逐步展开,起步较晚,发展相对不成熟。

(三)模拟法庭的功能及其必要性

在学者陈兵看来,模拟法庭的功能主要体现在:(1)模拟法庭能够激发学生对法律专业学习的兴趣和自主学习的主观能动性;(2)能够加强学生对法律专业理论知识的理解和在实践中的具体运用;(3)能够培养学生深厚的法律职业素养和高超的业务水平,建立健全学生健康的法律职业心理;(4)能够训练学生扎实的法律职业技能和清醒的法律职业意识〔8〕。无论如何,模拟法庭的功能旨在对法律专业学生的法律实务能力的培养,而法律实务能力的培养从传统的基础理论课程中几乎无法获得,必须通过多种法律实践性教学方式的运用,比如模拟法庭的开展,才能更好地培养出社会所需的高质量高层次的法律专业实践型人才。

(四)模拟法庭的现状及其不足

学者马柳颖认为,当下各院校开展模拟法庭后所达效果并不够良好,其不足主要体现在:(1)模拟法庭教学展开前的课前准备不充分,案例选取缺乏典型

〔5〕吴西彬:《模拟法庭教学效果评价》,载《教育评论》2007年第1期。

〔6〕刘晓霞:《模拟法庭》,科学出版社2010年版,第5页。

〔7〕路春艳、张洪忠、黄会林:《大众传播学教程》,北京师范大学出版社2007年版,第24页。

〔8〕陈兵:《论高校模拟法庭教学功能及其实现——写在卓越人才教育培养之际》,载《高教研究与实践》2013年第1期。

性、新颖性、争议性;(2)在模拟法庭庭审过程中过于注重程序开展的衔接状况,从而导致实体法在具体案件中的适用未能得到充分的重视;(3)当前的模拟法庭课程中,从外部设施条件来看,模拟法庭的开设场所、法庭标识设置不规范,从内部人员条件来看,法庭角色的不合理分配、相关人员的言行不当导致模拟法庭出现表演成分过重,仿真程度较低的现象[9]。与此同时,学者翟业虎对此问题有类似的看法,他认为:模拟法庭的课程设置不合理,运行体系也存在较大缺陷;同时,模拟法庭教学中的表演性质凸显;以及师资力量薄弱,学生参与度不高等问题都是导致模拟法庭收效甚微的原因[10]。

综上所述,目前我国各院校模拟法庭的教学现状,其存在的主要问题有:首先,从制度设计层面来看:(1)模拟法庭的课程设置没有统一标准,有的院校将模拟法庭设置为必修课,但有的院校将模拟法庭设置为选修课,甚至不设置学分,这样的规定导致的直接结果就是学生对该课程的重视程度不够,甚至根本没有学习过该门课程,有的院校甚至用观摩庭审代替模拟法庭,其后果可想而知;(2)运行体系不科学也不完整,所谓的运行体系不科学、不完整,主要是指模拟法庭教学在实践中经常忽略模拟法庭教学前的准备工作,缺乏老师对学生准备工作的指导和考核环节,以至于模拟法庭在实际操作的过程中出现流于形式的现象。其次,从具体实施层面来看:(1)过于注重模拟法庭庭审过程的衔接而忽视了知识的传授,模拟法庭在现实中往往关注庭审的流程是否符合顺序,甚至学生的表演是否真实,而真正的重点,即对与案件的整体把握和审理细节的知识点却被忽视,是一种本末倒置的错误;(2)案件选取缺乏新颖性和典型性,这主要体现在模拟法庭所围绕的案件应该符合当下的时事热点,如影响广大的社会事件、法律修改颁布等,或者具有较强争议性的案件,而所谓具有较强争议性的案件,可以从法律规定存在漏洞,或者已出现的同案不同判的多起类似案件中寻找。总结形成这些现象的成因,归根结底在于学校对该项教学工作的投入不足,导致具备实践经验的师资力量的匮乏,硬件条件的缺失等一系列问题的出现,进而导致产生模拟法庭空心化现象。

---

〔9〕 马柳颖:《模拟法庭教学中存在的问题及其解决路径》,载《高教论坛》2014 年第 4 期。

〔10〕 翟业虎:《关于规范我国高校模拟法庭教学的思考》,载《高等教育研究》2015 年第 9 期。

四、模拟法庭空心化的完善

(一)中美法律硕士培养现状对比

1908 年,哈佛大学授予全美第一个专业学位,至今已过去了百余年;早在 19 世纪初期,美国通过借鉴欧洲大学的教育模式,并结合本国的实际需求,开始了其独具特色的专业学位教育进程,因此,美国的专业硕士发展相对成熟:其成熟的教学模式,优化的研究生教育结构,已成为世界各国争相模仿的范本。

首先,在培养目标方面,美国高校注重对法律硕士实务人才的培养。以哈佛大学为例,哈佛大学对法律硕士的培养目标是:培养法律实践、司法部门、政府机构、公共服务、学术以及商业的领导者;掌握基础法律知识,为更多关注感兴趣的研究领域做好准备;加强写作技能训练,掌握职业所需实践能力[11]。众所周知,美国的 J. D. (Juris Doctor)教育是一种法律职业教育,其主要培养目标是职业律师,因此其更注重法律实务技能课程的设置与学生实务能力的培养。而我国的法律硕士培养还处在一个法律实践教学相对薄弱与相对不成熟的阶段,以社会实际需要为当下的培养目标。

其次,在课程设置方面,美国高校注重相关法律实践课程的开设。以哈佛大学的课程设置为例,其专业必修课包含:民事诉讼法、合同法、刑法、财产法、侵权法、法律推理、法律写作、法律职业道德。这说明美国的 J. D. 教育较为重视实践课程的开设,法律推理、法律写作与法律职业道德与其他基础法律课程一样被列为必修课,其因此也具备了相应必备的教学环节与严格的考核体系。我国院校对法律硕士研究生的课程设置不尽相同,但从总体来看几乎不曾在专业必修课中设置较多的法律实践教学课程。

再次,从师资力量来看,美国的法律专业的导师的遴选方式严格。法律专业的教授基本都具有较高的实务经验,更有知名法官与律师加入大学导师队伍,与此同时,美国高校的导师监督管理制度较为完善。这不仅在很大程度上督促了导师对学生的指导,也加强了学生与导师之间的交流与沟通,有利于形成融洽的师生关系,提高教学和科研质量[12]。而我国法律硕士与法学硕士导

---

[11] 董丽敏:《中美专业学位研究生培养模式的比较研究》,江西师范大学 2013 年硕士学位论文。

[12] 董丽敏:《中美专业学位研究生培养模式的比较研究》,江西师范大学 2013 年硕士学位论文。

师基本相同,各院校几乎未对老师的实务能力水平建立相关的考察机制,老师的实务能力参差不齐,老师选拔机制也更注重理论与学术水平。

最后,从教学形式来看,美国高校法律专业的教学形式呈现多样化特点。以哈佛大学法学院为例,其 J. D. 教育形式为小班教学,在进行案例教学的同时,辅以律师、法官等实务技能培训,开设的教学形式多样,譬如课后答疑、小组阅读、研究讨论会议等。自 2002 年 9 月起,参加课外实践活动成为哈佛大学法学院学生毕业的必要条件,哈佛大学法学院规定,学生参加公益性活动的时间不少于 40 个小时。与此同时,一系列的相关法律活动也被很多学生自主开展,以此来提高自身的法律实践经验与技能水平,譬如模拟法庭、法律援助工作、主办法律杂志刊物以及在地方法院等法律相关机构担任助理工作等[13]。这说明美国 J. D. 教育更加注重法律实践教学形式的多样化,并以相关严格的考核制度与之配套。而我国法律硕士的实践教学课程形式较为单一,对实践教学环节的投入也不够充足。

(二)具体完善措施

对模拟法庭空心化的完善,第一步应从制度设计层面着手。首先要规范模拟法庭的课程设置的统一标准,将模拟法庭设置为必修课,加大学分比重,将成绩的高低与老师的考核、学生的评奖评优制度挂钩,让老师以及学生对模拟法庭予以根本上的重视,从而使模拟法庭空心化现象从源头上得以杜绝。

其次要建立健全科学完整的模拟法庭教学运行体系,着重模拟法庭教学前的准备工作,该工作具体包括:案例选取、案例研究、法律文书书写、角色分配、模拟法庭预备演练等。其中,在刑事案件中,控辩审三方需要合理分配,各自演练,将辩论性与竞技性加入模拟法庭课程,民事案件、行政案件、仲裁案件中双方当事人同理适用辩论模式加强模拟法庭的竞技性,同时保障学生庭前准备时间的充分,并建立事前的鼓励机制与事后的奖励机制。此外,在庭前准备工作中加强老师对学生的指导环节和考核环节,需要注意的是,这项工作不仅要建立健全老师对学生的指导和考核,也要加强学院对老师指导工作的管理与监督。

最后,对模拟法庭空心化的完善,还应从具体实施层面落实。首先,注重模

---

〔13〕 夏薇、张秀萍:《我国 J. M 教育与美国 J. D 教育比较》,载《理工高教研究》2004 年第 12 期。

拟法庭庭审过程中知识的运用，实践技能的传授，在明确学生主体地位的同时也要加强师生之间的互动，老师应当适时点拨评论，庭后也应当予以总结评价。这也要求有法律实务经验的老师带队，从辩论技巧，法律知识的运用以及对案件的整体把握等方面对学生的行为进行点评，从而将理论与实际相结合，让学生学到更多的实践应用性知识。在此基础上，再注意模拟法庭庭审的流程是否符合顺序，学生的表演是否真实，从而整体把握模拟法庭庭审过程的节奏。同时，案件的选取要围绕当下影响广大的社会事件、法律修改颁布等时事热点，或者具有较强的典型性，总之，案件的选取要富有争议性、可讨论性。

除此之外，学校应加大对该项教学工作的投入。借鉴美国等相对成熟的教育体系的有益经验，结合自身的实际情况，在师资力量的遴选标准中加强对实务工作经验的考察标准；与此同时，引进收效良好且符合自身实际情况的多样化教学方式和严格的考核体系，同时加强硬件设施的同步投入以对法律专业实践教学环节进行完善。

总之，模拟法庭的课程设置是防止模拟法庭空心化的根本；而模拟法庭的科学有效运行是遏制模拟法庭空心化的核心；同时，模拟法庭的案例选取是杜绝模拟法庭空心化的前提；最后，师资力量、教学形式、硬件支撑以及各种配套制度等方面的完善也是防止模拟法庭空心化现象中不可忽视的重要力量。

图书在版编目(CIP)数据

法学教学学术文集 / 侯斌主编. -- 北京 : 法律出版社, 2018
ISBN 978-7-5197-2633-1

Ⅰ. ①法… Ⅱ. ①侯… Ⅲ. ①法学教育-文集 Ⅳ. ①D90-53

中国版本图书馆CIP数据核字(2018)第193296号

法学教学学术文集
FAXUE JIAOXUE XUESHU WENJI

侯 斌 主编

责任编辑 徐 菲
装帧设计 鲍龙卉

出版 法律出版社
总发行 中国法律图书有限公司
经销 新华书店
印刷 北京虎彩文化传播有限公司
责任印制 沙 磊

编辑统筹 法律出版社
开本 720毫米×960毫米 1/16
印张 15
字数 232千
版本 2018年9月第1版
印次 2018年9月第1次印刷

法律出版社/北京市丰台区莲花池西里7号(100073)
网址/www. lawpress. com. cn
投稿邮箱/info@ lawpress. com. cn
举报维权邮箱/jbwq@ lawpress. com. cn
销售热线/010-63939792
咨询电话/010-63939796

中国法律图书有限公司/北京市丰台区莲花池西里7号(100073)
全国各地中法图分、子公司销售电话:
统一销售客服/400-660-6393
第一法律书店/010-63939781/9782 西安分公司/029-85330678 重庆分公司/023-67453036
上海分公司/021-62071639/1636 深圳分公司/0755-83072995

书号:ISBN 978-7-5197-2633-1 **定价**:58.00元